52

EDITOR
Marcos Marcionilo

CONSELHO EDITORIAL
Alexandre Cadilhe [UFJF]
Ana Elisa Ribeiro [CEFET-MG]
Ana Stahl Zilles [Unisinos]
Carlos Alberto Faraco [UFPR]
Celso Ferrarezi Jr. [UNIFAL]
Egon de Oliveira Rangel [PUC-SP]
Henrique Monteagudo [Universidade de Santiago de Compostela]
José Ribamar Lopes Batista Jr. [UFPI/CTF/LPT]
Kanavillil Rajagopalan [Unicamp]
Marcos Bagno [UnB]
Maria Marta Pereira Scherre [UFES]
Roberto Mulinacci [Universidade de Bolonha]
Roxane Rojo [UNICAMP]
Salma Tannus Muchail [PUC-SP]
Sírio Possenti [UNICAMP]
Stella Maris Bortoni-Ricardo [UnB]
Tommaso Raso [UFMG]
Vera Lúcia Menezes de Oliveira e Paiva [UFMG/CNPq]

ESTUDOS DO DISCURSO
perspectivas teóricas

LUCIANO AMARAL OLIVEIRA
(organizador)

Adriana Pucci Penteado de Faria e Silva
Alexandre Ferrari Soares
Ana Lúcia Tinoco Cabral
Aparecida Feola Sella
Belmira Magalhães
Bethania Mariani
José Otacílio da Silva
Marco Antonio Batista Carvalho
Rosa Maria Bueno Fischer
Sonia Sueli Berti dos Santos
Terezinha da Conceição Costa-Hübes

Capa e projeto gráfico: Andréia Custódio
Revisão: Karina Mota

CIP-BRASIL. CATALOGAÇÃO NA FONTE
SINDICATO NACIONAL DOS EDITORES DE LIVROS, RJ

E85

Estudos do discurso : perspectivas teóricas / organização Luciano Amaral Oliveira. - 1. ed. - São Paulo : Párábola Editorial, 2013.
    23 cm.   (Lingua[gem] ; 52)

  Inclui bibliografia
  ISBN 978-85-7934-068-0

  1. Análise do discurso. 2. Linguística. I. Oliveira, Luciano Amaral. II. Série.

13-00769
                                              CDD: 401.41
                                              CDU: 81'42

Direitos reservados à
Parábola Editorial
Rua Dr. Mário Vicente, 394 - Ipiranga
04270-000 São Paulo, SP
📞 [11] 5061-9262
🌐 www.parabolaeditorial.com.br
✉ parabola@parabolaeditorial.com.br

Todos os direitos reservados. Nenhuma parte desta obra pode ser reproduzida ou transmitida por qualquer forma e/ou quaisquer meios (eletrônico ou mecânico, incluindo fotocópia e gravação) ou arquivada em qualquer sistema ou banco de dados sem permissão por escrito da Parábola Editorial Ltda.

ISBN: 978-85-7934-068-0
1ª edição, 4ª reimpressão: setembro de 2024

© do texto: Luciano Amaral Oliveira, 2013.
© da edição: Parábola Editorial, São Paulo, agosto de 2013.

SUMÁRIO

Introdução 7
Luciano Amaral Oliveira

Capítulo 1. GRAMSCI 17
Luciano Amaral Oliveira

Capítulo 2. BAKHTIN 45
Adriana Pucci Penteado de Faria e Silva

Capítulo 3. ALTHUSSER 71
José Otacílio da Silva

Capítulo 4. LACAN 101
Bethania Mariani e Belmira Magalhães

Capítulo 5. FOUCAULT 123
Rosa Maria Bueno Fischer

Capítulo 6. BOURDIEU 153
José Otacílio da Silva

Capítulo 7. DUCROT 183
Ana Lúcia Tinoco Cabral

Capítulo 8. PÊCHEUX 209
Sonia Sueli Berti Santos

Capítulo 9. CHARAUDEAU 235
José Otacílio da Silva

Capítulo 10. MAINGUENEAU 261
Alexandre Ferrari Soares, Aparecida Feola Sella e Terezinha Costa-Hübes

Capítulo 11. FAIRCLOUGH 281
Luciano Amaral Oliveira e Marco Antonio Batista Carvalho

Capítulo 12. VAN DIJK 311
Luciano Amaral Oliveira

Referências bibliográficas 337

As Autoras e os Autores 347

INTRODUÇÃO
Luciano Amaral Oliveira

Durante muito tempo, os currículos dos cursos de Letras no Brasil deram pouco ou nenhum espaço aos estudos do discurso. Imperavam, e em algumas universidades ainda imperam, os estudos estruturalistas, que, embora importantes, são claramente insuficientes para o entendimento do uso da língua e, principalmente, para o ensino da leitura e da escrita.

Essa dominação estruturalista na academia teve dois efeitos negativos importantes. Um deles é a falta de interesse nos estudos do discurso que ainda se vê em alguns institutos de Letras. Embora isso esteja mudando aos poucos, o currículo de muitos cursos de Letras ainda não apresenta uma disciplina obrigatória voltada para os estudos do discurso (ou apresenta uma disciplina optativa que geralmente não é oferecida). O segundo efeito é a influência negativa que esse primeiro efeito tem na formação de muitos professores de português, levando-os a continuarem dando foco quase exclusivo ao ensino da gramática normativa. Ora, os professores de português precisam ter consciência de que o discurso é um fenômeno social e político essencial para a construção e para a desconstrução das relações de poder em qualquer sociedade e, por isso, é um fenômeno que não pode deixar de ser objeto de reflexão na sala de aula, principalmente no que diz respeito ao ensino da leitura e da escrita.

Uma evidência desses efeitos foi uma conversa que tive com um estudante há algum tempo. Ele me procurou para conversar sobre algo que o incomodava: ele queria se iniciar nos estudos do discurso, mas um professor, da área da linguística dura, recomendou-lhe que esquecesse aquilo, pois "discurso não é coisa séria". No incômodo daquele estudante, ecoavam os efeitos negativos da dominação estruturalista nos cursos de Letras. E as palavras daquele professor ecoam em minha cabeça no momento em que escrevo esta introdução: "Discurso não é coisa séria". É inadmissível (e muito preocupante) que um doutor em Letras considere o discurso algo banal e, mais grave, que diga isso a um estudante. Afinal, até para se ensinarem estruturas sintáticas, as questões discursivas são importantes, por exemplo, para ajudar os estudantes a entenderem por que uma norma linguística abstrata e idealizada é legitimada em detrimento de normas linguísticas reais usadas por milhões de brasileiros.

Felizmente, apesar da resistência de professores que temem pela perda do espaço das disciplinas da linguística dura, mais e mais professores de português em formação e os que já são formados, como aquele estudante incomodado, vêm percebendo a importância de não apenas se aprofundarem nos estudos do discurso, mas também de incluírem reflexões sobre o discurso nas suas aulas da educação básica. E por que eles vêm percebendo isso? Porque, em uma era dominada pelas tecnologias da informação, pelo poder da palavra, pela manipulação midiática da palavra, fica cada vez mais evidente que discurso é coisa séria. Muito séria. Tão séria que ocupou o tempo de pensadores importantes como Gramsci, Bakhtin, Foucault, Lacan, Fairclough e Pêcheux. Tão séria que mobiliza as elites econômicas e políticas para controlarem o acesso ao discurso público. Tão séria que os Estados totalitários sempre lançam mão da censura. Enfim, tão séria que este livro não poderia deixar de ser vislumbrado, escrito e oferecido à comunidade acadêmica.

Estudos do discurso (perspectivas teóricas) foi elaborado com um público-alvo bem claro na cabeça das autoras e dos autores dos textos que o compõem: os estudantes de Letras, graduandos e pós-graduandos, que desejam ter um embasamento teórico mínimo para se aprofundarem nos estudos do discurso e para analisarem textos a partir de perspectivas distintas. Este livro apresenta fontes importantes nas quais estudiosos do discurso têm bebido. A ideia é dar a você, leitora ou leitor, a oportunidade de conhecer um pouco dessas fontes não apenas para que possa nelas mergulhar mais fundo posteriormente, mas também para que compreenda melhor o pensamento de teóricos que se debruçaram sobre fenômenos do discurso. Para isso, as autoras e os autores dos textos aqui presentes tiveram o cuidado de usar a linguagem mais clara e amigável possível para explicitar conceitos densos e complexos com exemplos explicativos.

Esta obra tem três objetivos, o primeiro é reunir, em um único volume, textos sobre as perspectivas teóricas mais importantes relacionadas aos estudos do discurso. Você quer saber como Foucault ou Ducrot ou Althusser ou Bourdieu, por exemplo, contribuíram para os estudos do discurso? Então, aqui há textos que vão fornecer informações e reflexões importantes sobre as contribuições desses e de outros oito teóricos. Nesse sentido, esta obra é única no mercado editorial brasileiro, pois o que vemos geralmente são livros voltados apenas para a análise do discurso de linha francesa e, em uma escala bem menor, livros voltados apenas para os estudos críticos do discurso. E esses livros naturalmente não têm o objetivo de oferecer mais informações sobre as fontes em que Pêcheux, Charaudeau, Maingueneau, Fairclough e van Dijk beberam. O segundo objetivo é o de deixar claro um fato importante: os estudos do discurso, para serem considerados estudos do discurso, não podem deixar de entender que discurso é, antes de tudo, um fenômeno político. Nenhum teórico pratica análise do discurso de maneira apolítica. Ora, este livro é politicamente motivado, tanto em termos das micropolíticas que regem o universo acadêmico e que, por exemplo, reduzem, ao mínimo, o espaço dos estudos do discurso no currículo dos cursos de Letras, quanto em termos das políticas que regem o universo social de um país como o nosso e que condicionam os jogos político-partidários, os jogos identitários e o jogo da luta de classes. O terceiro objetivo é inquietar você, provocar você com questões fundamentais para a produção de sentidos. Afinal, o sujeito é assujeitado mesmo, como defendem alguns teóricos, ou o sujeito tem autonomia, ainda que relativa, para pensar e realizar suas ações na sociedade? Será que a ideia de inconsciente procede ou sempre produzimos sentidos de forma consciente? Existem significados ocultos nas entrelinhas textuais? Se houver significados ocultos nas entrelinhas, como se explica que algumas pessoas não os notem? As relações entre estrutura econômica e superestruturas ideológicas são ou não relevantes para a produção do discurso? O ensino de línguas sem a problematização de questões discursivas é eficiente? Religião e política não se discutem mesmo ou elas devem ser debatidas em sala de aula? Piadas, músicas e provérbios que expressam ideias racistas, homofóbicas, indigenofóbicas e sexistas são apenas brincadeirinhas ou contribuem para naturalizar relações desiguais de poder?

O livro foi organizado seguindo uma lógica simples. Os sete primeiros textos são dedicados a teóricos que contribuíram indiretamente para os estudos do discurso. Digo "indiretamente" porque eles não são classificados como estudiosos do discurso — quatro são classificados como filósofos, um como sociólogo, um como psicanalista e o outro como semanticista. Os últimos textos são dedicados a cinco estudiosos do discurso. O título de cada capítulo leva o nome do teórico nele abordado.

O primeiro capítulo, ***Gramsci***, é dedicado ao filósofo marxista italiano que, mesmo encarcerado por Mussolini durante anos até quase a sua morte, realizou reflexões profundas e argutas sobre as relações de poder na sociedade capitalista, essenciais para a produção do discurso. Nesse texto, Luciano Amaral Oliveira aborda os conceitos de hegemonia e de bloco histórico, comentando as relações em que se enredam a sociedade civil e a sociedade política a partir da concepção de mundo adotada por esse teórico: a filosofia da práxis. Bastante estudado na área de educação, Gramsci é curiosamente esquecido (ou, o que é mais provável, solenemente ignorado) na área de Letras. Mas o pensamento gramsciano influenciou diretamente os estudiosos críticos do discurso e indiretamente os analistas do discurso de orientação francesa. Por isso, ele não poderia ficar de fora deste livro.

Em ***Bakhtin***, o segundo capítulo, Adriana Pucci Penteado de Faria e Silva explicita o pensamento desse importante filósofo russo, que, em meio à efervescência política da União Soviética da primeira metade do século XX, formou, em torno de seu trabalho, grupos de pesquisadores que constituíram aquilo que hoje é conhecido como o Círculo de Bakhtin. Esse filósofo nos mostrou que uma concepção dialógica da linguagem é imprescindível para compreendermos os fenômenos discursivos. Afinal, conceber a língua dialogicamente é não dissociá-la dos parceiros discursivos, isto é, dos sujeitos sócio-histórico-ideológicos que nela se instauram, o que já aponta para a importância do pensamento bakhtiniano para a virada pragmática que ocorreu na linguística na segunda metade do século XX e que impulsionou os estudos do discurso. O conceito de enunciado concreto é apresentado neste capítulo, assim como o de gêneros discursivos, que inspirou a criação do conceito de gêneros textuais, essencial para o ensino da leitura e da escrita.

Althusser é o terceiro capítulo, intitulado a partir do nome do filósofo francês que foi fundamental para a análise do discurso de orientação francesa. Como José Otacílio da Silva explicita nesse texto, a reflexão althusseriana sobre as relações de poder, influenciada que foi pelo pensamento gramsciano, deixou um legado de conceitos teóricos basilares para a construção do arcabouço teórico de Michel Pêcheux, assumidamente um seguidor do filósofo francês. Dentre esses conceitos, destacam-se a noção de sobredeterminação, de interpelação ideológica e de aparelhos ideológicos de Estado. Inevitavelmente uma discussão sobre o sujeito do discurso e sobre seu suposto assujeitamento é feita nesse texto.

Lacan, importante psicanalista, herdeiro transgressor do pensamento freudiano, empresta seu nome ao capítulo quatro. Sua contribuição para os estudos do discurso é apresentada por Bethania Mariani e Belmira Magalhães. As autoras nos mostram os pontos de aproximação e de afastamento entre o pensamento de Lacan e o algoritmo fundador da linguística saussuriana, problematizando a questão da produção dos sentidos por um sujeito cindido, tomado pelo inconsciente, conceito tão caro à psicanálise. São os ecos do inconsciente que ouvimos sussurrar nas ideias de teóricos como Pêcheux, que tratam do discurso como efeito de sentidos.

No quinto capítulo, **Foucault**, Rosa Maria Bueno Fischer nos apresenta o pensamento desse importante e complexo filósofo francês, que não vê o discurso como um mero reflexo ou uma mera expressão de algo, mas como prática, como acontecimento, como luta — uma luta travada na constituição dos saberes e dos sujeitos. Daí a autora abordar o perigo da palavra e problematizar a posição a ser ocupada pelo sujeito do discurso. Além disso, ela não apenas discute a relevância do enunciado, mas também a sua materialidade e a sua inexorável correlação com outros enunciados, já que um enunciado nunca ocorre isoladamente. A autora reforça a insistência de Foucault em considerar as práticas discursivas e não discursivas nas suas análises, evidenciando a importância das relações de poder para os estudos do discurso.

Bourdieu é o sexto capítulo. Nele, José Otacílio da Silva apresenta conceitos elaborados por esse sociólogo francês, que problematiza questões discursivas a partir de uma metáfora econômica: o mercado linguístico. Seu conceito de poder simbólico mostra a importância que o controle do acesso ao discurso público tem para as sociedades contemporâneas, mercados linguísticos por excelência, nos quais o principal instrumento de poder é a palavra, embora as elites não abram mão do poder de polícia. Nesse texto, os conceitos de *habitus* e de campo são abordados, revelando uma aproximação entre fenômenos sociocognitivos e a produção do discurso político.

Ducrot é o título do sétimo capítulo, dedicado a esse semanticista francês que se ocupou de interessantes fenômenos discursivos durante suas reflexões sobre a produção de sentidos nos atos linguísticos. Ana Lúcia Tinoco Cabral apresenta a teoria da argumentação na língua e a teoria dos *topoi*, importantes para bem entender os labirintos da argumentação, prática discursiva essencial para a comunicação contemporânea. Para isso, a autora não poderia deixar de apresentar aos leitores os conceitos de enunciação, enunciado, *topos*, implícitos na linguagem e polifonia.

No oitavo capítulo, **Pêcheux**, Sonia Sueli Berti Santos traça um breve percurso histórico de Pêcheux para situar o pensamento do criador da análise do discurso de linha francesa diante da conjuntura social, política e teórica da sua época. As três fases da análise do discurso são apresentadas, mostrando-se as reconfigurações que esse teórico francês impôs ao seu pensamento, influenciado que foi pela teoria althusseriana. Nesse texto, a autora aborda conceitos teóricos importantes como formação discursiva, formação ideológica, interdiscurso, intradiscurso, já-dito, forma-sujeito e memória discursiva.

O discurso político tem sido objeto de estudo desde a Antiguidade Clássica. Inevitavelmente, algum teórico contemporâneo acabaria por adotar o discurso político como objeto de sua investigação. Isso fica evidenciado em **Charaudeau**, o nono capítulo. Nele, José Otacílio da Silva apresenta noções fundamentais que foram elaboradas e reelaboradas pelo teórico francês para o entendimento da produção do discurso político, como os conceitos de instância cidadã, instância política e contrato de comunicação, que faz ecoar as máximas conversacionais de Paul Grice. Naturalmente, não poderia faltar uma discussão acerca das estratégias de *ethos*, *pathos* e *logos*.

Em ***Maingueneau***, capítulo dez, Alexandre Soares Ferrari, Aparecida Feola Sella e Terezinha da Conceição Costa-Hübes apresentam uma breve trajetória da análise do discurso para situar o pensamento desse estudioso francês. Eles destacam a importância que as condições de produção do discurso e que a relação entre a linguagem e a exterioridade possuem para a análise do discurso. Os conceitos de formação discursiva e de interdiscursividade são abordados, evidenciando a influência foulcaultiana e pecheuxtiana no pensamento de Maingueneau.

A análise crítica do discurso, ainda com pouco espaço nos cursos de Letras no Brasil, não poderia ficar de fora desta coletânea. Assim, em ***Fairclough***, décimo primeiro capítulo, Luciano Amaral Oliveira e Marco Antonio Batista Carvalho apresentam o modelo tridimensional de análise do discurso proposto por esse estudioso britânico, que concebe como dialéticas as relações entre o discurso e as práticas sociais. Nesse texto, são discutidas algumas críticas feitas ao pensamento faircloughiano, que não escapa ao escrutínio de alguns teóricos, principalmente de linguistas aplicados.

No capítulo que encerra esta coletânea, ***van Dijk***, Luciano Amaral Oliveira apresenta as reflexões que o teórico holandês faz sobre a ponte cognitiva que ele considera necessária para a articulação entre as estruturas discursivas e as estruturas sociais. Sob a perspectiva dos estudos críticos, são apresentados os procedimentos metodológicos propostos por van Dijk para a realização da análise do discurso. São procedimentos simples e, por isso, amigavelmente operacionais e úteis para professores de português auxiliarem seus alunos no processo de desenvolvimento da sua competência leitora e da sua competência redacional.

Antes de encerrar esta apresentação, gostaria de agradecer imensamente às autoras e aos autores que contribuíram para esta coletânea se tornar realidade. Agradeço a Teun van Dijk pelos esclarecimentos e comentários valiosos, a Marco Antonio pelas conversas ao longo do processo de organização e a Marcos Marcionilo pela sugestão de inclusão do texto sobre a contribuição de Lacan. Um agradecimento especial vai para Otacílio, que me incentivou a organizar este livro discutindo comigo a sua estruturação e o pensamento gramsciano, e que me fez refletir mais sobre a questão do inconsciente e sobre o assujeitamento do sujeito.

Que os leitores não apenas encontrem aqui informações que sejam úteis para os seus estudos e para a sua prática docente, mas que também se sintam provocados a refletir sobre as importantes questões levantadas em cada um dos capítulos desta coletânea.

Salvador, julho de 2013.

CAPÍTULO 1
GRAMSCI
Luciano Amaral Oliveira

Todos os estudiosos do discurso foram influenciados por um ou outro pensador não diretamente associado aos estudos do discurso. Um desses pensadores foi Antonio Gramsci (1891-1937), filósofo italiano que lutou contra o regime fascista de Mussolini, ditador que o manteve encarcerado para tentar calar sua voz. A manobra do ditador não funcionou: os escritos que Gramsci produziu antes de ser preso e durante os anos em que esteve no cárcere, que praticamente selou sua morte, servem, até hoje, de reflexão para muitas pessoas, não apenas na sociologia e na filosofia, mas também na pedagogia e nos estudos críticos do discurso. Curiosamente, apesar da sua importância para as reflexões políticas, discursivas e pedagógicas, o pensamento e os conceitos teóricos de Gramsci ainda são pouco conhecidos pelos estudantes de Letras.

Dessa forma, nossa coletânea não poderia deixar de incluir um capítulo sobre esse importante filósofo marxista. A interpretação que Gramsci fez do pensamento de Marx exigiu a utilização de conceitos fundamentais para os estudos do discurso, dos quais o mais comentado é o de hegemonia. Contudo, o alcance da influência gramsciana nas reflexões de analistas do discurso não se limita à questão da hegemonia, das lutas hegemônicas. Para construir sua teoria filosófica, Gramsci elaborou e reelaborou conceitos importantes: estrutura, superestrutura, sociedade civil, sociedade política, bloco histórico, ideologia, concepção crítica do mundo, senso comum, opinião pública e filosofia da práxis.

Esses conceitos sussurram nas entrelinhas dos textos de Fairclough, van Dijk, Charaudeau e de outros estudiosos do discurso. Foram esses sussurros que exigiram a presença deste capítulo nesta obra, o qual começa com a concepção de mundo adotada por Gramsci, passa para a questão do bloco histórico, da sociedade civil e da sociedade política, e termina com considerações acerca do conceito de hegemonia, tão caro a analistas críticos do discurso. Sempre que oportuno, realizo aproximações entre os conceitos teóricos gramscianos e os pensamentos de analistas críticos do discurso. Então, vamos logo ao que nos interessa.

1. Filosofia da práxis: uma concepção de mundo

Gramsci era filósofo. Não seremos todos? É ele que nos provoca propondo a destruição do preconceito de que a filosofia se limita aos filósofos profissionais. Tal preconceito pressupõe que a atividade intelectual se limita a esse tipo de filósofo ou aos cientistas especializados. Para ele, o filósofo especialista se aproxima mais das outras pessoas do que os demais especialistas. Gramsci esclarece essa diferença:

Na realidade, é possível imaginar um entomólogo especialista sem que todos os outros homens sejam "entomólogos" empíricos, um especialista da trigonometria, sem que a maior parte dos outros homens se ocupe da trigonometria etc. (podem-se encontrar ciências refinadíssimas, especializadíssimas, necessárias, mas nem por isso "comuns"), mas é impossível pensar em um homem que não seja também filósofo, que não pense, já que o pensar é próprio do homem como tal (a menos que se trate de um caso de idiotia patológica) (Gramsci, 1986: 35).

Para ele, há três evidências de demonstração de que todos os homens são filósofos, mesmo que sejam apenas filósofos espontâneos ou não profissionais. A primeira evidência, conforme definição de Gramsci (1986: 11), é a língua, que "é um conjunto de noções e de conceitos determinados e não, simplesmente, de palavras gramaticalmente vazias de conteúdo". Ora, se a língua não é feita de palavras vazias, isso significa que nós realizamos uma atividade intelectual ao usá-la, pois fazemos escolhas lexicais de acordo com os sentidos que pretendemos veicular. No que diz respeito à linguagem escrita, por exemplo, ele já apontava o caráter ideológico da língua, ao afirmar que a gramática normativa escrita "pressupõe sempre uma 'escolha', uma orientação cultural, ou seja, é sempre um ato de política cultural-nacional" (Gramsci, 2002: 144).

A segunda evidência é a existência do senso comum, a qual indica que nós realizamos atividades intelectuais quando nos guiamos por esse tipo de conhecimento. E nós quase sempre nos guiamos por ele. Não podemos nos esquecer de que o senso comum é um tipo legítimo de conhecimento que construímos ao longo de nossas vidas, mesmo que essa construção ocorra de forma assistemática e informal. E, se há construção e uso de conhecimento, há atividade intelectual.

A terceira evidência de que todos nós somos filósofos nos é dada pela religião popular, pois "todo o sistema de crenças, superstições, opiniões, modos de ver e de agir que se manifestam naquilo que se conhece geralmente por 'folclore'" implica uma atividade intelectual.

Tudo isso pressupõe um aprendizado, mesmo que informal, e um armazenamento de informações. Note-se que a religião popular está estreitamente relacionada com a construção do senso comum, que é uma das evidências apresentadas por Gramsci para defender a tese de que todas as pessoas são filósofas. Afinal,

> não existe atividade humana da qual se possa excluir toda intervenção intelectual, não se pode separar o *homo faber* do *homo sapiens*. Em suma, todo homem, fora da sua profissão, desenvolve uma atividade intelectual qualquer, ou seja, é um "filósofo", um artista, um homem de gosto, participa de uma concepção de mundo, possui uma linha consciente de conduta moral, contribui assim para manter ou para modificar uma concepção de mundo, isto é, para promover novas maneiras de pensar (Gramsci, 1995: 7).

Então, somos todos filósofos. Afinal, concepções de mundo permeiam não apenas a língua que usamos, mas também o senso comum, que nos orienta, e nossas crenças, opiniões e modos de agir. Logo, os membros das classes subalternas numa sociedade capitalista, as classes dos "simples", ou "simplórios", para usar uma expressão de Gramsci, possuem também, e obviamente, as suas concepções de mundo, realizando atividades intelectuais, o que faz deles filósofos.

Mas, será que as concepções de mundo que as pessoas possuem são as mais favoráveis para elas? E, mais importante, será que as concepções de mundo que as pessoas possuem são as mais favoráveis para o conjunto das classes a que pertencem? Essa é uma preocupação que não escapa à mente do filósofo italiano, para quem se deve dar ao termo *ideologia* "o significado mais alto de uma concepção de mundo, que se manifesta implicitamente na arte, no direito, na atividade econômica, em todas as manifestações de vida individuais e coletivas" (Gramsci, 1986: 16). Assim, dito de outra forma, se ideologia é o mesmo que concepção de mundo, e se há mais de uma ideologia ou concepção de mundo, haverá ideologias mais ou menos favoráveis às pessoas individualmente e às classes subalternas, aos "simples"?

A resposta a essa pergunta é afirmativa. Por exemplo, a ideologia religiosa cristã, essencialmente patriarcal, é claramente desfavorável às mulheres, pois as reprime sexualmente, as assujeita aos homens e lhes nega direitos sobre o seu próprio corpo (*e.g.*, o direito ao aborto e o direito ao uso de métodos contraceptivos). Entretanto, muitas mulheres adotam essa ideologia. Similarmente, membros das classes trabalhadoras podem adotar a ideologia capitalista, embora ela não lhes seja favorável na medida em que os faz se contentarem com uma ínfima parte da riqueza que produzem, cuja maior parte vai para as mãos dos capitalistas.

A pergunta que surge daí é previsível e inevitável: por que há mulheres que optam por conceber o mundo de acordo com a ideologia religiosa cristã, se essa concepção de mundo torna as coisas tão mais difíceis para elas? Por que há membros das classes trabalhadoras que adotam a ideologia capitalista, que é contrária aos seus interesses? Enfim, e por extensão: por que as pessoas, muitas vezes, concebem o mundo de uma forma que não lhes é favorável?

Para Gramsci, a resposta se encontra na adoção não crítica de concepções de mundo:

> O homem ativo de massa atua praticamente, mas não tem uma clara consciência teórica desta sua ação, que, não obstante, é um conhecimento do mundo na medida em que o transforma. Pode ocorrer, inclusive, que a sua consciência teórica esteja historicamente em contradição com o seu agir (Gramsci, 1986: 20).

Bem, já que somos todos filósofos, vamos filosofar um pouco, lançando a seguinte pergunta: somos filósofos conscientes? Ora, é inegável que todos nós empreendemos atividades intelectuais. Entretanto, será que nós fazemos isso de maneira consciente, crítica, ou de maneira inconsciente, não crítica? Para Gramsci, essa importante questão coloca o seguinte problema:

> [...] é preferível 'pensar' sem disto ter consciência crítica, de uma maneira desagregada e ocasional, isto é, 'participar' de uma concepção do mundo 'imposta' mecanicamente pelo ambiente exterior, ou seja, por um dos vários grupos sociais nos quais todos estão automaticamente envolvidos desde a sua entrada no mundo consciente (e que pode ser a própria aldeia ou província, pode se originar na paróquia ou na "atividade intelectual" do vigário ou do velho patriarca, cuja "sabedoria" dita leis, na mulher que herdou a sabedoria das bruxas ou no pequeno intelectual avinagrado pela própria estupidez e pela impotência para a ação) ou é preferível elaborar a própria concepção do mundo de maneira crítica e consciente e, portanto, em ligação com este trabalho do próprio cérebro, escolher a própria esfera de atividade, participar ativamente na produção da história do mundo, ser o guia de si mesmo e não aceitar do exterior, passiva e servilmente, a marca da própria personalidade? (Gramsci, 1986: 12).

O que é preferível, então? Depende do ponto de vista. Para as classes dominantes, pensar criticamente é interessante para seus membros, mas elas não querem, por razões óbvias, que os "simples" pensem criticamente. Retomando o exemplo das mulheres e da ideologia religiosa cristã, podemos analisá-lo por dois ângulos diferentes:
(a) do ponto de vista da Igreja, é preferível que as mulheres não pensem criticamente para, assim, adotarem a ideologia religiosa cristã, essencialmente patriarcal, como bússola para seu comportamento e pensamento;
(b) do ponto de vista das feministas, é preferível que as mulheres pensem criticamente, resistindo àquela ideologia para, assim, adotarem uma concepção de mundo que lhes seja mais favorável.

Podemos também analisar o exemplo dos membros das classes trabalhadoras e da ideologia capitalista por dois ângulos diferentes:

(c) do ponto de vista dos donos do meio de produção, do capital e da terra, é preferível que os membros das classes trabalhadoras não pensem criticamente e adotem a ideologia burguesa para, assim, se comportarem de maneira a aumentar os lucros dos capitalistas, recebendo baixos salários e trabalhando por longas jornadas, contribuindo, dessa forma, para a manutenção do *status quo*;

(d) do ponto de vista dos membros das classes trabalhadoras, é preferível que eles pensem criticamente e adotem como sua ideologia a filosofia da práxis, *i.e.*, o materialismo histórico, para, assim, se organizarem e lutarem para tomar a hegemonia social e ideológica das mãos dos capitalistas.

Vale notar que a questão da criticidade e da (in)consciência é vista com muita atenção pelos analistas críticos do discurso. Fairclough (2008: 28), por exemplo, afirma que fazer análise crítica "implica mostrar conexões e causas que estão ocultas". Afirmar que há conexões e causas que estão ocultas para leitores e ouvintes significa dizer que eles não têm consciência acerca delas. Kress (2003: 15), ao abordar o engajamento político e o objetivo da análise crítica do discurso, esclarece:

> A intenção tem sido levar à crise um sistema de desigualdades excessivas de poder *revelando* seu funcionamento e seus efeitos por meio da análise de objetos culturais potentes – textos – e, dessa forma, ajudar a atingir uma ordem social mais igualitária (o grifo é meu).

Ora, a ideia de revelar algo implica que esse algo está oculto, opaco, e, por isso, fora do alcance da consciência do indivíduo.

Lembremo-nos de uma coisa importante: Gramsci era marxista. Isso significa que ele era adepto do materialismo histórico, uma visão de mundo ou um método de análise construído por Marx e Engels para a explicação dos fenômenos sociais. Em outras palavras, da mesma forma que Marx e Engels, Gramsci entendia que a formação da consciência do indivíduo e suas tomadas de posição nas práticas sociais, ou seja, a formação e a transformação da sociedade, encontram-se em estreita relação com a base material da sociedade.

Os princípios fundamentais do materialismo histórico ou, na terminologia gramsciana, da filosofia da práxis, podem ser encontrados, de modo implícito ou explícito, nas diversas obras escritas por Marx e por Engels. Entretanto, é no prefácio de *Para a crítica da economia política* que Marx expõe, de modo sintético, os princípios básicos do materialismo histórico. Ele relata os resultados das reflexões que realizou ao analisar a filosofia do direito de Hegel e que o levaram à construção de sua concepção materialista histórica. Vejamos o que Marx diz a esse respeito:

> Minha investigação desembocou no seguinte resultado: relações jurídicas, tais como formas de Estado, não podem ser compreendidas nem a partir de si mesmas, nem a partir do assim chamado desenvolvimento geral do espírito humano, mas, pelo contrário, elas se enraízam nas relações materiais de vida, cuja totalidade foi resumida por Hegel sob o nome de "sociedade civil" [...]. O resultado geral a que cheguei e que, uma vez obtido, serviu-me de fio condutor aos meus estudos, pode ser formulado em poucas palavras: na produção social da própria vida, os homens contraem relações determinadas, necessárias e independentes de sua vontade, relações de produção estas que correspondem a uma etapa determinada de desenvolvimento das suas forças produtivas materiais. A totalidade dessas relações de produção forma a estrutura econômica da sociedade, a base real sobre a qual se levanta uma superestrutura jurídica e política, e à qual correspondem formas sociais determinadas de consciência. O modo de produção da vida material condiciona o processo em geral de vida social, político e espiritual. Não é a consciência dos homens que determina o seu ser, mas, ao contrário, é o seu ser social que determina sua consciência. Em uma certa etapa do seu desenvolvimento, as forças produtivas materiais da sociedade entram em contradição com as relações de produção existentes ou, o que nada mais é do que a

sua expressão jurídica, com as relações de propriedade dentro das quais aquelas até então se tinham movido (Marx, 1982 [1844]: 25).

Nesse pequeno trecho, vemos três conceitos importantes. O primeiro é o conceito de materialismo histórico, que é a concepção de mundo segundo a qual é o modo de produção da vida material, *i.e.*, o modo de produção econômica, que determina a vida social, política e espiritual de uma sociedade. O segundo conceito é o de estrutura, a base econômica de uma sociedade, de suas relações de produção, que são criadas e desenvolvidas historicamente. A estrutura é o lócus das ações, das práticas sociais. Em suma, é a base da sociedade, da realidade social. O terceiro conceito é o de superestrutura, espaço das teorias, dos elementos jurídicos e políticos da sociedade. Na verdade, seguindo Gramsci, podemos considerar as superestruturas como o conjunto das ideologias jurídicas, políticas, religiosas, enfim, o conjunto das formas de consciência de um povo em determinado contexto histórico.

Em suas análises da realidade social, inspirando-se em Marx, Engels e Lênin, Gramsci adota o materialismo histórico, ou seja, a filosofia da práxis, para mostrar como os trabalhadores poderiam adquirir uma consciência de classe e atuar como agentes da transformação social. No seu entendimento, para que ocorra uma transformação social em que as classes trabalhadoras conquistem a hegemonia política da sociedade, a teoria precisa ser articulada com a prática. Dito de outra forma: as atividades intelectuais, teóricas, típicas das superestruturas (daí falar-se em filosofia), precisam ser articuladas com as ações práticas, que são típicas da estrutura econômica (daí falar-se em práxis). Afinal, para a filosofia da práxis, "o ser não pode ser separado do pensar, o homem da natureza, a atividade da matéria, o sujeito do objeto; se se faz esta separação, cai-se em uma das muitas formas de religião ou na abstração sem sentido" (Gramsci, 1986: 70). Isso significa dizer que, para a filosofia da práxis, a consciência do homem se encontra estreitamente relacionada com o seu ser social, *i.e.*, com suas experiências no mundo, com suas práticas sociais.

Nesse vínculo de relações dialéticas entre ser social e consciência, o ser social forma a consciência, mas, uma vez formada, a consciência interfere na transformação do ser social.

Para a filosofia da práxis, assim como há uma relação dialética entre ser social e consciência, há uma relação dialética entre estrutura e superestrutura. Aos olhos de Gramsci, a estrutura e as superestruturas formam aquilo que ele chamou de bloco histórico. Isto significa dizer que, em cada contexto histórico, estruturas e superestruturas se encontram inseparavelmente ligadas. Significa também que as ideologias que se encontram entranhadas nas superestruturas não podem ser dissociadas das lutas de classes sociais que ocorrem na estrutura, na base material da sociedade. Se nas superestruturas existem ideologias divergentes e antagônicas, é porque, na base material, existem classes sociais com interesses e valores divergentes e antagônicos.

Assim, "a estrutura e as superestruturas formam um 'bloco histórico', isto é, o conjunto complexo — contraditório e discordante —, das superestruturas é o reflexo do conjunto das relações sociais de produção" (Gramsci, 1986: 52). Pode-se dizer, então, que:

(a) a vinculação entre estrutura e superestruturas se dá de forma orgânica;

(b) as relações entre ideologia e classe social formam um sistema integrado;

(c) as mudanças na estrutura econômica determinam novas formas de superestruturas;

(d) essas novas formas podem provocar mudanças na estrutura econômica e social.

De modo esquemático, pode-se dizer que, na estrutura, encontram-se em luta a classe burguesa e a classe proletária e, na superestrutura, encontram-se ideologias que corresponderiam aos interesses e às aspirações da burguesia e ideologias que corresponderiam aos interesses e às aspirações dos proletários. Na verdade, uma efetiva correspondência entre determinada ideologia e interesses ou aspirações de determinada classe social só seria possível na medida em que, como o cimento que liga os grãos de areia uns aos outros, a ideologia exercesse o papel de cimentar, de unificar os interesses e aspirações dos membros daquela classe social.

E aí vai uma pergunta importante: quem é que cimenta ideologicamente os interesses e as aspirações dos membros de uma classe social? Quem é que, utilizando-se da ideologia, contribui para a formação de uma consciência de classe? Portelli responde a essa questão ao comentar a forma como Gramsci entende o vínculo orgânico entre estrutura e superestrutura:

> [...] esse vínculo orgânico corresponde a uma organização social concreta: se considerarmos um bloco histórico, isto é, uma situação histórica global, distinguimos aí, por um lado, uma estrutura social — as classes que dependem diretamente da relação com as forças produtivas — e, por outro lado, uma superestrutura ideológica e política. O vínculo orgânico entre esses dois elementos é realizado por certos grupos sociais cuja função é operar não no nível econômico, mas superestruturalmente: os intelectuais (Portelli, 2002: 13).

Os intelectuais, então, possuem um papel fundamental na construção e na manutenção de um bloco histórico: atuando nas superestruturas, eles podem contribuir para a formação do consenso entre os membros de determinada classe social ou entre os membros de classes sociais que se encontram próximas no espaço social. Mas, como exatamente os intelectuais podem contribuir para a transformação social, para a construção de um novo bloco histórico resultante da vitória das classes subalternas na luta para assegurar a hegemonia? É isso que veremos a seguir.

2. O bloco histórico: a sociedade civil e a sociedade política

Gramsci acredita na ideia de os "simples" realizarem ações sem terem clara consciência teórica de suas ações. Isso é um empecilho para a concretização da transformação por ele almejada: o fim do Estado capitalista e a construção de um novo Estado, dirigido pelos "simples", pelas classes subalternas. Nesse caso, a filosofia da práxis seria o instrumento que permitiria aos trabalhadores obter a necessária consciência teórica. Como diz Gramsci, a filosofia da práxis "é a consciência plena das contradições, na qual o mesmo filósofo — entendido individualmente ou como grupo social global — não só compreende as contradições, mas coloca a si mesmo como elemento da contradição, eleva este elemento a princípio de conhecimento e, consequentemente, de ação" (Gramsci, 1986: 114-115).

Unir a teoria à prática, a consciência teórica à ação: eis a razão de ser da filosofia da práxis, cujo objetivo ulterior é exatamente retirar os "simples" da sua filosofia primitiva de senso comum e conduzi-los àquilo que Gramsci considera uma concepção de vida superior. Entretanto, como a filosofia da práxis pode levar a cabo tal tarefa? Mais ainda: como a filosofia da práxis pode contribuir para a construção de um novo bloco histórico, de um novo contexto em que uma nova visão expresse a realidade social dos trabalhadores e os objetivos que eles devem perseguir?

Na construção da sua teoria da filosofia da práxis, Gramsci não deixa de tratar dos processos de construção da ideologia das classes dominantes. As instituições que controlam os meios de difusão de concepções de mundo desempenham um papel fundamental no processo de construção e manutenção de um bloco histórico. Ora, estou aqui falando da Igreja, da escola e dos meios de comunicação de massa, instituições ocupadas basicamente por intelectuais profissionais. Esses três conjuntos de instituições compõem aquilo que Gramsci chama de estrutura ideológica, responsável pela difusão das ideologias das classes dominantes.

Diante da importância ideológica que as superestruturas possuem nas formações sociais, é necessário falar um pouco mais dessas superestruturas. Elas são constituídas por dois grandes planos: a sociedade civil, que é o conjunto de organismos privados, e a sociedade política. Para Gramsci, a sociedade civil corresponde à função de hegemonia exercida na sociedade pelo grupo dominante, ou classe fundamental, e a sociedade política corresponde à função coercitiva de domínio direto ou de comando sobre a sociedade, expressa no Estado e no aparato jurídico. Ele esclarece as funções da sociedade civil e da sociedade política e o papel dos intelectuais diante dessas funções, que são:

> [...] precisamente organizativas e conectivas. Os intelectuais são os "comissários" do grupo dominante para o exercício das funções subalternas da hegemonia social e do governo político, isto é:
> (1) do consenso "espontâneo" dado pelas grandes massas da população à orientação impressa pelo grupo fundamental dominante à vida social, consenso que nasce "historicamente" do prestígio (e, portanto, da confiança) que o grupo dominante obtém por causa de sua posição e de sua função no mundo da produção;
> (2) do aparato de coerção estatal que assegura "legalmente" a disciplina dos grupos que não "consentem", nem ativa nem passivamente, mas que é constituído para toda a sociedade, na previsão dos momentos de crise no comando e na direção, nos quais fracassa o consenso espontâneo (Gramsci, 1995: 10).

Não por acaso, Gramsci chama os intelectuais de "funcionários das superestruturas", intelectuais orgânicos, no sentido de estarem vinculados a uma classe fundamental. Macciochi esclarece o que é um intelectual orgânico:

> Orgânico é o intelectual cuja relação com a classe revolucionária é fonte de um pensamento comum. Já não é mais o narciso inconsequente, individualista, pairando "sobre as asas do livre pensamento" (esse aspecto "impalpável", justamente, é o oposto do que é "orgânico") e que alimenta uma relação mistificada (ou clandestina) com a classe social a que continua a pertencer. A relação orgânica, ao contrário, é reco-

nhecida, proclamada, teorizada, politicamente desejada, para melhor defender "a nova concepção do mundo" de que é portadora a classe revolucionária ascendente (Macciochi, 1977: 198).

Em um bloco histórico, as classes dominantes possuem seus próprios intelectuais para difundirem suas ideologias. Por exemplo, na indústria, o capitalista tem seus técnicos, seus cientistas, seus lobistas. São eles os responsáveis por difundir as ideologias que interessam ao capitalista de uma maneira a conseguir o consenso, a adesão "espontânea" das classes trabalhadoras. Obviamente, esse capitalista vai precisar também ter à sua disposição a estrutura ideológica da sociedade civil. O corolário disso é que as classes subalternas precisarão de seus próprios intelectuais e de acesso à estrutura ideológica se quiserem se organizar para se tornarem as classes dirigentes da sociedade.

Ora, as classes subalternas também precisam que seus intelectuais se dediquem não só às atividades intelectuais, mas também às atividades práticas. Para Gramsci, o intelectual organicamente relacionado às classes subalternas precisa romper com o intelectual tradicional no sentido de não ficar apenas na teoria, passando a participar ativamente da vida prática:

> O novo intelectual já não pode contentar-se com efeitos oratórios... precisa jogar-se ativamente na vida prática, como animador, organizador, 'perpetuamente convincente', porque ele não é mais um simples orador, mas, abandonando as abstrações do espírito matemático, partindo da técnica enquanto trabalho, ele acede à técnica enquanto ciência e a essa concepção histórico-humanista sem a qual ele permaneceria sendo um 'especialista', sem poder tornar-se um 'dirigente' (especialista + político) [...] (Gramsci *apud* Macciochi, 1977: 198).

São esses intelectuais que vão auxiliar as classes subalternas a terem acesso à estrutura ideológica da sociedade, contribuindo, assim, para a construção de um novo bloco histórico. Vale lembrar que, nessa estrutura, destacam-se três conjuntos de instituições principais: a Igreja, a organização escolar (incluídas aí as escolas públicas e privadas da educação básica, as escolas técnicas e as instituições de ensino superior) e as organizações da imprensa (incluídas aí as casas publicadoras).

A Igreja contribui para a manutenção da classe fundamental na medida em que oferece uma ideologia que leva os indivíduos a acreditarem que foi um Deus que criou o mundo, que criou a sociedade em que eles vivem. Portanto, para os que adotam a ideologia religiosa, o mundo é um mundo já-dado e, por isso, não passível de questionamento — é um mundo que não é um resultado da história, das relações de produção histórica e socialmente situadas. Trata-se, nesse caso, de agentes sociais que têm dificuldades para entender que a vida social, longe de ser obra de entidades abstratas, é um produto de suas ações. Assim, o papel da Igreja na construção das visões de mundo não escapa aos olhos argutos de Gramsci:

> O público "crê" que o mundo exterior seja objetivamente real, mas precisamente neste ponto surge o problema: qual é a origem desta "crença" e que valor crítico ela tem "objetivamente"? De fato, esta crença é de origem religiosa, mesmo se quem participa dela é religiosamente indiferente. Dado que todas as religiões ensinaram e ensinam que o mundo, a natureza, o universo, foi criado por Deus antes da criação do homem, e, portanto, que o homem já encontrou o mundo pronto, catalogado e definido de uma vez por todas, esta crença tornou-se um dado férreo do "senso comum", vivendo com a mesma solidez, ainda quando o sentimento religioso está apagado e adormecido (Gramsci, 1986: 165-166).

Não há como não perceber aí, nessa crítica ao senso comum, a questão da naturalização do discurso, um dos alvos dos analistas críticos do discurso. Por exemplo, para Fairclough (2008: 117), "as ideologias embutidas nas práticas discursivas são muito eficazes quando se tornam naturalizadas e atingem o *status* de 'senso comum'". Van Dijk (2000: 98), por sua vez, ao comentar sobre o senso comum — que ele considera uma forma de ideologia — afirma que "as ideologias podem ser ou parecer tão 'naturais' que as pessoas nem percebem que as possuem".

A organização escolar é outro mecanismo muito importante de difusão ideológica. Evidência disso é o fato de a posição de professor ser investida de muito poder na sociedade civil. É ele, por exemplo, que escolhe os temas a serem estudados pelos alunos, os temas a não serem estudados pelos alunos, e que decide o que é certo ou errado na sala de aula. Outra evidência é o papel importantíssimo desempenhado pelo livro didático na difusão ideológica, razão pela qual o seu conteúdo é rigidamente controlado pelo Ministério da Educação em nível nacional e pelas Secretarias de Educação nos níveis municipal e estadual. E não é por acaso que a organização escolar é controlada de perto pelas classes dominantes, que influenciam abertamente nas escolhas dos conteúdos, das disciplinas, dos perfis dos professores que servem e que não servem para a escola etc.

Gramsci (1995: 9) vê a escola como "o instrumento para elaborar intelectuais de diversos níveis" e explica que a "complexidade da função intelectual nos vários Estados pode ser objetivamente medida pela quantidade das escolas especializadas e pela sua hierarquização". Ora, não há como não enxergar, nas entrelinhas dos trabalhos de analistas críticos do discurso, a importância que Gramsci atribui à função ideológica da organização escolar. Um exemplo disso são as seguintes palavras de van Dijk, no livro que ele dedica exclusivamente ao conceito de ideologia:

> *Escolas, universidades* e todo o sistema educacional estão entre as instituições ideológicas mais complexas, mais elaboradas e mais socialmente penetrantes, mesmo que seja apenas por se envolverem virtualmente com todos os membros da sociedade, intensa e diaria-

mente, às vezes por mais de vinte anos. Guiadas principalmente para a reprodução de conhecimento e para a aquisição de habilidades, elas obviamente também operam com um meio importante de reprodução das ideologias dominantes da sociedade, embora, em alguns casos, elas também facilitem a propagação de contraideologias (van Dijk, 2000: 186-187, grifos do autor).

As organizações da imprensa, por sua vez, têm um papel primordial na formação da opinião pública, já que são diretamente responsáveis pela difusão material de textos. Não surpreende, portanto, a censura que a sociedade política impõe a essas organizações em regimes totalitários, quando a sociedade civil e a sociedade política não mais se relacionam organicamente: TV, rádio, jornais, editoras — nada escapa às garras dos órgãos de censura da sociedade política do Estado totalitário, que, incapaz de conseguir o consenso da sociedade civil, lança mão apenas da coerção, da força, do poder de polícia.

Portelli lembra que "não existe realmente, entre a sociedade civil e a política, entre o consenso e a força, uma separação orgânica", exemplificando isso com uma citação de Gramsci sobre a elaboração da opinião pública:

> O Estado, quando quer dar início a uma ação pouco popular, cria previamente a opinião pública adequada, isto é, organiza e centraliza certos elementos da sociedade civil. [...] A opinião pública é o conteúdo político da vontade política pública, que poderia ser discordante. Essa é a razão pela qual existe a luta pelo monopólio dos órgãos de opinião pública: jornais, partidos, parlamento, de modo a que uma única força modele a opinião e desse modo a vontade política nacional, dispersando os desacordos numa poeira individual e desorganizada (Gramsci *apud* Portelli, 2002: 36).

É impressionante como essas palavras de Gramsci, escritas no começo do século XX, captam, com muita lucidez, o que viria a ser a tônica do controle dos meios de comunicação de massa na contemporaneidade. Elas refletem um estado de coisas que dizem respeito não apenas, por exemplo, à Alemanha nazista, mas também à sociedade brasileira desta segunda década do século XXI. Ora, "Hitler fazia o possível para colocar um rádio em cada lar e explorava cinejornais e filmes para transmitir suas mensagens", como nos informa Gellately (2011: 28). Similarmente, no Brasil, o sonho de consumo de muitos políticos ainda é ter um canal de TV, uma estação de rádio AM e um jornal impresso.

Vale notar que as palavras de Gramsci citadas anteriormente refletem a preocupação de analistas críticos do discurso no que diz respeito ao discurso veiculado pela mídia. Afinal, a formação da opinião pública é fundamental para a construção do senso comum, que veicula valores ideológicos "dos quais as pessoas geralmente não têm consciência" (Fairclough, 1989: 2).

Não por acaso, "o senso comum é um agregado caótico de concepções disparatadas, podendo se encontrar nele tudo o que se queira", na visão de Gramsci (1986: 146). Daí a necessidade de as classes subalternas superarem criticamente o senso comum se quiserem se tornar as classes dirigentes da sociedade.

Neste ponto, uma pergunta surge inevitavelmente: o que é preciso fazer para as classes subalternas superarem criticamente o senso comum? Gramsci apresenta as "necessidades para todo movimento cultural que pretenda substituir o senso comum e as velhas concepções do mundo em geral":

(1) não se cansar jamais de repetir os próprios argumentos (variando literariamente a sua forma): a repetição é o meio didático mais eficaz para agir sobre a mentalidade popular;

(2) trabalhar incessantemente para elevar intelectualmente camadas populares cada vez mais vastas, isto é, para dar personalidade ao amorfo elemento de massa, o que significa trabalhar na criação de elites de intelectuais de novo tipo, que surjam diretamente da massa e que permaneçam em contato

com ela para tornarem-se os seus sustentáculos (Gramsci, 1986: 27).

Nessa citação, dois pontos chamam a atenção. O primeiro é o fato de Gramsci já antecipar uma estratégia de propaganda e de publicidade que se tornaria importantíssima para a economia capitalista contemporânea: a repetição. Essa estratégia já foi até a razão de ser de uma peça publicitária de uma marca de chocolate na década de 1980, cujo bordão ainda ecoa na cabeça de muitos brasileiros: "Compre Batom! Compre Batom! Compre Batom!". O segundo ponto é a importância que Gramsci, mais uma vez, atribui à educação, importância que vemos claramente refletida nas preocupações de analistas do discurso. Van Dijk, por exemplo, defende a inclusão dos estudos críticos do discurso (ECD) no currículo escolar, o que seria:

> [...] relevante para cidadãos em geral, porque eles podem aprender a ser mais conscientes acerca dos propósitos das elites discursivas e de como os discursos públicos podem informar incorretamente, manipular ou, por outro lado, os danificar. Isto é, a principal meta social e prática dos ECD é desenvolver estratégias discursivas de dissensão e resistência (van Dijk, 2008: 34-35).

Para a manutenção de um bloco histórico, a sociedade civil precisa estar organicamente relacionada com a sociedade política, que não se confunde com o Estado, embora, em *Os intelectuais e a organização da cultura*, Gramsci (1995) tenha escrito "sociedade política ou Estado". Portelli esclarece que Gramsci só utiliza os termos *sociedade política* e *Estado* como sinônimos quando se refere à concepção clássica, já superada, de Estado-guardião da época liberal, em que o Estado não exercia nenhuma função econômica ou ideológica direta, mas — e aqui Portelli (2002: 34) cita Gramsci — "limitava-se à garantia da ordem pública e do respeito às leis".

A necessidade de uma relação orgânica entre a sociedade política e a sociedade civil significa que uma não pode funcionar separadamente da outra, senão o bloco histórico fica em perigo de desaparecer, fazendo surgir um novo bloco histórico. A sociedade civil deve funcionar de forma a estabelecer um consenso na sociedade acerca de determinadas ideologias; a sociedade política deve funcionar de forma a manter as classes sociais conectadas pela coerção quando o consenso não existir. A esse respeito, Portelli faz os seguintes comentários:

> A análise separada de cada uma das duas esferas do momento superestrutural não corresponde, evidentemente, à realidade prática. Efetivamente, essa divisão funcional deve situar-se no quadro de uma unidade dialética em que o consenso e a coerção são utilizados alternativamente e em que o papel exato das organizações é mais fluido do que parece. Não existe sistema social em que o consentimento seja a base exclusiva da hegemonia, nem Estado em que um mesmo grupo possa, somente por meio da coerção, continuar a manter de forma durável a sua dominação (Portelli, 2002: 35).

Os comentários de Portelli demonstram a relação estreita entre consenso, coerção, dominação e hegemonia, assuntos que abordo na próxima seção.

3. Hegemonia: consentimento e coerção

Proletários e camponeses *versus* capitalistas e burgueses: dá para os proletários e camponeses vencerem esse embate? Gramsci vê a possibilidade de o sujeito tomar as rédeas da história e mudar o seu rumo. O sujeito, nesse caso, são as classes subalternas. Em 1926, em um texto cujo título traduzido para o português seria *Alguns aspectos da questão meridional*, Gramsci afirma essa possibilidade de forma inequívoca: "O proletariado pode se tornar a classe dirigente e a classe dominante na medida em que seja bem-sucedido em criar um sistema de alianças de classes que lhe permita mobilizar a maior parte da população trabalhadora contra o capitalismo e a burguesia" (Gramsci, 2011). Proletários e camponeses, em uma aliança orgânica com intelectuais, podem, sim, vencer o embate, mas será uma luta longa, árdua, cheia de idas e vindas.

Afinal, o capitalismo e a burguesia possuem uma visão de mundo que lhes é favorável e que é desfavorável para as classes subalternas. Essas classes, por meio da estrutura ideológica controlada pelo capitalismo e pela burguesia, acabam adotando uma visão de mundo que não é a sua. O que as classes subalternas precisam fazer, então, para se tornarem as classes dirigentes da sociedade? Precisam, exatamente, fazer valer a sua visão de mundo. E isso só é possível por meio do que Gramsci chama de luta entre duas hegemonias, ou seja, entre duas visões de mundo, entre a visão de mundo burguesa e a visão de mundo dos trabalhadores, como lembra Macciochi (1977: 162).

Ora, se as classes subalternas quiserem deixar de ser subalternas para se tornarem dirigentes da sociedade, elas não deverão simplesmente ficar esperando chegar o momento histórico adequado para as mudanças: elas deverão construir esse momento, provocar a chegada desse momento. Geraldo Vandré, músico torturado durante o regime ditatorial militar brasileiro, já expressava isso de forma clara na canção *Pra não dizer que não falei das flores*, lançada no III Festival Internacional da Canção em 1968, cuja execução foi proibida durante anos pelos ditadores:

Vem, vamos embora
Que esperar não é saber
Quem sabe faz a hora
Não espera acontecer.

Por isso, ter consciência crítica é uma condição essencial para que se possam engendrar transformações sociais. Do contrário, as classes trabalhadoras ficarão inertes, passivas. Para Gramsci, o membro das classes subalternas possui duas consciências teóricas:

> [...] uma implícita na sua ação, e que realmente o une a todos os seus colaboradores na transformação prática da realidade; e outra, superficialmente explícita ou verbal, que ele herdou do passado e acolheu sem crítica. Todavia, essa concepção "verbal" não é inconsequente: ela liga a um grupo social determinado, influi sobre a conduta moral, sobre a direção da vontade, de uma maneira mais ou menos intensa, que pode, inclusive, atingir um ponto no qual a contraditoriedade da consciência não permita nenhuma ação, nenhuma escolha e produza um estado de passividade moral e política (Gramsci, 1986: 20-21).

Nessa citação, Gramsci deixa clara a influência do discurso, *i.e.*, da "concepção explícita ou verbal, que os membros das classes subalternas herdaram sem crítica", sobre as ações (ou a falta de ações) dos indivíduos. É essa influência que os imobiliza, deixando-os contraditoriamente passivos diante da situação social que lhes é desfavorável.

Para saírem da imobilização, eles precisam tomar consciência de que constituem uma força que pode conquistar o controle do Estado burguês, suprimindo-o e criando o Estado proletário. Somente estando criticamente conscientes é que os membros das classes trabalhadoras poderão vislumbrar a possibilidade de, um dia, tomar o poder. E o primeiro passo nessa direção, como explica Macciochi (1980: 129), é "assegurar sua hegemonia, lançando-se à conquista da 'sociedade civil' no campo da infraestrutura, para atomizar o bloco intelectual e destruí-lo, antes mesmo que a luta entre na fase política e militar".

A hegemonia se sustenta sobre dois pilares: o consentimento e a coerção. A esse respeito, Gramsci faz o seguinte comentário:

> A supremacia de um grupo social manifesta-se de duas maneiras, como "dominação" e como "direção intelectual e moral". Um grupo social é dominante em relação a grupos adversos, que ele busca "liquidar" ou mesmo submeter pela força das armas, e é dirigente em relação a grupos que lhe são próximos (Gramsci *apud* Macciochi, 1980: 153).

Dessa forma, para um grupo social assegurar sua hegemonia, ele precisa difundir suas ideias junto aos grupos que lhe são próximos e criar consenso em torno delas. Daí a importância estratégica da Igreja, da escola, da universidade e dos órgãos da imprensa no processo de construção da hegemonia. Entretanto, o uso da força é também necessário para a manutenção da hegemonia. Conforme ressalta Macciochi, "não existe sistema social em que o consentimento seja a base exclusiva da hegemonia, nem Estado em que um mesmo grupo possa, somente por meio da coerção, continuar a manter de forma durável a sua dominação" (Macciochi, 1980: 35). Se um grupo social perder a hegemonia e, mesmo assim, se mantiver no poder, terá que se manter por meio da coerção, mas terá prazo de validade. Sem o consentimento, baseado apenas na coerção, o poder não se sustenta durante muito tempo (entenda-se "muito tempo" aí de um ponto de vista histórico).

Um caso que ilustra claramente a construção da hegemonia de um grupo social por meio da busca do consentimento e do uso da coerção é a Alemanha nazista. Existem dois mitos acerca do governo de Hitler:

(1) o mito de que os cidadãos alemães desconheciam as atrocidades cometidas pelo regime nazista; e
(2) o mito de que os nazistas se mantiveram no poder por conta apenas do uso da força bruta do Estado.

Gellately desconstrói o primeiro mito demonstrando que a população alemã tinha conhecimento das atrocidades dos nazistas, pois eles faziam questão de divulgá-las nos jornais. Obviamente, como se sabe, a imprensa não publica fatos, mas, isto sim, a sua versão sobre os fatos. E os nazistas, controlando os organismos da imprensa, davam as cores que queriam a seus atos, mas não se preocupavam em ocultá-los. Dessa forma, as atrocidades eram mostradas como feitos heroicos ou atos que visavam à defesa e à proteção da população alemã. Por exemplo, em 30 de junho de 1934, na chamada "noite dos longos punhais", com o objetivo de conquistar apoio popular para a justiça policial, em que a polícia é que decidia o que era legal e ilegal, além de decidir que punição deveria ser dada aos condenados, Hitler ordenou que os líderes da SA (Tropas de Assalto) fossem mortos:

> O evento foi apresentado à população alemã como uma tentativa de golpe do líder das SA, Ernst Röhm, mas não se fez nenhum esforço para esconder o fato de que Röhm foi executado sem nenhum julgamento. A maioria das pessoas aceitou que Hitler (e não as cortes) "sentenciasse" os cerca de 100 culpados à morte. Longe de provocar questionamentos entre o povo alemão, pelo que se viu, esse primeiro assassinato em massa no Terceiro Reich rendeu dividendos a Hitler, porque deu a muitos cidadãos a oportunidade de aceitar a nova "normalidade" e o lado coercivo da ditadura. A polícia queria que o governo tivesse mais confiança, sem censurar as notícias, e que fosse claro sobre o que acontecera com aqueles no expurgo. Eles achavam que seria impossível impedir os cidadãos de ouvir rádios estrangeiras e sugeriram que seria melhor publicar "explicações autênticas para acabar com a base para rumores descontrolados" (Gellately, 2001: 75).

Os nazistas, liderados por Hitler, conseguiram conquistar o consentimento do povo alemão não apenas para o que fizeram com os policiais da SA, mas também para os seus planos políticos como um todo. Eles levaram os cidadãos alemães a adotarem a concepção nazista de mundo. Obviamente, o regime de Hitler não abriu mão do fuzil e dos campos de concentração para dominar ou exterminar quem fosse contrário à sua ideologia.

A ditadura militar instaurada no Brasil em 1964 é outro exemplo da combinação de coerção com consentimento para se assegurar a hegemonia. Apesar do terror das torturas e da supressão da liberdade civil, o regime ditatorial recebeu apoio popular. Até hoje, nesta segunda década do século XXI, não é difícil encontrarmos pessoas que dizem sentir falta da ditadura militar. Isso evidencia o trabalho bem feito pelos militares para conquistar o consentimento de grande parte da população.

A conquista do consentimento é resultado de um trabalho discursivo pensado cuidadosamente, que depende fortemente dos organismos que sustentam a estrutura ideológica da sociedade, notadamente, no caso do Brasil, dos órgãos da imprensa e da estrutura escolar. Percebe-se, assim, o porquê de o conceito de hegemonia ser tão relevante para os analistas críticos do discurso: a construção do consentimento é feita por meio do discurso. É por meio do discurso, conforme pontuei anteriormente, que muitas mulheres adotam a ideologia patriarcal e sexista que lhes é desfavorável e que muitos trabalhadores adotam a ideologia burguesa que também vai contra seus interesses e aspirações. Acontece que o consentimento tem de ser conquistado sem parecer que seja dominação: ele precisa parecer algo espontâneo.

Lazar capta essa necessidade ao comentar a hegemonia masculina heterossexual na sociedade ocidental: "A ideologia de gênero é hegemônica no sentido de que frequentemente não parece ser, de forma alguma, dominação; ao invés disso, ela parece ser amplamente consensual e aceitável à maior parte da comunidade" (Lazar, 2004: 7). A autora, citando Gramsci, comenta que o consentimento e a perpetuação da relação de dominação são conquistados por meio do discurso, por meio das "maneiras com que pressuposições ideológicas são constantemente recriadas e postas em circulação por meio do discurso como sendo naturais e de senso comum".

Fairclough lembra que a hegemonia "é o poder de uma das classes economicamente definidas como fundamentais sobre a sociedade como um todo em aliança com outras forças sociais, mas nunca atingido senão parcial e temporariamente, como um 'equilíbrio estável'" (Fairclough, 2008: 122). Ora, é exatamente o fato de a hegemonia ser um fenômeno instável, exigindo constante atenção do grupo hegemônico, que aponta para sua importância perante os analistas críticos do discurso. Afinal, um objetivo constante na agenda desses teóricos é a contribuição para que ocorra uma transformação social que possibilite às classes em situação de exclusão, vítimas de preconceito, uma tomada de consciência discursiva, para, assim, lutarem pela hegemonia.

As reflexões que Gramsci realizou sobre a hegemonia, sobre as suas bases consensuais e coercitivas, mostraram aos analistas do discurso a importância que o discurso tem para a construção das relações de poder. Mostraram-lhes também que o poder simbólico, instaurado por meio do discurso, é, na maioria das vezes, mais importante que o poder do cassetete e do fuzil na nossa contemporaneidade.

Enfim, Gramsci deixou claro que é impossível desvincular as nossas concepções de mundo, ou seja, nossas ideologias, da realidade política e econômica em que estamos inseridos em uma dada época histórica. Ele deixou claro que, no sistema capitalista em que vivemos, há ideologias que favorecem as elites em detrimento das classes trabalhadoras e que, exatamente por isso, as classes subalternas precisam tomar consciência das relações de poder que estabelecem com o Estado e com as classes economicamente dominantes.

Mas, o que isso tem a ver com os estudos do discurso? Tem tudo a ver. Afinal, apenas com a tomada de consciência, com a adoção de um posicionamento crítico, é que as classes subalternas podem engendrar as transformações sociais necessárias para alcançarem a hegemonia e, assim, alterarem as relações de poder. Nesse sentido, Gramsci enfatizou o papel do discurso propagado pelas instituições educacionais, religiosas e de comunicação na (re)produção de ideologias e da construção da hegemonia por meio da propagação e da repetição de determinados discursos. A clareza com que Gramsci viu a importância das instituições para a disseminação de concepções de mundo foi essencial para Althusser elaborar seus conceitos de sobredeterminação, ideologia, aparelhos ideológicos de Estado, aparelhos repressivos de Estado e interpelação ideológica, os quais, por sua vez, influenciaram profundamente o pensamento de Pêcheux, fundador da análise do discurso da vertente francesa. Althusser retoma o caminho trilhado por Gramsci de maneira inequívoca numa nota de rodapé de sua obra mais conhecida:

Ao que eu saiba, Gramsci foi o único a percorrer uma certa distância na trilha que estou tomando. Ele teve a ideia "notável" de que o Estado não podia ser reduzido ao aparelho (repressivo) de Estado, mas incluía, a seu ver, um certo número de instituições da "*sociedade civil*": a Igreja, as escolas, os sindicatos etc. Infelizmente, Gramsci não sistematizou suas intuições, que permaneceram em estado de notas argutas, mas fragmentadas (Althusser, 19804: 42, grifos do autor).

Além disso, não nos surpreende que a fonte de Gramsci tenha abastecido abundantemente os proponentes da análise crítica do discurso, como Fairclough e van Dijk, a qual surge com a ambição de ajudar a transformar a sociedade, melhorando a situação dos membros de minorias discriminadas e silenciadas, sem acesso ao discurso público. Fairclough, por exemplo, recorreu ao conceito de hegemonia proposto por Gramsci para explicar as relações de poder e as possiblidades de transformação da sociedade. Enfim, talvez, pretensiosamente ou não, alguns analistas críticos do discurso desejem ser os intelectuais orgânicos das minorias e, por isso, se engajem na luta contra os preconceitos e a discriminação nos trabalhos acadêmicos e nas pesquisas que desenvolvem.

Não posso deixar de enfatizar aqui a importância que a análise crítica do discurso tem para a formação de professores de português e, como corolário, para a formação de leitores. Como ressalta Del Roio, Gramsci vislumbrava um sistema educacional que não apenas formasse trabalhadores em busca de emprego ou intelectuais pequeno-burgueses que servissem à administração do Estado: a ideia era pensar uma escola socialista "que articulasse o ensino técnico-científico ao saber humanista. Essa seria uma chave para que os trabalhadores pudessem perseguir a sua autonomia e desenvolver uma nova cultura, antagônica àquela da burguesia" (Del Roio, 2011).

Mesmo que não tenhamos uma agenda comunista nos guiando na formação de professores e de leitores, é importante tentarmos concretizar a ideia de ir além de uma formação apenas técnica, de ir além da mera preparação de estudantes para o vestibular, para o ENEM e para o mercado de trabalho. Essa ideia implica pensar a educação de uma maneira mais rica, da maneira vislumbrada por Gramsci: ajudar os estudantes a desenvolverem seu senso crítico, a superarem o senso comum, a estarem vacinados contra a naturalização dos discursos. Esse senso crítico é necessário para que os indivíduos possam fazer escolhas de maneira consciente e, assim, adotar concepções de mundo que não lhes sejam ideologicamente desfavoráveis.

CAPÍTULO 2
BAKHTIN

Adriana Pucci Penteado de Faria e Silva

— *Me disseram que você é bachiana, Pró. Me explica o que é isso?*

Uma querida aluna me fez essa pergunta em meu primeiro semestre como professora da Universidade Federal da Bahia. Na ocasião, ministrando disciplinas de oficinas de textos, procurei compartilhar com os grupos uma abordagem dialógica da linguagem, partindo de uma perspectiva bakhtiniana. Não sei se consegui explicar à minha aluna com clareza, em poucos minutos na correria entre aulas, o que significa ser bakhtiniana nem o que significaria ser bachiana. Faço, quanto ao segundo termo, um convite a algum professor de música especialista em Bach: divulgue o espírito bachiano.

O objetivo deste capítulo, de certa maneira, é o de dar àquela aluna a resposta que ela merecia para seu estranhamento em relação ao termo *bakhtiniano*. Os graduandos são bombardeados com nomes de teóricos e de tendências que desconhecem e que não têm obrigação de conhecer no início de sua vida acadêmica. Começo, então, com breves notícias sobre a história do homem Mikhail Bakhtin e de seus amigos e colaboradores. Em seguida, introduzo conceitos fundamentais para os que se interessarem em ler as obras desses pensadores: enunciado concreto, dialogismo e gêneros do discurso.

1. Mikhail Bakhtin (1895-1975), Valentin Volóshinov (1895-1936), Pavel Medvedev (1892-1938): contexto sócio-histórico

Bakhtin, nascido em Orel, ao sul de Moscou, viveu muito, escreveu muito e teve muitos textos publicados. Nem sempre, no entanto, esses textos foram preparados para publicação pelo autor. Alguns de seus cadernos de anotações acabaram se transformando em ensaios, artigos, escritos. Essa é uma primeira dificuldade para quem quer estudar o teórico: lidar com uma escrita que nem sempre é muito clara, pois não foi pensada para que outra pessoa a lesse.

Outra questão que os leitores da teoria bakhtiniana enfrentam é o grande número de nomes russos que devem aprender se quiserem falar dessa teoria com um mínimo de adequação. Acostume-se com pelo menos dois deles: Volóshinov e Medvedev. Por que não é suficiente conhecer Bakhtin? Porque a teoria dialógica que podemos entender a partir da obra de Bakhtin foi elaborada por muitas pessoas que trabalhavam e estudavam juntas.

Dá-se o nome de Círculo, em geral, aos grupos formados pelo pensador russo e por seus amigos e colaboradores em diferentes momentos da vida de Bakhtin. Alguns estudiosos, por conta da existência desses diversos grupos, preferem falar de *Círculos* de Bakhtin. Neste capítulo, vou empregar o termo no singular, entendendo que a composição do Círculo foi alterada diversas vezes por questões de deslocamentos geográficos e de possibilidades de interlocução.

Por questões ideológicas e políticas de seu país, Bakhtin viveu em diversas cidades. Em cada uma delas, atraía para perto de si intelectuais que estavam dispostos a discutir questões filosóficas relativas à língua, literatura, cultura e arte.

Volóshinov aproximou-se de Bakhtin em Nevel, uma pequena cidade onde o pensador residiu entre 1918 e 1920. Lá, formou-se um grupo de estudos que constituiu a primeira formação do Círculo de Bakhtin. Volóshinov assina algumas das obras mais importantes do Círculo, como *Marxismo e filosofia da linguagem*. Até hoje, os especialistas não chegaram a um consenso sobre a autoria da obra: alguns defendem que o livro foi escrito por Bakhtin e publicado com o nome de Volóshinov; para outros, Volóshinov é o autor, mas escreveu a obra a partir de discussões com Bakhtin. Sobre um aspecto, no entanto, não há dúvidas: é uma obra do Círculo, e devemos citá-la nas bibliografias de nossos trabalhos conforme a indicação da autoria dada na edição que lemos. Na edição brasileira, temos como autor Bakhtin (Volóchinov), escrito com "c". Emprego a grafia com "s" no corpo deste texto por ser a mais aceita entre os pesquisadores, atualmente.

Medvedev aproximou-se de Bakhtin em outro momento, numa cidade chamada Vitebski, onde vários membros do Círculo passaram a residir entre 1920 e 1924. Credita-se a Medvedev a autoria de *O método formal nos estudos literários*, obra de 1928 traduzida para o português apenas em 2012 (Bakhtin; Medvedev, 2012 [1928]).

Por que é importante entender essas condições em que as obras do Círculo foram escritas? Essa importância está relacionada a alguns conceitos fundamentais da teoria bakhtiniana ou dialógica, para a qual nosso discurso é resultado de condições sociais e históricas, o que faz com que nunca possamos "falar sozinhos". Vou esclarecer essas questões ao tratar sobre o conceito de dialogismo mais adiante.

Quero destacar, assim, que esses teóricos viveram num local e num momento em que havia o hábito de se produzir conhecimento a partir de círculos de intelectuais que discutiam e publicavam suas pesquisas. O hábito de formar grupos de estudos e pesquisas, portanto, era comum na Rússia soviética, no período após a Revolução de 1917. Não posso aqui me deter nos detalhes do período, mas é importante lembrar que, nos anos entre a revolução e a ascensão de Stalin, em 1924, houve um projeto nacional voltado para a alfabetização de milhares de trabalhadores e a melhoria das condições culturais e intelectuais do povo, do qual participaram membros do Círculo Bakhtiniano, que defendiam a divulgação da língua russa sem a supressão das diversas variantes e línguas nacionais faladas pelos trabalhadores (Zandwais, 2009a).

Nesse período, entendia-se que a identidade soviética deveria se construir pelo diálogo entre culturas e línguas de todas as repúblicas. O espírito da filosofia da linguagem de Bakhtin é esse, embora muito de sua produção tenha se dado depois de 1924, ano em que Lênin morre e Stalin assume o poder, difundindo uma política de criação de identidade baseada na ideia de unificar os estados soviéticos e de criar uma unidade da língua, sem respeitar as particularidades das línguas de cada república.

Ideologicamente, então, o grupo de Bakhtin pensa a linguagem como um lugar de convergência de diferenças, em que a identidade se constrói pela convivência com a diversidade, com o outro. Politicamente, a partir de 1924, eles vivem num país em que a ordem é unificar a cultura e a língua, e, portanto, não tolerar as diferenças.

Para um estudo mais aprofundado da vida desses intelectuais, sugiro a leitura do já clássico *Os 100 primeiros anos de Mikhail Bakhtin*, de Emerson (2003), e do ensaio *Da Rússia czarista à web*, de Brait e Campos (2009).

Para a leitura deste capítulo, guardemos as seguintes informações:

(1) Bakhtin acreditava que o discurso é resultado da interação e construiu sua obra em diálogo com outros intelectuais. As questões de disputa de autoria não importam tanto quanto

o fato de que a autoria para esses intelectuais bakhtinianos pressupõe mais de uma voz, ou seja, um diálogo entre diferentes autores;

(2) os estudiosos do Círculo de Bakhtin iniciaram seus debates num tempo histórico de aceitação e exaltação das diferentes variedades linguísticas e culturais de uma nação, mas publicaram muitos de seus escritos em tempos de uma repressão no sentido de unificação da língua nacional.

Tendo esses pressupostos como base da discussão, passo a apresentar alguns conceitos fundamentais da teoria bakhtiniana ou dialógica.

2. Enunciado concreto

Para algumas teorias que estudam a linguagem, a enunciação é o ato de pôr em uso o sistema da língua (um processo) e o enunciado é o resultado desse ato (um produto). Em outras palavras, para essas teorias, o enunciado é o produto de um processo, que é a enunciação. No pensamento bakhtiniano, essa distinção não é posta, pois um dos conceitos fundamentais da teoria é o de enunciado concreto, que é um todo formado pela parte material (verbal ou visual) e pelos contextos de produção, circulação e recepção. Isso significa que o processo e o produto da enunciação são constitutivos do enunciado.

Para entender esses conceitos, pense, por exemplo, numa charge de jornal. Analisar apenas os quadrinhos e as palavras da charge é uma possibilidade de avaliação material desse enunciado. Um bakhtiniano, porém, vai-se questionar sobre os seguintes elementos:

(a) o autor da charge: quem é, quais temáticas costuma abordar, onde publica etc.;

(b) o jornal em que foi publicada: qual o seu público, em que cidade circula, em que seção se encontra a charge, quais as notícias mais importantes do dia em que ela saiu e dos dias anteriores e seguintes etc.;

(c) o leitor presumido daquele jornal: o que sabe sobre o assunto, qual sua posição na sociedade etc.

Segundo a teoria que se depreende da obra de Bakhtin e do Círculo, esses elementos não são apenas fatores externos importantes para se entender um enunciado: eles fazem parte do enunciado como aspectos constitutivos do todo que cria sentidos.

E qual o tamanho desse todo? Um enunciado concreto pode ser constituído de apenas uma palavra, das mais de trezentas páginas de uma tese de doutorado ou de vários volumes de um romance em tomos. O que marca as fronteiras do enunciado é a unidade de sentido.

O sentido, nessa teoria, desdobra-se em tema e significação. Por exemplo, a significação de "Adeus" é o que se encontra nos dicionários (substantivo ou interjeição que sinaliza uma despedida etc.). A significação é constante, acompanha a palavra "Adeus" sempre que ela é empregada. O tema, no entanto, é único e não se repete, porque se refere ao todo do enunciado concreto: parte verbal, entonação, relação entre interlocutores (quem fala com quem), condições sócio-históricas, condições de tempo e de espaço etc. Cada situação-despedida é única. Junto com o ato de pronunciar a palavra "Adeus", cada situação-despedida constitui um enunciado concreto que nunca mais se repetirá, ainda que a palavra se repita milhões de vezes.

Imagine um fumante inveterado que toma a sábia decisão de largar o vício de uma vez por todas: ele pega seu maço de cigarros do bolso, olha para ele, diz "Adeus" e o joga na lixeira. Esse enunciado concreto, esse evento discursivo, nunca mais se repetirá. Ainda que nosso fumante volte a fumar e repita a cena, um novo enunciado concreto composto por condições similares não seria igual, porque já seria a segunda tentativa de rompimento com o cigarro. A diferença entre tema e significação é trabalhada sobretudo em *Marxismo e filosofia da linguagem*, mas explica-se também pelo conteúdo dos vários textos que Bakhtin e seus colaboradores escreveram na década de 1920, os ditos "textos filosóficos".

Esse conjunto de escritos, que na verdade se inicia em 1919, com o artigo *Arte e responsabilidade*, assinado por Bakhtin (2003a [1919]), compõe um projeto filosófico que embasa toda a produção intelectual do Círculo. A filosofia que se constrói é bastante complexa, mas, *grosso modo*, pode ser entendida como a filosofia do ato ético: os enunciados estão sempre ligados a uma atividade humana, desempenhada por um sujeito que tem um lugar na sociedade e na história, ou seja, um sujeito que sempre está em interação com outros sujeitos. Por isso, o signo para Bakhtin não é linguístico, mas ideológico, ou seja, é carregado de sentidos que dizem respeito a uma posição social, histórica e cultural. O termo *ético*, então, refere-se à vida do homem, e não ao certo ou ao errado. Pense no exemplo da palavra "Adeus": só podemos realmente saber o tema desse enunciado entendendo quem é seu autor e com qual ou quais interlocutores ele interage nesse ato de pronunciar sua palavra de despedida.

Esse exemplo intencionalmente simplificado inspira-se numa explicação dada por Volóshinov no ensaio *O discurso na vida e o discurso na arte*, de 1929. O autor, para mostrar quais são as partes que compõem o todo de um enunciado concreto, propõe a seguinte situação: duas pessoas estão dentro de casa em silêncio, sentadas de frente para a janela. De repente, uma delas diz "Bem". Fim da história. Não entendemos o tema de "Bem", embora conheçamos sua significação. Na verdade, falta-nos entender quem são e onde estão essas pessoas e o que elas veem pela janela. O autor propõe que elas estão numa casa na Rússia, no inverno. Elas sabem que, enquanto a neve continuar a cair, a primavera demorará a chegar. Havia uma esperança de que a primavera estivesse se aproximando pelo estio da neve. Então, as pessoas veem que começa a nevar e uma delas pronuncia aquela palavra. Assim, "Bem" significa algo como "Puxa, ainda vai demorar pra podermos sair, para o frio acabar. O que se pode fazer? Nada, tenhamos paciência".

Se pensarmos no exemplo da charge, citado anteriormente, entender em qual jornal ela foi publicada, em que dia, mês e ano, o que estava acontecendo no mundo na época, quem são e onde estão os leitores, dentre outros fatores, seria o mesmo que entender onde se encontra aquela casa na Rússia e poder ver os flocos de neve caindo. Tudo isso não serve apenas para explicar, a partir do exterior, o enunciado: é constitutivo desse ato ético.

Vimos que o enunciado concreto constitui-se na interação entre interlocutores. Essa interação, no entanto, precisa ser ainda esclarecida: não se trata sempre de um diálogo face a face, ou de um endereçamento explícito de minha fala ou escrita a alguém: quando falamos, sempre nos dirigimos a outro, ainda que não saibamos quem esse outro é; ao mesmo tempo, sempre estamos retomando o que outros já disseram. Esse é o princípio do dialogismo, que apresentarei a seguir.

3. Dialogismo (e uma breve observação sobre polifonia)

O termo *dialogismo* remete a diálogo, evidentemente. Isso não significa que apenas o diálogo face a face seja dialógico.

Na teoria de Bakhtin, ou análise dialógica do discurso, a ideia de dialogismo está ligada à própria concepção de língua como interação verbal. Afinal, não existe enunciado concreto sem interlocutores. O próprio fato de um autor levar em consideração seu interlocutor direto ou indireto quando produz um enunciado já confere à língua esse caráter dialógico. Para Bakhtin/Volóshinov:

> Na realidade, toda palavra comporta duas faces. Ela é determinada tanto pelo fato de que procede de alguém, como pelo fato de que se dirige para alguém. Ela constitui justamente o produto da interação do locutor e do ouvinte. Toda palavra serve de expressão a um em relação ao outro. Através da palavra, defino-me em relação ao outro, isto é, em última análise, em relação à coletividade. A palavra é uma espécie de ponte lançada entre mim e os outros. [...] A palavra é o território comum do leitor e do interlocutor (Bakhtin/Volóshinov, 2004 [1929]: 113).

É fundamental destacar que esse endereçamento ao outro não se confunde com o célebre esquema proposto no *Curso de linguística geral*, de Saussure. Naquela obra, fundadora da linguística como uma ciência que estuda a língua como um sistema, abordam-se interlocutores não marcados social, ideológica ou historicamente. Além disso, o que se reforça nesse e em outros trechos dos estudiosos do Círculo é o fato de um enunciado pertencer também ao interlocutor. Isso significa que o sentido último ou tema da palavra é dado em cada interação específica, isto é, tanto quem enuncia como seu interlocutor são "donos" temporários desse enunciado, que não é emitido por alguém e recebido por outrem, mas construído por todos os interlocutores. Insisto no caráter temporário desse domínio do enunciado, já que outros interlocutores não previstos inicialmente podem entrar em interação com ele.

Essa é apenas uma faceta do dialogismo: se toda palavra se dirige a alguém e tem seu tema construído na interação, temos sempre o mínimo de dois interlocutores. No entanto, devemos também considerar que todos os enunciados de que participamos vêm de outros enunciados e provocam respostas.

Por isso, dizemos que nosso enunciado estabelece relações dialógicas com tantos outros. Às vezes, quem estabelece essas relações é um interlocutor que "põe em diálogo" dois enunciados que, em sua origem, não "conversavam".

Vejamos um exemplo: um aluno de Letras que estuda literatura brasileira e literatura italiana começa a perceber uma possibilidade de articulação entre o tema de um conto ou novela de Machado de Assis e uma obra de Luigi Pirandello. *O alienista*, de Machado de Assis, foi publicado pela primeira vez em várias edições de um jornal, entre 1881 e 1882; a obra *Enrico IV*, de Pirandello, surgiu em 1921. Ambas tratam da loucura e questionam se existe mesmo a normalidade; em ambas, os "sãos" e os "loucos" se confundem. Pois bem, nosso aluno de Letras da segunda década do século XXI pode estabelecer relações dialógicas entre essas obras, mesmo sem conseguir provar que Pirandello teria lido Machado de Assis, o que, até onde eu saiba, parece pouco provável. A questão é que existe um discurso ético (da vida humana) comum às duas obras que, em cada uma, responde a especificidades sociais, históricas e ideológicas. Existe também o ato ético do aluno que, como interlocutor desses dois enunciados, propõe desvelar as relações entre eles.

Além do autor e do interlocutor presumido, há também outras "vozes" num enunciado. Essas vozes podem aparecer de maneira evidente, marcadas linguisticamente pelo recurso do uso do discurso relatado, seja ele direto, indireto ou indireto livre.

O dialogismo, então, se dá pela interação entre interlocutores diretos e pela relação entre vozes (dizemos também discursos) presentes, de forma explícita ou não, nos enunciados.

Bakhtin/Volóshinov explora muito bem essa questão no capítulo 9 de *Marxismo e filosofia da linguagem*, intitulado *O discurso de outrem*. Também em *Problemas da poética de Dostoiévski*, Bakhtin explora o tema, sobretudo na terceira parte da obra, em que pontua os limites da linguística para o estudo dessas relações:

> Na linguagem, como objeto da linguística, não há e nem pode haver quaisquer relações dialógicas: estas são impossíveis entre os elementos no sistema da língua (por exemplo, entre palavras no dicionário, entre morfemas etc.) ou entre elementos do "texto" num enfoque rigorosamente linguístico deste. [...]
> Não pode haver relações dialógicas tampouco entre os textos vistos de uma perspectiva rigorosamente linguística. [...]
> Assim, as relações dialógicas são extralinguísticas. Ao mesmo tempo, porém, não podem ser separadas do campo do discurso, ou seja, da língua como fenômeno integral concreto (Bakhtin, 2010 [1963]: 208- 209).

Nesse trecho, percebe-se que Bakhtin salienta a importância da noção de enunciado concreto, ou seja, da parte puramente verbal de um texto articulada às condições extraverbais inerentes à sua produção, circulação e recepção. Por isso, precisamos ter muita atenção ao querer articular as propostas do Círculo a outras teorias. O diálogo entre teorias é importante, mas não podemos, ao acionar o discurso dos teóricos que compõem o Círculo, deixar de levar em conta que, em suas obras, a referência a texto como enunciado concreto implica sempre fatores como a posição social, histórica e ideológica dos interlocutores, as condições em que se deu a interação entre eles, os demais discursos que entram em relação dialógica com o enunciado etc.

Por isso, retomando o exemplo da charge citado no início deste capítulo, um pesquisador que se diz bakhtiniano não pode simplesmente recortar uma charge de um jornal ou de uma página da *web* e trabalhar como se ela tivesse sido produzida por ninguém, para ninguém, como se não tivesse circulado onde e quando circulou e, em relação ao dialogismo, como se não "conversasse" com outros enunciados que dizem respeito ao próprio gênero charge, ao tema, aos interlocutores, às personagens retratadas. Isso significa que há vozes presentes nesse enunciado e que, para conversar com ele, devemos tentar identificar algumas dessas vozes.

Mais do que uma enumeração de tipos de citação que trazem vozes diferentes para um enunciado, o que os pensadores do Círculo propõem é a reflexão sobre as relações dialógicas entre as vozes. Nem sempre há harmonia entre o discurso que cita e o discurso que é citado. Às vezes, fazemos alusão a determinado discurso para desqualificá-lo.

A alusão para desqualificar acontece muito na esfera jornalística. Se a fala de um político traz determinadas marcas que se repetem, um jornalista pode copiar essas marcas sem citar o nome do político para criar, por exemplo, um efeito irônico. O jornalista, então, faz com que seu próprio discurso entre em diálogo com o discurso da figura pública que citou, e esse diálogo nem sempre é amigável. Pelo contrário, pode ser palco de um embate. Como exemplo, eu poderia citar diversos artigos de opinião que circularam em jornais durante os anos do governo Lula. Muitos articulistas usavam o bordão "Nunca antes na história desse país". Alguns inseriam essa "voz de Lula" para exaltar conquistas do governo, mas outros usavam o bordão para apresentar problemas enfrentados pelo país. Nesse último caso, o embate entre a voz da mídia e a do governo era evidente. Isso mostra que podemos entrar em relações dialógicas com diversos enunciados que não foram, em sua origem, dirigidos a nós como interlocutores diretos.

Voltemos a nosso estudante de Letras da segunda década do século XXI. No segundo semestre, inspirado por suas aulas de literatura, ele começa a compor contos. Não cita explicitamente ninguém nesses enunciados concretos, mas traz neles diversas vozes: as dos amores que tem ou teve, as dos discursos que dominam a época em que vive, as dos escritores que leu, as dos professores que o incentivaram ou traumatizaram. Mesmo que não as ouçamos numa primeira leitura, elas estão lá.

Bakhtin e o Círculo, então, propõem um sujeito que não tem liberdade, por sempre trazer as vozes de outros e responder a elas? De maneira alguma. Existe, para esses teóricos, o entendimento de que cada enunciador confere ao enunciado seu estilo, ainda que representante de um grupo social, histórico e ideológico, ainda que inevitavelmente sendo um homem de sua época. Assim, se acabamos, por exemplo, entrando inevitavelmente em relações dialógicas com discursos que configuram nosso tempo, como o da sustentabilidade ou o do "politicamente correto", cada um de nós, ao fazer uso da língua e se instaurar como sujeito do discurso, assume, com esses discursos, um comprometimento ou um embate, reproduzindo-os, questionando-os ou rechaçando-os em inúmeras variações de grau.

Existem duas instâncias de estilo na teoria dialógica: o estilo dos interlocutores e o estilo dos gêneros. Com o necessário esclarecimento sobre as noções de enunciado concreto e de dialogismo, passo, a seguir, a algumas reflexões sobre a noção mais popular da obra de Bakhtin em nosso tempo: a de gêneros do discurso.

Antes, porém, uma observação sobre a noção de polifonia, termo que se popularizou na recepção das obras de Bakhtin no Brasil:

a polifonia tal qual Bakhtin a estuda é um tipo de dialogismo. Mais especificamente, é a complexa relação entre as vozes do autor e das personagens na obra de Dostoiévski. Mais especificamente ainda, é a orquestração dessas vozes, sem nenhum tipo de hierarquia ou predominância da voz do autor, no romance *Os irmãos Karamazovi*.

Na obra *Problemas da poética de Dostoiévski*, Bakhtin, com invejável rigor teórico, mostra como essa categoria literária é desenvolvida pelo escritor russo ao longo de suas obras e reconhece que apenas naquele romance existe a polifonia autêntica. Então, polifonia não quer dizer, nessa teoria, simplesmente a presença concomitante de múltiplas vozes, mas um dialogismo levado ao extremo na esfera literária. Bakhtin classifica os romances de Dostoiévski como "totalmente dialógicos" (Bakhtin, 2010 [1963]: 302). Para entender essa classificação e o ápice do dialogismo na literatura, que é a polifonia, é necessário enfrentar as mais de 500 páginas de *Os irmãos Karamazov* e perceber que, como leitores, somos atravessados por uma multiplicidade de vozes que não estão a serviço de um projeto discursivo do narrador, mas que parecem, todas, assumir esse papel quando falam, com autoridade equivalente.

Feita essa ressalva, passemos à questão dos gêneros.

4. Gêneros do discurso

A noção de gêneros do discurso popularizou-se enormemente no Brasil com a implementação dos Parâmetros Curriculares Nacionais para o Ensino Fundamental e Médio, que teve início no final da década de 1990 e desdobrou-se em atualizações e ampliações na primeira década de nosso século, como as Diretrizes Nacionais dos Cursos Superiores das áreas de humanas, de 2001.

Muitos importantes teóricos do campo da linguística reconhecem que a noção de gêneros que embasa esses documentos oficiais está em consonância com a ideia de interação autor-texto-leitor (Koch; Elias, 2010). Nos próprios PCNs, há referência explícita à interação verbal proposta por Bakhtin/Volóshinov e à noção de gêneros segundo Bakhtin. No entanto, a filosofia da linguagem do Círculo não recebe, nesses documentos, maior detalhamento. Assim, a ideia de gêneros do discurso acabou se espalhando e sendo recebida de acordo com diferentes concepções de texto e de linguagem.

Para entendermos melhor o que são os gêneros para Bakhtin, vamos reproduzir aqui aquele que talvez seja o trecho mais citado de sua obra. Nunca antes na história deste país, um trecho de estudos da linguagem foi tão acionado por professores e pesquisadores, mas essa popularidade acabou por desvirtuar o sentido do conceito:

> O emprego da língua efetua-se em forma de enunciados (orais e escritos) concretos e únicos, proferidos pelos integrantes desse ou daquele campo da atividade humana. Esses enunciados refletem as condições específicas e as finalidades de cada referido campo não só por seu conteúdo (temático) e pelo estilo da linguagem, ou seja, pela seleção dos recursos lexicais, fraseológicos e gramaticais da língua, mas, acima de tudo, por sua construção composicional. [...] o conteúdo temático, o estilo, a construção composicional [...] estão indissoluvelmente ligados no todo do enunciado. [...] Evidentemente, cada campo de utilização da língua elabora seus tipos relativamente estáveis de enunciados, os quais denominamos gêneros do discurso (Bakhtin, 2003b [1951-1953]: 261-262).

A partir desse trecho, difundiu-se amplamente a ideia de que "gêneros do discurso são tipos relativamente estáveis de enunciados", sem que a noção de enunciado concreto fosse difundida na mesma proporção. Assim, todo o direcionamento do Círculo para a importância do ato ético, ou seja, da atividade humana que dá origem a um enunciado, perdeu-se na divulgação do conceito, que acabou por se reduzir à fórmula "tema + estilo + forma composicional", sem que se levassem em consideração todas as implicações teóricas que sustentam a elaboração de Bakhtin.

Com o que discutimos neste capítulo, é já possível entender algumas dessas implicações. Em primeiro lugar, o tema a que se refere o pensador russo não é o significado. É o que há de único e irrepetível em cada enunciado concreto, como vimos com o exemplo do enunciado "Adeus". Tratei do tema na seção 2, dedicada ao enunciado concreto. O estilo, por sua vez, comporta algo que é do homem, marcado por sua posição social, histórica e ideológica. Marcado, mas não aprisionado, esse homem fala trazendo em seu discurso as vozes dos outros, mas articulando essas vozes de maneira única. Neste capítulo, por exemplo, trago as vozes de todos os que me formaram como pesquisadora bakhtiniana, de todos os membros do Círculo, dos pesquisadores com quem tive contato por leituras ou em congressos, dos alunos com quem continuo a me formar. Mesmo assim, não posso falar por eles: trago suas vozes, mas orquestradas por mim. A responsabilidade desta visão sobre Bakhtin, em última instância, é minha.

Além do meu estilo, respondo a algumas prescrições desta publicação: as diretrizes elaboradas pelo organizador da obra, o limite de número de páginas, a consideração sobre o leitor idealizado. O capítulo que escrevo, portanto, deve, de alguma maneira, dialogar com o que sabemos que constitui um capítulo de livro sobre teóricos, pois esse gênero tem um estilo. Deve, também, atender às condições extraverbais que o compõem como enunciado concreto: se eu perder de vista os flocos de neve fora da janela e a situação dos dois homens dentro da casa russa no inverno, estarei fadada a pronunciar um "Bem" que não será entendido, ou seja, se eu não levar em conta os fatores constitutivos das interações a que me proponho com este capítulo, falarei sozinha, por mais que eu siga um esquema pré-fabricado do gênero: introdução, seções teóricas, algumas análises, considerações.

A forma composicional, terceiro elemento apontado por Bakhtin como constitutivo de um gênero, não deve ser entendida apenas como um esquema sempre presente no gênero que estudamos. Ela está associada ao todo do enunciado, e dialoga com outros enunciados do mesmo gênero. Um gênero como monografia, artigo, peça publicitária ou qualquer outro adotado na elaboração de trabalho de conclusão de curso, por exemplo, tem sua forma composicional mais ou menos padronizada, mas cada autor poderá subverter essa forma de acordo com os efeitos de sentido que quer criar, desde que não a subverta tanto a ponto de ser reprovado no julgamento feito por pessoas que deveriam entender do gênero. Por isso, Bakhtin emprega aquele advérbio "relativamente" antes de afirmar que os gêneros são "estáveis".

Todas essas considerações ainda não me parecem suficientes para que se responda a grande dúvida: como trabalhar com os gêneros do discurso? O que muda nas práticas de leitura e escrita quando considero essa teoria?

Uma tarefa obrigatória para todos os que querem trabalhar com os gêneros seguindo a concepção de Bakhtin é ter a delicadeza de, ao menos, ler todo o ensaio *Os gêneros do discurso*, que se encontra no livro *Estética da criação verbal* (Bakhtin, 2003b [1951-1953]), e não apenas a citação que diversos autores fazem do trecho que aqui também citei. O ensaio tem 45 páginas, e não dois parágrafos. Além disso, não podemos pensar em enunciado concreto como "texto", porque o termo *texto*, em algumas teorias, é marcado historicamente pela maior ênfase ao estudo da composição verbal, material, ainda que muitas teorias hoje reconheçam a importância de se levar em conta a interação entre os parceiros discursivos.

Uma segunda tarefa seria a de procurar todos os outros trabalhos do Círculo que abordam o tema. A esse respeito, afirma Sobral após tecer considerações sobre o ensaio bakhtiniano que aqui citamos:

> O conceito de gênero aparece também em *Marxismo e filosofia da linguagem*, em *O método formal nos estudos literários*, em *Problemas da poética de Dostoiévski*, em ensaios de *Questões de literatura e de estética*, caso de "O discurso no romance", "O problema do conteúdo, do material e da forma na criação literária", em "O autor e o herói" [...], bem como no estudo sobre Rabelais, em que aparece um longo histórico do gênero, em *Para uma filosofia do ato* e em "Arte e responsabilidade" (em que

o conceito de gênero está, por assim dizer, "interiormente presente") (Sobral, 2009: 173).

Ser bakhtiniano é saber que, para cada conceito teórico, há uma verdadeira caça ao tesouro pelas diversas obras do Círculo. A construção dos conceitos se dá em toda a obra, não apenas em um ensaio. No entanto, o estudo dessa teoria deve começar por algum lugar. Por isso afirmo que a leitura completa do ensaio *Os gêneros do discurso* já é um grande passo. Se essa leitura for feita a partir do que significa enunciado para Bakhtin, o passo é maior ainda. Se, além disso, o leitor entender que pertencer a um gênero significa, para um enunciado concreto, já nascer em um estado de relações dialógicas com todos os enunciados pertencentes ao gênero que vieram antes dele, então teremos uma excelente base para o estudo dos gêneros.

Vejamos uma situação concreta: o professor X solicita o fichamento de um texto teórico. Você, aluno, não será a primeira criatura no mundo a fazer um fichamento. Seu texto, portanto, não inaugura um gênero, mas deve estabelecer um diálogo com outros fichamentos. Que fichamentos? Todos os realizados desde sempre? Evidentemente, o mais sensato é procurar entender como são os fichamentos que o professor X considera adequados. Você deve, então, levar em conta que está, ao realizar esse enunciado concreto que é seu fichamento, entrando em relações dialógicas com o professor X e procurar descobrir suas expectativas quanto ao gênero.

Como saber quais são essas expectativas? Uma primeira forma é interpelar o professor e saber o que ele espera em termos de tema e forma composicional de um fichamento: é um fichamento de citações, apenas, ou um texto misto, com comentários seus sobre as seções do texto comentado? Deve ser feito num suporte tipo tabela do Word ou como texto corrido?

Essas alternativas que levantei vêm da tradição do gênero fichamento. Não é um gênero contemplado pelas normas da ABNT porque, em teoria, é algo que um estudante ou pesquisador elabora para que ele mesmo possa ler e estudar seus textos teóricos de maneira organizada. No entanto, na esfera universitária, é comum os professores solicitarem fichamentos para avaliação. Então, esse texto como enunciado concreto pertence a um gênero que apresenta particularidades: serve ao estudo, mas também à avaliação do professor sobre seu estudo.

No pior cenário de interlocução, o professor X responderá: "Como assim, você não sabe o que é um fichamento?" ou "Siga as normas da ABNT (!)". Respire fundo e investigue a tradição do gênero com colegas veteranos. Eles já terão passado por isso — talvez até já tenham descoberto o que o professor X entende por fichamento — e poderão ajudar em sua pesquisa sobre o que é o gênero na interação de que você participa. Então, faça seu melhor quanto ao tema, isto é, mostre, na sua relação com o texto estudado, o que você pode depreender teoricamente, e quanto ao estilo, ou seja, imprima sua marca de autoria ao texto, ou, no jargão das aulas "diga as coisas com suas palavras".

Esse exemplo ressalta uma característica do trabalho com os gêneros apontados por Medvedev em *O método formal nos estudos literários*. Nele, conforme já apontei em outras ocasiões (Silva, 2010), o autor dialoga com alguns estudiosos da literatura conhecidos como formalistas e, embora ressalte as grandes virtudes do grupo, questiona o fato de esses críticos deixarem a questão da análise do gênero (literário) pra o final de suas considerações. Para Medvedev, a inserção de uma obra em determinado gênero deveria ser o ponto de partida para as análises. Extrapolando suas considerações sobre a literatura, defendo que não só a análise, mas também o trabalho de produção e recepção de enunciados concretos deve ter como ponto de partida o entendimento das seguintes questões por parte de seu autor:

(1) A que gênero do discurso pertence este enunciado? Então, com qual tradição estou dialogando?

(2) Quais são as questões que constituem os parceiros discursivos dos enunciados que vou produzir? Estou me instauran-

do como aluno, professor, pesquisador? Estou prevendo um diálogo com alunos, professores, pesquisadores de onde? Que lugar ocupamos na sociedade?

(3) Quais são os discursos sobre o tema de que quero tratar que circulam neste tempo e neste espaço em que meu enunciado será produzido? Como me posiciono em relação a eles?

(4) Em que suporte meu enunciado circulará? Impresso, manuscrito digital? Será parte de uma obra de divulgação científica? Será mais um trabalho sobre um tema dentre cinquenta trabalhos sobre o tema que um professor lerá?

(5) Quais são as características linguísticas adequadas ao estilo deste gênero? Posso usar uma linguagem coloquial ou devo seguir as prescrições da norma-padrão?

Embora o conceito de gênero discursivo na obra de Bakhtin e do Círculo seja bastante complexo, levantei aqui algumas questões de base que podem ajudar os leitores dispostos a estudar o tema.

Cabe ainda ressaltar que o reconhecimento da legitimidade de diversos gêneros do cotidiano (ditos gêneros primários) na obra de Bakhtin nunca esteve a serviço da defesa de uma aceitação de usos contrários às regras da norma-padrão em enunciados pertencentes a gêneros que pressupõem o uso da norma-padrão. Digo isso porque, com a popularização do conceito via PCNs, houve, por parte de alguns, o entendimento de que todas as variantes de uma língua são legítimas e se prestam à materialização de enunciados de quaisquer gêneros. A questão da legitimidade é indiscutível. No entanto, essa questão foi desvirtuada e esse desvio chegou a criar situações em que, em sala de aula, se aceitava o uso de qualquer variante em qualquer gênero, com a desculpa de uma pretensa obrigação de se aceitarem os diversos gêneros.

Quanta confusão! A escola não deve apenas identificar os gêneros e variantes que seus alunos já dominam, mas dar-lhes o direito de se instaurarem como sujeitos em diversos gêneros. Aprendemos a falar por gêneros. E esse aprendizado acontece na vida, em relação aos gêneros primários, e também na escola/ universidade, em relação aos gêneros mais complexos.

Para retomar as principais questões sobre os enunciados concretos, o dialogismo e os gêneros do discurso, proponho uma breve análise de um enunciado na próxima seção. Ressalto, antes disso, que embora Bakhtin e os membros do Círculo não tenham explicitamente elaborado uma teoria sistematizada de análise do discurso, pode-se depreender, do todo de sua obra, o que os teóricos têm chamado de teoria/análise dialógica. Brait sustenta, ainda que reconheça haver risco nessa postura, que "o conjunto das obras do Círculo motivou o nascimento de uma análise/teoria dialógica do discurso [...]", logo após afirmar que:

> Ninguém, em sã consciência, poderia dizer que Bakhtin tenha proposto formalmente uma teoria e/ou análise do discurso, no sentido em que usamos a expressão para fazer referência, por exemplo, à análise do discurso francesa. Entretanto, não se pode negar que o pensamento bakhtiniano representa, hoje, uma das maiores contribuições para os estudos da linguagem [...] (Brait, 2006: 9-10).

A contribuição do pensamento de Bakhtin para os estudos do discurso reside em destacar que o sentido dos enunciados concretos constrói-se na relação entre materialidade sígnica e forças históricas e ideológicas, ou seja, entre o texto que se percebe pelos sentidos e as forças constitutivas das atividades humanas envolvidas nas interações dos interlocutores desses textos, como pretendo mostrar na análise a seguir.

5. "Sobre meu capote": análise do dialogismo num enunciado concreto do gênero correspondência

Recorro mais uma vez a meus alunos para trazer um enunciado concreto a este capítulo, com o objetivo de retomar os conceitos visitados.

No meio de um semestre, meu primeiro em Salvador, recebi de um aluno um *e-mail* com o seguinte assunto: "Sobre meu capote". Naquele intervalo de tempo entre a leitura do assunto e a leitura do *e-mail*, que com a banda larga de que disponho às vezes dura minutos, fiquei perplexa. Não me lembrava de ter indicado a leitura do conto de Gógol, *O capote*. Não me lembrava de ter trabalhado o filme *Capote* na turma daquele aluno ou em qualquer outra turma. Não me lembrava de ter conversado com Adriano, o aluno, sobre nenhum desses enunciados, mas havia um capote que lhe era muito caro, pois o chamava de "meu Capote".

Minhas hipóteses iniciais foram pautadas na relação discursiva que tinha com o autor do *e-mail*: aluno brilhante, interessado na teoria dialógica, com espírito de pesquisador, poderia muito bem ter mandado um *e-mail* sobre uma pesquisa que não tivesse relação direta com a disciplina Oficina de Leitura e Produção de Textos Acadêmicos que cursava comigo na época. Dei aos alunos a possibilidade de trabalharmos também com textos elaborados para outras disciplinas, desde que os professores que as ministravam estivessem de acordo.

Quando o *e-mail* se abriu, novo impacto: Adriano falava de uma questão do cotidiano: havia esquecido o capote em sala e queria saber se eu tinha alguma informação sobre seu capote. Eis o corpo do *e-mail*:

Professora,

Esqueci meu capote hoje na sala. Quero saber se a senhora não o viu ou se você pegou e deixou na secretaria após a aula ou ainda se viu alguém que guardou. Vou passar na secretaria amanhã, quem sabe não recupero.

Adriano Rodrigues

Um abraço!

Essa mensagem constitui uma interação verbal entre aluno e professor na esfera acadêmica. Como *e-mail*, tem uma linguagem menos formal do que a que comporia uma carta oficial entre esses interlocutores. A carta, por sua vez, não se prestaria a esse tipo de esclarecimento porque não circularia com a mesma agilidade e chegaria ao professor depois que o aluno já tivesse retornado à instituição.

O menor rigor quanto à linguagem pode se verificar na ausência de um pronome objeto direto ligado ao verbo "guardou". Resquícios de uma linguagem formal, por sua vez, aparecem no objeto direto em "se a senhora não o viu". O próprio pronome de tratamento que estabelece a relação entre os interlocutores varia, pois temos no mesmo período "a senhora" e "você".

A situação extraverbal nos mostra, assim, as condições de produção e recepção do enunciado. A forma composicional dialoga com a tradição desse gênero de correspondência, mas a linguagem é marcada por uma oscilação entre a formalidade e a informalidade que é emblemática tanto do gênero *e-mail* quanto da própria relação entre alunos e professores universitários neste início de segunda década do século XXI. O autor subverte a estabilidade da composição epistolar quando assina primeiro e depois faz sua saudação, terminado a comunicação com "Um abraço!"

Adriano também subverte o contrato implícito sobre os temas que podem circular entre alunos e professores via *e-mail* ou listas de discussão. Trata-se de um canal de comunicação para tratamento de assuntos acadêmicos, não pessoais. O que permite essa subversão é a abertura dada aos alunos pelo professor.

Minha incapacidade inicial de entender o assunto de que tratava a mensagem, no entanto, diz respeito ao que eu, como interlocutora, esperava quanto ao tema de mensagens de alunos. Os questionamentos que fiz sobre obras da literatura ou do cinema que preenchessem o tema de "capote" são reflexos das vozes que eu, como interlocutora, trouxe à nossa interação. As relações dialógicas entre o *e-mail* de Adriano e o conto de Gógol não foram estabelecidas pelo autor do *e-mail*, mas por seu interlocutor. Essas relações se materializam discursivamente na resposta enviada:

Re: Sobre meu capote

Adriano,

Fiquei conversando com Mayara e Melque até mais ou menos 21h30 e não reparei se havia ficado algo algo na sala quando saímos. A sala ficou com a porta fechada, mas não trancada.

Agora, por favor, explique-me o que vc **entende** por "capote": em paulistanês, é um casaco longo e pesado, que usamos em dias muito frios, geralmente em ambientes externos. É mais adequado para temperaturas abaixo de zero, para dizer a verdade!

Um dos mais belos contos da literatura universal é *O capote*, de Gógol, mais um "amigo" russo meu... Rússia, neve, entende?

O que você estava fazendo coom um capote em plena Salvador????????????

Abs,

Adriana

Há, na mensagem da professora, algumas marcas de informalidade: uma repetição da palavra "algo" e o erro de digitação em "coom", que teriam sido eliminados se houvesse sido feita uma revisão antes do envio; o uso da abreviatura "vc" no lugar de "você"; o emprego de um neologismo, "paulistanês", sem o uso de marcadores como aspas ou itálico; o exagero na repetição dos pontos de interrogação, típico da linguagem de bate-papos virtuais para expressar entonação. O tom professoral, esperado numa comunicação vinda de um professor universitário, à primeira vista, aparece apenas numa indicação indireta da leitura do conto *O capote*.

O tema da brincadeira com as diferentes acepções de *capote*, no entanto, também esconde a voz professoral. Havíamos trabalhado em sala o mesmo exemplo do ensaio de Volóshinov, *O discurso na vida e o discurso na arte*, que apresentei no início deste capítulo. A pergunta "Rússia, neve, entende?" tanto serve para explicar o que significava capote para a autora do *e-mail* como para dizer ao aluno que pensasse no exemplo do "Bem" e dos flocos de neve caindo lá fora, que serviria para explicar a confusão semântica: o aluno olhava pela janela e via capote como um casaco, uma jaqueta que serve para proteger do vento às vezes frio (?) de que reclamam alguns soteropolitanos; a professora olhava por essa janela semântica e via capotes russos.

O emprego do termo *capote* evidenciou que um dos elementos necessários para a negociação de sentido no enunciado concreto, o entendimento comum de uma situação, precisava ser trabalhado. A autora do *e-mail* de resposta coloca-se claramente como pertencente a um grupo social: os paulistanos. Isso se confere pelo uso da primeira pessoa do plural em "um casaco longo e pesado, que usamos em dias muito frios".

O primeiro *e-mail* tem como tema a busca de informação que poderia ter sido feita numa seção de achados e perdidos; o segundo, por sua vez, responde à pergunta do primeiro, mas diz respeito a questões tratadas em aula. A resposta parece ser: "Não, não vi seu capote, e não se esqueça do que estamos fazendo: estudamos enunciados concretos e a construção dos sentidos na interação verbal".

Talvez a disponibilidade para responder a esse tipo de *e-mail* e aproveitar o canal de comunicação para tentar desencadear uma reflexão teórica diga respeito a um lugar histórico, ideológico e social ocupado pelo enunciador do segundo *e-mail*: o de professor novo na casa, com disposição para interagir com alunos por *e-mail*. Esse lugar não diz respeito a um indivíduo, mas a uma característica da atividade do profissional da educação que, hoje, trabalha com comunicação virtual.

Com essas considerações, entendo os *e-mails* analisados como enunciados concretos, ou seja, como interações entre interlocutores marcados histórica e socialmente, que só se explicam a partir do conhecimento de sua situação de produção. Entendo também que são as estabilidades do gênero que conferem a adequação ao uso de certo tipo de linguagem. Percebo, ainda, como existem relações dialógicas entre os *e-mails* citados e o gênero a que pertencem, entre as vozes dos interlocutores e as vozes de outros citados. A consideração de todos os aspectos não é um mero exercício didático: contribui para a percepção do tema do enunciado, que se constitui no entrelaçamento de todos os seus aspectos, como os verbais e extraverbais e as relações dialógicas com o próprio gênero e com outras vozes e enunciados concretos.

    Ser bakhtiniano, então, é estar atento a todos esses aspectos; é enfrentar uma teoria em que a definição dos conceitos encontra-se dispersa em obras de diversos autores; é promover aquela "caça ao tesouro" da construção do sentido fora e dentro do aspecto verbal de um enunciado. Ser bakhtiniano, portanto, é conversar com o enunciado concreto, e não analisá-lo como um objeto inanimado. Porque ele fala...

Pêcheux pôde absorver as contribuições teórico-metodológicas de Althusser e, dessa forma, mostrar as relações existentes entre ideologia e os sentidos dos enunciados.

Althusser, relendo a obra de Marx para combater a vertente economicista e a vertente idealista do marxismo, construiu e reconstruiu certos conceitos com o propósito de tratar da formação do sentido da ação social. Por esse caminho, ele construiu os conceitos de sobredeterminação, ideologia, interpelação ideológica, entre outros. Nesses estudos, ele havia chegado à conclusão de que a ideologia tem o papel de sobredeterminar o sentido da ação social, na medida em que ela interpela o indivíduo como sujeito, ou seja, na medida em que o indivíduo se torna sujeito assujeitado pela ideologia.

Pêcheux vê nesses conceitos construídos por Althusser os instrumentos de que precisava para tratar da formação dos sentidos dos enunciados. Em outras palavras, para explicar os efeitos da ideologia na formação dos sentidos dos enunciados, Pêcheux recorre ao materialismo histórico de Marx e Engels reconstruído por Althusser, ou seja, ele recorre aos seus conceitos de sobreterminação, ideologia, interpelação ideológica. É com esses conceitos que Pêcheux constrói sua inovadora teoria do discurso em sua obra *Semântica e discurso* e, assim, funda a chamada análise do discurso da vertente francesa.

Em *Análise automática do discurso*, Pêcheux apresenta, na verdade, apenas um projeto incompleto, um esboço de teoria onde pretendeu contemplar os efeitos que fatores extralinguísticos exerceriam nas profundezas de uma superfície discursiva. Sua hipótese era de que uma análise automática do discurso seria possível se se considerasse que "a um estado dado das condições de produção, corresponde uma estrutura definida dos processos de produção do discurso a partir da língua". Pêcheux (1997b: 79) entendia que, sendo fixas as condições de produção do discurso, os discursos produzidos haveriam de "manifestar invariantes semântico-retóricas estáveis no conjunto considerado", variantes que seriam "características do processo de produção colocado em jogo". Entretanto, tratava-se de um projeto incompleto, pois além de não ter ainda disponíveis as "regras do registro da superfície discursiva", regras que exigiam um trabalho linguístico, ele ainda não tinha à sua disposição "os traços que caracterizam especificamente uma condição de produção discursiva através da situação e da posição dos protagonistas do discurso em uma estrutura social dada", tarefa que ele deixaria sob a incumbência dos sociólogos (Pêcheux, 1997b: 147-148).

Em *Semântica e discurso*, o próprio Pêcheux introduz a questão das condições de produção discursiva e, dessa forma, a questão do sujeito em sua teoria do discurso. Partindo do pressuposto de que "a língua como sistema se encontra contraditoriamente ligada, ao mesmo tempo, à história e aos sujeitos falantes", ele recorre à concepção materialista da história reelaborada por Althusser para mostrar que a ideologia produz efeitos de sentido nos enunciados (Pêcheux, 2009: 20). Ele estava ciente de que Althusser "nunca (falou) em semântica em sua obra", que ele "fala(va) pouco em linguística e jamais em semântica". Entretanto, Pêcheux reconhecia que a teoria social de Althusser tratava da problemática que lhe interessava: a questão do sujeito e do sentido.

A influência do pensamento de Althusser sobre a teoria do discurso se manifesta não só na apropriação e na readequação dos conceitos althusserianos, mas também no balanço que o próprio Pêcheux elabora sobre os avanços da análise do discurso. Ao tratar da evolução dessa disciplina em seu artigo publicado em 1983, *A análise do discurso: três épocas*, ele revela a influência do pensamento de Althusser em sua teoria do discurso. Nesse artigo, Pêcheux deixa transparecer a ideia de que, ao absorver as contribuições de Althusser para a construção de sua teoria do discurso, o processo de produção discursiva foi concebido como "uma máquina autodeterminada e fechada sobre si mesma, de tal modo que o sujeito-estrutura (ideologia) determina os sujeitos como produtores de discurso" (Pêcheux, 1997a: 311). No seu entendimento, essa "tomada de posição estruturalista" teve o mérito de recusar "qualquer metalíngua universal supostamente inscrita no inatismo do espírito humano e de toda suposição de um sujeito intencional como origem enunciadora de seu discurso" (Pêcheux, 1997a: 311). Aos olhos de Pêcheux, essa recusa de uma metalíngua universal e de um sujeito intencional se manteve, mesmo com os avanços que a teoria teve ao longo dos anos com a absorção da noção de formação discursiva elaborada por Foucault e com a ideia da formação do sentido na confluência de uma estrutura e um acontecimento.

Daí a importância de Althusser para a análise do discurso e, portanto, da inclusão, neste livro, de um capítulo sobre sua teoria social. O propósito deste capítulo é mostrar, ainda que de forma sucinta, como Althusser elaborou ou reelaborou os conceitos fundamentais para sua teoria social. De início, veremos como Althusser, nos debates sobre o materialismo histórico em que se envolveu, construiu o conceito de sobredeterminação. Logo após, procurarei mostrar como, no entendimento de Althusser, o Estado atua no processo de reprodução das relações de produção. Por fim, problematizarei a noção de ideologia elaborada por Althusser para tratar, na sequência, do conceito de interpelação ideológica, conceito-chave tanto na teoria social de Althusser quanto na teoria do discurso de Pêcheux. Antes, porém, algumas palavrinhas sobre a obra althusseriana.

A obra de Althusser foi escrita nas décadas de 1960-1980. Nesse período, enquanto o existencialismo de Sartre, postura epistemológica que defendia a ampla liberdade humana, entrava em crise, o estruturalismo, postura epistemológica originária da linguística saussuriana e que defendia o condicionamento da ação humana por estruturas objetivas, seduzia as ciências sociais. Também nesse período, ocorria o caloroso debate no movimento internacional comunista sobre o caráter determinista ou não do materialismo histórico construído por Marx e Engels.

Envolvido nesse debate, Althusser defendia suas posições, construía os conceitos fundamentais de sua teoria social e fazia suas autocríticas. Em 1965, ele escreveu dois de seus principais livros: *A favor de Marx* (1979a) e *Ler o capital* (1997b). Neles, o autor discute a obra de Marx, propondo que, entre as suas obras de juventude e as suas obras posteriores, teria havido um "corte epistemológico" na teoria marxiana. Com esse termo, Althusser quis sugerir que Marx, na primeira fase, teria construído o materialismo dialético, ocupando-se da história do pensamento. Na segunda fase, ele teria abandonado essa postura, construindo o materialismo histórico para tratar da organização, funcionamento e transformação dos modos de produção econômicos. Aos olhos de Althusser, a obra de Marx teria sido, em sua primeira fase, uma filosofia da história e, a partir daí, uma ciência marxista. Entretanto, em uma de suas autocríticas, *Posição-1*, por exemplo, Althusser considerou essa proposta do "corte epistemológico" como um erro que cometeu na interpretação da obra de Marx (McLennan, 1983: 118).

Em 1970, Althusser escreve outra obra importante: *Ideologia e aparelhos ideológicos de Estado*. Nela, o autor traz à tona os conceitos fundamentais que, implícita ou explicitamente, se encontravam presentes em suas obras anteriores: sobredeterminação, Estado, ideologia, interpelação ideológica, entre outros. Talvez por sintetizar sua postura epistemológica e teórico-metodológica, *Ideologia e aparelhos ideológicos de Estado* é uma das obras de Althusser mais citadas pelos estudiosos das diversas áreas das ciências sociais que pretendem absorver suas contribuições ou que pretendem criticar suas proposições.

1. A noção de sobredeterminação

Em sua releitura da obra de Marx, Althusser cunhou a noção de sobredeterminação para expressar o seu entendimento das relações que se estabelecem entre infraestrutura e superestrutura visando se contrapor a interpretações que certas correntes do marxismo possuíam sobre a questão. Com essa noção, Althusser quis enfatizar os efeitos que a superestrutura, conjunto das ideologias políticas, religiosas, jurídicas das formas de consciência social de um povo, exercem sobre a infraestrutura, entendida como a base material da sociedade, constituída pelas forças produtivas, máquinas, ferramentas, edifícios, tecnologia, e pelas relações de produção, relações entre os agentes da produção, entre, por exemplo, proprietários e não proprietários dos meios de produção.

A ideia de infraestrutura e superestrutura é uma metáfora utilizada por Marx para construir seu método de análise da vida social: o materialismo histórico ou, sob outra denominação, a dialética materialista. Essa metáfora aparece na obra de Marx para expressar a mesma relação que ele via entre ser social e consciência, ou seja, entre uma base material e as ideias e representações dos indivíduos, e entre aquilo que ele chama de infraestrutura e superestrutura. Em ambos os casos, a metáfora lhe serviu de instrumento para combater a dialética hegeliana, entendida por ele como uma dialética idealista.

A tese de Marx sobre a relação entre ser social e consciência pode ser observada, por exemplo, em seu *Prefácio à contribuição à crítica da economia política*: "Não é a consciência do homem que determina o seu ser, mas, pelo contrário, o seu ser social é que determina a sua consciência" (Marx, 1979: 301). Com essa tese, ele pretendia inverter a tese hegeliana que, a seu ver, postulava o contrário: é a consciência que determina o ser social. Quer dizer, aos olhos de Marx, Hegel entendia a formação e a evolução da consciência do homem como resultado da evolução daquilo que ele chamava de ideia absoluta ou razão universal. Conforme ocorre, sob a determinação da ideia absoluta ou razão universal, a formação e a evolução de sua consciência, o homem apreende o sentido que deve dar a sua ação e, dessa forma, adquire as condições para atuar no mundo no sentido da promoção da harmonia geral da vida social. É contra essa visão idealista de Hegel, visão de que as ideias ou a consciência nascem de ideias, que Marx construiu suas teses materialistas, propondo que, longe de derivar de uma ideia absoluta, de uma razão universal, a consciência do indivíduo se forma em sua relação com o ser social, em suas experiências no mundo.

A tese de que o ser social determina a consciência, interpretada isoladamente ou no contexto da obra de Marx, possibilita muitas interpretações ambíguas. De um lado, certas interpretações sugerem que Marx havia proposto que o ser social, *i.e.*, as experiências do indivíduo no mundo, determina automaticamente a sua consciência. Nesse caso, indivíduos que tivessem, por exemplo, as mesmas experiências de explorados e de dominados na produção econômica inevitavelmente teriam uma consciência transformadora, revolucionária. Por outro lado, há interpretações que sugerem que, para Marx, não há uma relação de determinação automática, mecânica entre ser social e consciência, mas uma relação dialética na qual ser social e consciência se interferem mutuamente. Trata-se, nesse caso, de uma práxis na qual as experiências do indivíduo formam sua consciência e na qual sua consciência formada pode atuar no ser social, em suas condições de existência, para conservá-las ou para transformá-las.

A concepção de Marx sobre a relação entre infraestrutura e superestrutura pode ser observada em diversos momentos da sua obra. Por exemplo, no mesmo *Prefácio à contribuição à crítica da economia política*, ele diz:

> [...] na produção social da sua vida, os homens contraem determinadas relações necessárias e independentes da sua vontade, relações de produção que correspondem a uma determinada fase de desenvolvimento das suas forças produtivas materiais. O conjunto dessas relações de produção forma a estrutura econômica da sociedade, a base real sobre a qual se levanta a superestrutura jurídica e política e à qual correspondem determinadas formas de consciência social (Marx, 1979: 301).

Essa proposição de Marx, da mesma forma, deixou espaço para interpretações divergentes. Certas interpretações consideram que, para Marx, não é a superestrutura que determina a infraestrutura, o conjunto das forças produtivas, *e.g.*, tecnologias, máquinas, ferramentas e mercado, e das relações de produção, *i.e.*, formas de propriedade dos meios de produção: pelo contrário, é a infraestrutura que determina a superestrutura. Conforme o estágio de desenvolvimento das forças produtivas e das relações de produção de uma dada sociedade ou contexto histórico, haveria certas formas ideológicas correspondentes. A ideologia iluminista, por exemplo, seria um reflexo do nível de desenvolvimento das forças produtivas feudais e das suas relações de produção. Entendida como defesa da liberdade política, da livre iniciativa, do livre mercado etc., a ideologia só pôde ser construída em estágios avançados do desenvolvimento das forças produtivas e das relações feudais de produção, momento em que o mercado já despontava como uma realidade e em que surgiam grupos sociais clamando por liberdade econômica e política.

Outras interpretações, a exemplo do que ocorre com certas interpretações sobre a relação entre ser social e consciência, consideram que, para Marx, há uma relação dialética entre infraestrutura e superestrutura, que infraestrutura e superestrutura teriam entre si relações de determinação recíproca. Se a infraestrutura determina a superestrutura, esta, uma vez surgida da infraestrutura, exerce seus próprios efeitos sobre a base material que lhe deu origem. A ideologia iluminista, para continuarmos com o exemplo, nascida de certo estágio de desenvolvimento da infraestrutura feudal, haveria de exercer seus efeitos sobre a transformação da própria infraestrutura de onde surgiu. Isso significa dizer que, nascida da infraestrutura e difundida na sociedade, a ideologia iluminista ofereceu sua parcela de contribuição para o aceleramento da transformação das forças materiais e das relações feudais de produção em forças materiais e relações capitalistas de produção.

Althusser cria o conceito de sobredeterminação adotando uma nova interpretação das relações entre infraestrutura e superestrutura. Essa metáfora espacial construída por Marx, além de permitir pensar uma estrutura ou instância dominante se impondo sobre uma estrutura dominada, permite pensar os índices de eficácia da determinação de uma estrutura ou instância sobre outra. Ele imagina a sociedade ou certa formação social como um todo constituído de diversas estruturas. Na superestrutura, haveria as estruturas ideológicas, a estrutura política, a estrutura jurídica e a estrutura religiosa, e na infraestrutura, a estrutura social e a estrutura econômica. Assim, por meio da metáfora da infraestrutura e da superestrutura, poderia estabelecer-se, por exemplo, que, em determinados contextos históricos, uma estrutura econômica determinaria, em última instância, as superestruturas jurídicas, ideológicas ou políticas, ou que essas superestruturas, isoladamente ou em conjunto, poderiam interferir na infraestrutura, no desenvolvimento das forças produtivas ou nas relações de produção, sobredeterminando-as.

Entretanto, aos olhos de Althusser, na metáfora da infraestrutura e da superestrutura construída por Marx, falta um termo para designar os efeitos que certas estruturas exercem sobre outras estruturas. Quer dizer, falta um termo para designar a "causalidade estrutural" que se manifesta nas relações que se estabelecem entre as diversas estruturas, e.g., social, econômica, política, jurídica e cultural, de uma formação social ou sociedade historicamente situada. Nesse sentido, pergunta Althusser (1980b: 138): "Por meio de que conceito, ou de que conjunto de conceitos, se pode pensar a determinação de uma estrutura subordinada por uma estrutura dominante?" E ele responde mais adiante: esse conceito é o de "sobredeterminação", entendido da seguinte forma:

> [...] determinação de certas estruturas de produção subordinadas por uma estrutura de produção dominante, portanto, a determinação de uma estrutura por uma outra estrutura, e dos elementos de uma estrutura subordinada pela estrutura dominante, portanto determinante.

Com esse conceito, Althusser está propondo que, em determinados contextos históricos, elementos da superestrutura podem condicionar elementos da infraestrutura, as forças produtivas e/ou as relações de produção. Por exemplo, conforme o determinismo econômico, um trabalhador da União Soviética dos anos de 1950, onde supostamente não mais existia a propriedade privada dos meios de produção, portanto, onde não mais existia a exploração do homem pelo homem, necessariamente teria que ter uma consciência socialista. Se esse trabalhador, ao contrário, valorizasse a propriedade privada dos meios de produção, a livre venda da sua força de trabalho no mercado, Althusser diria que essa consciência está em desacordo com a base econômica da Rússia socialista — seria uma consciência sobredeterminada pela ideologia capitalista. Ainda exemplificando, se esse trabalhador produzisse o enunciado: "O livre mercado é a melhor forma de organização social, pois o trabalhador poderia escolher a quem vender sua força de trabalho", Pêcheux diria, em seus primeiros escritos, que essa postura do trabalhador é efeito de sentido da ideologia capitalista, que o trabalhador é um sujeito assujeitado por essa ideologia.

McLennan (1983: 103-104), ao interpretar esse conceito, sugere que, com ele, Althusser quis indicar, a um só tempo, que cada formação social ou sociedade possui uma unidade particular entre suas diversas instâncias, ou seja, entre a estrutura econômica (a base) e as superestruturas política e ideológica e que, portanto, o índice de eficácia da determinação de uma estrutura sobre as demais, pode variar conforme a formação social. Segundo ele, essa unidade entre as diversas instâncias ou estruturas "baseia-se numa relação hierárquica entre os níveis, nos quais constatamos que o nível econômico determina, em última instância, os níveis político e ideológico, mas sendo ao mesmo tempo (sobredeterminado) por cada um deles". De fato, é com esse entendimento que Althusser, ao tratar da reprodução das relações de produção numa dada formação social ou sociedade, acaba enfatizando o papel da superestrutura ideológica (ideologia) e da superestrutura política (Estado) sobre a infraestrutura, ou seja, sobre a estrutura econômica e social. É com essa visão que Althusser procura fundamentar sua tese da sobredeterminação das superestruturas sobre a infraestrutura. Em determinados contextos, as superestruturas ideológicas e políticas se rearranjariam de tal modo que se transformariam em uma estrutura dominante sobredeterminando as estruturas, econômica e social.

Em sua crítica ao conceito de sobredeterminação elaborado por Althusser, Thompson apresenta sua interpretação do materialismo histórico e, portanto, uma concepção particular da relação entre infraestrutura e superestrutura que difere tanto da interpretação do determinismo econômico quanto da interpretação althusseriana. Ele avalia que o materialismo histórico considera a sociedade como uma totalidade onde suas diversas instâncias, *i.e.*, econômica, social, política e cultural, mantêm entre si relações de influência recíprocas, sem isolar uma instância como determinante de outra ou das demais. O materialismo histórico, diz Thompson (1981: 82), "propõe-se a estudar o processo social em sua totalidade, isto é, propõe-se a fazê-lo quando este surge não como mais uma história setorial", como história econômica, política, intelectual, social, do trabalho, entre outras. Ao invés disso, o materialismo histórico estuda a sociedade como uma "história total", onde diversas histórias setoriais se encontram estreitamente relacionadas. O materialismo histórico procura mostrar não a causação mecânica de uma esfera ou instância social sobre a outra como supõe o determinismo econômico, mas, sim, "de que modos determinados cada atividade se relaciona com a outra, qual a lógica desse processo e a racionalidade da causação".

Tratando-se do conceito de sobredeterminação, Thompson avalia que, ao criar esse conceito, Althusser se inspirou nas posturas teóricas de Stalin. Esse líder soviético da primeira metade do século XX teria postulado a relativa autonomia da superestrutura, do Estado e da ideologia para se contrapor à tese do determinismo econômico de seus adversários e justificar, assim, a atuação dessas instâncias na consolidação das transformações da base material, da estrutura econômica e social da sociedade socialista. Daí, talvez, o esforço de Althusser para estabelecer as relações entre ideologia e reprodução das relações de produção.

2. Ideologia e reprodução das relações de produção

Com base em suas releituras da obra de Marx, Althusser entende que qualquer sociedade necessita reproduzir suas condições de produção para garantir sua continuidade. Isso significa dizer que, para que o processo histórico não se interrompa com o perecimento da vida social, é necessário que a sociedade reproduza seus meios de produção, sua força de trabalho e suas relações de produção. Devem-se entender por meios de produção a matéria-prima, edifícios, máquinas, ferramentas, entre outros insumos utilizados na produção dos bens materiais e, por força de trabalho, a força do trabalhador utilizada na produção desses bens. Por relações de produção, Althusser designa as relações que se dão entre os agentes da produção econômica. No caso do modo capitalista de produção, são as relações entre proprietários e não proprietários dos meios de produção; portanto, as relações de exploração de dominação nas quais os não proprietários, os trabalhadores, são explorados e dominados pelos proprietários, capitalistas.

Dizer que a sociedade tem necessidade de reproduzir seus meios de produção é admitir que, com o desgaste ou consumo desses meios, eles precisam ser repostos para que as gerações se sucedam e continuem produzindo os bens de que necessitam para sobreviver. Numa sociedade ou formação social capitalista, a reprodução dos meios de produção se manifesta como uma necessidade de um empresário particular, pois é facilmente perceptível que, sem repor seus meios de produção, sua empresa cessaria suas atividades. Entretanto, considerando que os insumos de que esse empresário necessita são produzidos por outras empresas, é fácil admitir que sua empresa ficaria inevitavelmente impedida de funcionar, caso as demais empresas deixassem de reproduzir os insumos de que ele necessita para reposição. Daí a correção da afirmação de que, no geral, é a sociedade que necessita reproduzir os meios de produção, pois, na medida em que cada empresário necessariamente deve reproduzir seus meios de produção, a sociedade como um todo também o deve.

Da mesma forma que a sociedade precisa reproduzir seus meios de produção, ela necessita também reproduzir sua força de trabalho. Afirmar que a sociedade necessita reproduzir sua força de trabalho, força do trabalhador que atua na produção, é considerar que ela precisa manter os trabalhadores vivos para que eles possam continuar produzindo, inclusive produzindo filhos que possam substituir os mais velhos ou os mortos no processo produtivo. A reprodução da força de trabalho é um assunto doméstico, pois se observa que cada família cuida de sua própria alimentação, habitação, moradia, saúde, vestuário, lazer, educação dos filhos e assim por diante. Entretanto, se se observa que, nas sociedades capitalistas, a família se mantém com a venda da sua força de trabalho por um salário e que esse salário lhe é pago pela empresa, que é o conjunto das famílias que vendem sua força de trabalho e que é o conjunto das empresas que paga os salários, então não é difícil admitir que também a reprodução da força de trabalho é uma necessidade da sociedade.

Por fim, considerar que a sociedade precisa reproduzir, também, suas relações de produção, é assumir a assertiva de que os agentes da produção devam ser técnica e culturalmente preparados para desempenhar suas funções específicas no processo de produção. Em outras palavras, dizer que a sociedade necessita reproduzir suas relações de produção é afirmar a importância da mão de obra tecnicamente qualificada e moralmente adaptada às funções impostas pela divisão do trabalho. Nesse caso, além de ser um aspecto da reprodução da força de trabalho, a educação é também o mecanismo que assegura a reprodução das relações de produção. Como diz Althusser, na escola, as crianças e os jovens aprendem não apenas os saberes práticos — ler, escrever, contar —, enfim, não aprendem apenas as técnicas que a divisão e a especialização do trabalho exigem, mas também as:

> [...] "regras" dos bons costumes, isto é, o comportamento que todo o agente da divisão do trabalho deve observar, segundo o lugar que está destinado a ocupar: regras da moral, da consciência cívica e pro-

fissional, o que significa exatamente regras de respeito pela divisão social-técnica do trabalho, pelas regras da ordem estabelecida pela dominação de classe. [...] A reprodução da força de trabalho exige não só uma reprodução da qualificação desta, mas, ao mesmo tempo, uma reprodução da submissão desta às regras da ordem estabelecida, isto é, uma reprodução da submissão desta à ideologia dominante para os operários e uma reprodução da capacidade para manejar bem a ideologia dominante para os agentes da exploração e da repressão, a fim de que possam assegurar também, "pela palavra", a dominação da classe dominante (Althusser, 1980: 19-21).

A transmissão dos saberes práticos e das regras de bons costumes no modo capitalista de produção é, primordialmente, uma função da escola, mas é também uma função desempenhada pela família, pela religião, pela mídia e pelas instituições culturais. Essas instituições, aparentemente desvinculadas do Estado, são, na terminologia de Althusser, os aparelhos ideológicos de Estado. Assim, antes de tudo, cabe perguntar o que é o Estado para Althusser e o que são os aparelhos ideológicos?

Os conceitos de Estado e de aparelhos ideológicos de Estado são definidos por Althusser a partir da crítica que ele dirige à noção de Estado construída pelo marxismo. Na sua avaliação, tanto Marx quanto Engels ou Lênin apresentaram uma definição correta de Estado, mas não trataram devidamente da questão dos aparelhos de Estado. Eles consideravam o Estado como um órgão de classe utilizado pela classe dominante de uma época para fazer prevalecer seus interesses sobre os interesses das classes dominadas: a teoria marxista do Estado define essa instituição "como força de execução e de intervenção repressiva, a serviço das classes dominantes, na luta de classes travada pela burguesia e pelos seus aliados contra o proletariado" (Althusser, 1980a: 32). Ele considera que, embora seja simplesmente descritiva, essa definição é correta, pois a história mostra em abundância os momentos em que o Estado, a serviço das classes dominantes e de seus aliados, agiu como aparelho de repressão, *e.g.*, o exército, a polícia e as prisões, para coibir ou desmantelar as lutas dos trabalhadores.

Entretanto, Althusser avalia que a definição marxista de Estado deixa uma lacuna na medida em que não distingue o Estado dos aparelhos de Estado. O Estado é, a um só tempo, a instituição que detém o poder político e, portanto, a autorização para o uso de seus aparelhos de repressão. Se as classes sociais se encontram em luta é porque elas têm em vista a conquista do poder político e a manutenção desse poder e dos aparelhos de Estado em suas mãos. Com essa distinção, Althusser (1980a: 37) quer destacar, por um lado, "o objetivo da luta de classes", a conquista do poder político e, por outro lado, "os aparelhos de Estado", instrumentos de poder.

Além dessa distinção entre poder político e aparelhos de Estado, Althusser pretende distinguir, entre esses aparelhos, os aparelhos repressivos de Estado, de um lado, e os aparelhos ideológicos de Estado, de outro. Os aparelhos repressivos de Estado compreendem o governo, a administração, o exército, a polícia, os tribunais e as prisões, por exemplo. Os aparelhos ideológicos de Estado são a escola, a família, a justiça, os partidos, os sindicatos políticos, a mídia e as igrejas. Entre esses aparelhos, há, pelo menos, duas características importantes que os distinguem: o grau de concentração e centralização e o modo de funcionamento.

Quanto ao grau de concentração e centralização, pode-se dizer que, enquanto os aparelhos de repressão são mais concentrados e centralizados e possuem uma unidade de comando, os aparelhos ideológicos se encontram dispersos e desfrutam de relativa autonomia entre si e em relação ao Estado. Como diz Althusser (1980a: 54-55), "os aparelhos repressivos de Estado constituem um todo organizado, cujos membros estão subordinados a uma unidade de comando". Essa unidade "é assegurada pela sua organização centralizada sob a direção dos representantes das classes no poder". Já os aparelhos ideológicos de Estado "são múltiplos, distintos, 'relativamente autônomos' e suscetíveis de oferecer um campo objetivo de contradições" que exprimem os efeitos da luta de classes. Quer dizer, trata-se de espaços ou instituições em que os valores ou a ideologia das classes dominantes podem se manifestar em confronto não só com a ideologia estatal, mas também com os valores ou com a ideologia das classes dominadas.

Nesse quadro de confronto ideológico, Althusser avalia que "a unidade entre esses diversos aparelhos é assegurada, na maioria das vezes em forma contraditória, pela classe dominante". Isso significa dizer que a classe dominante no poder tem a possibilidade de utilizar-se do poder político e jurídico de que desfruta para fazer prevalecer seus valores e sua ideologia sobre os valores ou sobre a ideologia dos detentores dos aparelhos ideológicos de Estado, as escolas, as igrejas, a mídia, e assim por diante, bem como sobre os valores ou ideologia das classes dominadas que podem estar em luta não só contra a ideologia estatal, mas também contra as classes dominantes que se apoderam desses aparelhos. Ao fazer prevalecer seus valores e sua ideologia sobre os valores e a ideologia em luta nos aparelhos ideológicos, as classes dominantes garantem a unidade dos aparelhos e, assim, sua hegemonia política e ideológica.

Althusser distingue os aparelhos de Estado tendo por base o modo em que eles funcionam: uso da violência ou da ideologia. Enquanto o aparelho ideológico de Estado funciona pela ideologia, o aparelho repressivo de Estado funciona pela violência. Mais precisamente, pode-se dizer que tanto o aparelho ideológico quanto o aparelho repressivo funcionam simultaneamente pela ideologia e pela violência, mas com a condição de se admitir que, enquanto o aparelho ideológico recorre predominantemente à ideologia, o aparelho repressivo recorre predominantemente à violência. Althusser quer dizer com isso que, embora seja da natureza do aparelho ideológico funcionar por meio da ideologia, ele não deixa de utilizar a violência, ainda que atenuada ou simbólica, em suas relações com a sociedade. É o caso, por exemplo, da família, da escola ou da Igreja, que utilizam constantemente a ideologia nas relações com seus membros, mas que não deixam de utilizar, quando necessário, sanções positivas ou negativas para impor a obediência. Da mesma forma, embora seja da natureza do aparelho repressivo de Estado recorrer à violência em suas relações com a sociedade, ele não deixa de utilizar a ideologia internamente para promover a coesão de seus próprios agentes. Mais do que isso, é preciso considerar que a classe dominante tem acesso direto não só aos aparelhos repressivos, mas também aos aparelhos ideológicos para exercer o domínio sobre a sociedade civil.

É o aparelho repressivo de Estado e o aparelho ideológico de Estado que asseguram a reprodução das relações de produção. Conforme o entendimento de Althusser (1980a: 55-56), "o papel do aparelho repressivo consiste essencialmente em assegurar, pela força (física ou não), as condições políticas da reprodução das relações de produção que são, em última instância, relações de exploração". Como os aparelhos repressivos, os aparelhos ideológicos de Estado estão destinados a assegurar a reprodução das relações de produção, mas por meio da ideologia dominante, ou seja, da ideologia da classe social que em determinada formação social se encontra no poder. Afinal, "todos os aparelhos ideológicos de Estado, sejam eles quais forem, concorrem para o mesmo resultado: a reprodução das relações de produção, (no capitalismo) das relações de produção capitalista" (Althusser, 1980a: 62-63).

Os aparelhos ideológicos de Estado, aparelhos que interessam sobremaneira a Althusser, funcionam de modo orquestrado em seu papel de reproduzir as relações de produção por meio da difusão da ideologia dominante entre os membros da sociedade. Esses aparelhos, funcionando cada qual à sua maneira, mas de modo orquestrado, "sujeitam os indivíduos à ideologia política do Estado, à ideologia 'democrática', 'indireta' (parlamentar) ou 'direta' (plebiscitária ou fascista)". Eles incutem nos cidadãos "doses cotidianas de nacionalismo, chauvinismo, liberalismo, moralismo etc.". Eles lembram ao cidadão que ele deve "amar seus irmãos a ponto de oferecer a face esquerda a quem já o esbofeteou na direita" e assim por diante (Althusser, 1980a: 63).

O papel da escola na reprodução das relações de produção recebeu um lugar de destaque nas análises de Althusser. A escola, a exemplo do que ocorria com a Igreja na Idade Média, é considerada por ele como aparelho ideológico que tem primazia no modo capitalista de produção. É a escola que inculca os "saberes práticos" e as "regras dos bons costumes" na subjetividade dos cidadãos. Reforçando essa afirmação, diz Althusser num trecho longo que precisa ser reproduzido *in extenso*:

> Desde a pré-primária, a escola toma a seu cargo todas as crianças de todas as classes sociais, e a partir da pré-primária, inculca-lhes durante anos, os anos em que a criança está mais "vulnerável", entalada entre o aparelho de Estado familiar e o aparelho de Estado escola, "saberes práticos" envolvidos na ideologia dominante (o francês, o cálculo, a história, as ciências, a literatura), ou simplesmente, a ideologia dominante no estado puro (moral, instrução cívica, filosofia). Algures, por volta dos 16 anos, uma enorme massa de crianças cai "na produção": são os operários ou os pequenos camponeses. A outra parte da juventude escolarizável continua: e seja como for, faz um pedaço do caminho para cair sem chegar ao fim e preencher os postos dos quadros médios e pequenos, empregados, pequenos e médios funcionários, pequeno-burgueses de toda a espécie. Uma última parte consegue aceder aos cumes, quer para cair no semidesemprego intelectual, quer para fornecer, além dos "intelectuais do trabalhador coletivo", os agentes da exploração (capitalistas, *managers*), os agentes da repressão (militares, polícias, políticos, administradores) e os profissionais da ideologia (padres de toda a espécie, a maioria dos quais são "leigos" convictos).
> Cada massa que fica pelo caminho está praticamente recheada da ideologia que convém ao papel que ela deve desempenhar na sociedade de classes: papel de explorado (com "consciência profissional", "moral", "cívica", "nacional" e apolítica altamente "desenvolvida"); papel de agente da exploração (saber mandar e falar aos operários: as "relações humanas"), de agentes da repressão (saber mandar e ser obedecido "sem discussão" ou saber manejar a demagogia da retórica dos dirigentes políticos), ou profis-

sionais da ideologia (que saibam tratar as consciências com o respeito, isto é, com o desprezo, a chantagem, a demagogia que convém, acomodados às sutilezas da moral, da virtude, da "transcendência", da Nação, do papel da França no mundo etc.). Claro, "grande número destas virtudes contrastadas (modéstia, resignação, submissão, por um lado, cinismo, desprezo, altivez, segurança, categoria, capacidade para bem falar e habilidade) aprendem--se também nas famílias, nas igrejas, na tropa, nos livros, nos filmes e até nos estádios. Mas nenhum aparelho ideológico de Estado dispõe durante tanto tempo da audiência obrigatória (e ainda por cima gratuita...), 5 a 6 dias em 7 que tem a semana, à razão de 8 horas por dia, da totalidade das crianças da formação social capitalista (Althusser, 1980a: 64-66).

É através da aprendizagem dos saberes práticos e da inculcação massiva da ideologia da classe dominante "que são em grande parte reproduzidas as relações de produção de uma formação social capitalista, isto é, as relações de explorados com exploradores e de exploradores com explorados" (Althusser, 1980a: 66).

Na primeira seção deste texto, na apresentação do conceito de sobredeterminação, bem como agora, na discussão sobre os aparelhos ideológicos de Estado, não nos referimos ao conceito de ideologia. Isso se deu, porque, embora Althusser tenha utilizado constantemente o termo *ideologia*, ele não se preocupou em mostrar o que entende por ideologia no contexto daquelas discussões. No entanto, agora, é necessário vermos o que ele entende por ideologia, pois esse conceito é fundamental para a defesa de sua tese central, que foi muito útil para Pêcheux em seus primeiros estudos sobre a análise do discurso: interpelação ideológica, tese a ser tratada junto com o conceito de ideologia na sequência da discussão.

3. Ideologia e interpelação ideológica

Ao tratar de sua tese central, interpelação ideológica, mais que definir o termo *ideologia*, a preocupação de Althusser é construir "uma teoria da ideologia em geral". A definição de ideologia ou a construção de uma teoria da ideologia em geral é importante, pois, em sua tese, ele considera a ideologia como o sujeito que age na interpelação ideológica, como sujeito que aciona os indivíduos para que eles sigam suas orientações. Nessa discussão, uma teoria das ideologias particulares não lhe conviria, pois, em sua avaliação, ela se encontra vinculada às posições de classe dos indivíduos, histórica e socialmente condicionadas, e, por isso, não contemplaria certas características gerais do fenômeno. Como diz o filósofo francês, "uma teoria das ideologias particulares exprime sempre, seja qual for a sua forma (religiosa, moral, jurídica, política), posições de classe" (Althusser, 1980a: 71).

Uma teoria da ideologia em geral, ao contrário do que ocorre com uma teoria das ideologias particulares, permitiria a Althusser considerar a ideologia como uma estrutura desvinculada da caótica realidade mundana e com certa autonomia em relação a essa realidade. Na construção dessa teoria, ele tem em vista mostrar como a ideologia determina, ou melhor, sobredetermina o sentido da ação social e o funcionamento da vida social. Note-se que considerar a ideologia como uma estrutura autônoma que sobredetermina, ainda que, em última instância[1], o sentido da ação social é rejeitar a experiência do indivíduo como elemento gerador de sua consciência ou, portanto, como a possibilidade da ação consciente do sujeito. É rejeitar, também, teses marxistas que, de uma maneira ou de outra, defendem essa posição ao tratar da formação da consciência ou da ideologia.

---

[1] A expressão *última instância* é sempre utilizada por Althusser para sugerir que a infraestrutura pode ter alguma relação com a formação das ideologias. Essa postura de Althusser é duramente criticada por diversos autores, entre eles, Edward Thompson, em seu livro *A miséria da teoria: um planetário de erros*. Nessa obra, Thompson considera que, na obra de Althusser, não há sequer um exemplo de que essa "última instância", essa infraestrutura ou experiência do indivíduo na produção econômica, apareça como um fator que pelo menos influencie a formação das ideologias. Para Althusser, as ideologias são formadas pela imaginação dos indivíduos e não por suas experiências na produção econômica ou no mundo.

Na obra de Marx, inclusive nas obras de marxistas como Lukács, a noção de ideologia expressa a relação do indivíduo com as suas condições de existência; expressa, como vimos antes, a relação entre o ser social e a consciência, entre a superestrutura e a infraestrutura. Tratando-se da subjetividade do indivíduo ou dos grupos sociais, a ideologia seria, para certos marxistas, por exemplo, Lukács (2003), uma falsa consciência, representações deformadas que os indivíduos constroem sobre as condições de sua existência, em virtude de seu ser social alienado. Essa alienação é uma decorrência da divisão do trabalho e da propriedade privada dos meios de produção: segmentados em suas experiências no processo de produção, dispersos na totalidade da produção e com interesses diversos e antagônicos, os indivíduos não compreendem a totalidade do processo produtivo ou da vida social. Nessas condições, as ideias e representações que eles formam sobre a realidade social seriam falsas ideias, falsas representações ou ideologias.

Da mesma forma, as ideias e representações jurídicas, políticas, religiosas e morais, que constituem a superestrutura da sociedade, seriam também ideologias, falsas representações da vida social, na medida em elas não expressam a realidade da vida social. Uma vez que as ideologias decorrem das condições de existência dos indivíduos e uma vez que eles ou as classes sociais se encontram em situações variadas na vida social, em especial, na produção econômica, é de se admitir que exista uma diversidade de formas ideológicas não só na consciência dos indivíduos, mas também nas superestruturas, nas formas ideológicas cujas histórias se encontram estreitamente vinculadas à história da base material da sociedade. Deve-se notar que, nessa noção de ideologia, a despeito de os indivíduos terem uma falsa consciência ou uma consciência de classe, o indivíduo é contemplado como sujeito, pois, em conformidade com as ideias e representações que absorvem em suas experiências no mundo, ele tem a possibilidade de direcionar o sentido de suas ações, visando à transformação ou à conservação da vida social.

Entretanto, a visão marxista das ideologias, *i.e.*, das ideologias vinculadas à base material, às experiências do indivíduo no mundo, não interessa a Althusser na construção de sua teoria da ideologia em geral. A seu ver, essa visão marxista das ideologias não é uma teoria geral da ideologia, concebida como uma estrutura autônoma sem história, sem determinações exteriores. Para ele, essa visão de ideologia não seria mais que uma teoria das ideologias, concebidas como ilusões, falsas ideias que mudam de matiz conforme a fluidez da realidade social e da subjetividade dos indivíduos. Essa teoria marxista das ideologias "repousa, em última análise, na história das formações sociais e da história das lutas de classes que nelas se desenvolvem" (Althusser, 1980a: 71). Se essas ideologias têm uma história, essa história não é uma história própria, mas uma história "cuja determinação em última instância se encontra, como é evidente, fora das ideologias em si", na base material da sociedade. Nesses termos, pode-se dizer, as ideologias não teriam realidade nem história própria. Elas nada mais seriam senão "uma construção imaginária, um puro sonho, vazio e vão, construído pelos 'resíduos diurnos' da única realidade plena e positiva, a história concreta dos indivíduos concretos, materiais, produzindo materialmente sua existência" (Althusser, 1980a: 73).

Em contraposição a essas teses marxistas das ideologias, Althusser (1980a: 74) propõe a tese de que "a ideologia em geral não tem história". Como ele próprio revela, trata-se de uma tese inspirada na ideia de Freud sobre o inconsciente: assim como para Freud o "inconsciente é eterno, isto é, não tem história", para Althusser a ideologia também é eterna, não se encontra presa à historicidade do mundo, aos sonhos e aos caprichos dos sujeitos, nem às determinações da base material (Althusser, 1980a: 75). Ao propor que a ideologia é eterna, ele quer sugerir que é próprio da ideologia "ser dotada de uma estrutura e de um funcionamento tais que fazem dela uma realidade não histórica", uma realidade imutável, eterna, sempre presente na história inteira (Althusser, 1980a: 74). Assim, com o termo *ideologia*, Althusser quer designar a ideologia em geral, ideologia que, independentemente das formações sociais e históricas, possui sempre uma estrutura e uma função a desempenhar (trataremos dessa função daqui a pouco).

Além de propor que a ideologia não tem história, o filósofo francês propõe uma segunda tese fundamental em sua teoria da ideologia em geral. Ele sugere que "a ideologia é uma 'representação' da relação imaginária dos indivíduos com as suas condições materiais de existência" (Althusser, 1980a: 77). Ele quer dizer com isso que, por exemplo, a valorização da honestidade presente na consciência do trabalhador não é resultado de suas experiências na vida ou na produção econômica, mas resultado de sua imaginação sobre as relações que ocorrem entre os homens. Ao que parece, ter a ideologia como um resultado da imaginação é desvincular a ideologia de uma suposta base material que, segundo o marxismo, lhe dá origem. Nas palavras de Althusser, "não são as condições de existência reais, o seu mundo real, que 'os homens' 'se representam' na ideologia, mas é a relação dos homens com estas condições de existência que lhes é representada na ideologia" (Althusser, 1980a: 81). E ele, em seguida, arremata o seu ponto de vista: "É a natureza imaginária desta relação que fundamenta toda a deformação imaginária que se pode observar em toda a ideologia".

Uma terceira tese conclui a caracterização da ideologia: a ideologia "tem uma existência material". Nesse sentido, afirma Althusser:

> [...] considerando apenas um único sujeito (tal indivíduo), a existência das ideias de sua crença é material, porque suas ideias são ações materiais inseridas em práticas materiais, governadas por rituais materiais, que são eles próprios definidos por aparelhos ideológicos materiais de onde derivam as ideias desse sujeito (Althusser, 2011, tradução minha).

A despeito do paradoxo de afirmar que as ideias do indivíduo derivam do aparelho ideológico de Estado e afirmar, em outros lugares, que elas resultam da imaginação do indivíduo, a proposição de Althusser indica que as ideias ou valores que se encontram na consciência do indivíduo são materiais, objetivas, porque elas se manifestam em suas ações ou práticas cotidianas, práticas reguladas por rituais objetivos definidos pelos aparelhos ideológicos de Estado. Por exemplo, o valor que o trabalhador, subjetivamente, concede à honestidade pode ser observado em suas práticas objetivas, materiais: em virtude do valor que concede à honestidade, por exemplo, ele não furta as ferramentas da empresa. Essa prática da honestidade é uma prática material, objetivamente regulada por rituais também materiais, objetivos, estabelecidos pelos aparelhos ideológicos de Estado. É a escola, a Igreja, a própria empresa que incutem o valor da honestidade na subjetividade do indivíduo e que, diuturnamente, engrandecem as práticas honestas e condenam as desonestas. É a empresa que, também diuturnamente, obriga o trabalhador a ser honesto vigiando ou punindo exemplarmente os faltosos.

As práticas derivadas de ideologias impostas pelos aparelhos ideológicos de Estado e asseguradas por meios de rituais objetivos, materiais, são condutas livremente escolhidas pelo sujeito. O sujeito ou, para continuarmos com o exemplo acima, o trabalhador honesto, "conduz-se desta ou daquela maneira, adota este ou aquele comportamento prático e, o que é mais, participa em certas práticas reguladas, que são as do aparelho ideológico de que 'dependem' as ideias que, enquanto sujeito, escolheu livremente, conscientemente" (Althusser, 1980a: 86). Quer dizer, o trabalhador possui o valor da honestidade, um valor construído por sua imaginação, mas que está presente, também nos aparelhos ideológicos de Estado, e pratica a honestidade nos rituais da vida cotidiana porque tem a liberdade de escolher aquilo que os aparelhos ideológicos de Estado lhe determinam. Adiante, veremos que Althusser é mais explícito acerca dessa liberdade de ação do sujeito interpelado pela ideologia.

Com a tese da interpelação ideológica, tese central de sua teoria social, Althusser pretende demonstrar como a ideologia funciona na vida social. Nessa demonstração, Althusser distingue Sujeito-ideologia e sujeito-indivíduo, marcando o sujeito-ideologia com S maiúsculo e o sujeito-indivíduo com S minúsculo. Essa distinção serve para caracterizar o caráter sobredeterminante da ideologia sobre os indivíduos ou os sujeitos interpelados e o caráter submisso do sujeito-indivíduo ao Sujeito-ideologia. Com a expressão *interpelação ideológica*, Althusser (1980a: 99) designa o processo em que "a ideologia 'age' ou 'funciona' de tal forma que 'recruta' sujeitos entre os indivíduos (recruta-os a todos), ou 'transforma' os indivíduos em sujeitos. Esse processo de interpelação ideológica se efetiva porque a ideologia assegura, ao mesmo tempo, "a interpelação dos indivíduos como sujeitos", "a submissão desses sujeitos ao Sujeito", "o reconhecimento mútuo entre os sujeitos e o Sujeito" e "a garantia absoluta de que tudo está bem assim, e que, na condição de os sujeitos reconhecerem o que eles são e de se conduzirem em consequência, tudo correrá bem" (Althusser, 1980: 122).

Althusser quer propor que, como Sujeito, a ideologia tem o poder de interpelar os indivíduos como sujeitos e de submetê-los a suas orientações valorativas. A ideologia jurídica, por exemplo, apregoando o respeito às leis, interpela os indivíduos como agentes que devem seguir essa orientação, como agentes que devem agir seguindo as leis e os regulamentos sociais como condição para que a sociedade funcione bem. Assim, aos olhos de Althusser, os indivíduos não invadem a propriedade privada por que as leis o pedem para respeitá-la; não roubam porque as leis proíbem o furto, e assim por diante. Ao dizer que "há um reconhecimento mútuo entre os sujeitos e o Sujeito", ao que parece, Althusser quer dizer, de modo muito complicado, que os indivíduos, ao serem interpelados pela ideologia jurídica, já haviam incorporado no inconsciente esse valor, esse respeito às leis, transmitidos pelos aparelhos ideológicos de Estado. Nesse caso, quando a ideologia os interpela como sujeitos que devem respeitar as leis, sujeitos e Sujeito se reconhecem: a ideologia reconhece nos indivíduos os valores que ela apregoa, e os indivíduos reconhecem na ideologia os valores que são os seus. Reconhecendo-se na ideologia jurídica e atendendo à sua interpelação, os indivíduos se transformam em sujeitos submetendo-se a ela, ao Sujeito com S maiúsculo. Note-se que, ao utilizar a ideia althusseriana de interpelação ideológica para explicar os sentidos dos enunciados, Pêcheux, possivelmente, veria no enunciado "as leis foram feitas para serem seguidas" efeitos de sentido produzidos pela ideologia jurídica.

É preciso observar que Althusser considera a ideologia como um Sujeito por avaliar que ela tem uma função a cumprir: interpelar os indivíduos em sujeito. Aliás, sendo mais incisivo, ele avalia que a ideologia é um Sujeito na medida em que ela cumpre sua função de interpelar os indivíduos em sujeitos, subjugando-os. Em sua lógica, uma vez que sujeito é aquele que age, a ideologia só pode ser considerada como sujeito na medida em que ela atua transformando indivíduos em sujeitos. De acordo com suas próprias palavras, "a categoria de sujeito só é constitutiva de toda a ideologia, na medida em que toda ideologia tem por função (que a define) 'constituir' os indivíduos concretos em sujeito" (Althusser, 1980a: 94). A ideologia existe na medida em que ele se constitui como sujeito e só se constitui como sujeito na medida em que atua como agente interpelador.

Embora esteja construindo sua teoria da ideologia em nível abstrato, sem considerar as formas sociais, históricas ou setoriais de manifestação da ideologia, Althusser acaba utilizando a ideologia religiosa para ilustrar o processo de interpelação ideológica, sabendo que as ideologias jurídica, política, estética, moral também poderiam ser utilizadas como ilustração. É assim que ele reúne, num discurso fictício, o que a ideologia religiosa cristã diria em seus testamentos e sermões bem como em suas práticas, rituais, cerimônias e sacramentos. Eis o discurso fictício da ideologia religiosa cristã construído por Althusser para ilustrar a força da ideologia em sua função de interpelar os indivíduos em sujeitos:

> Dirijo-me a ti, indivíduo humano chamado Pedro (todo o indivíduo é chamado pelo seu nome no sentido passivo, nunca é ele que se dá a si

próprio o seu Nome), para te dizer que Deus existe e que tens de lhe prestar contas. Acrescenta: é Deus que se dirige a ti pela minha voz (a Escritura recolheu a palavra de Deus, a Tradição transmitiu-a, a Infalibilidade Pontífícia fixou-a nos seus pontos "delicados" para todo o sempre). Diz: eis quem tu és: tu és Pedro! Eis a tua origem, foste criado por Deus desde o Princípio, embora tenhas nascido em 1920 depois de Cristo! Eis qual é o teu lugar no mundo! Eis o que deves fazer! Se assim fizeres, se observares "a lei do amor", serás salvo, tu, Pedro, e farás parte do Corpo Glorioso de Cristo! etc. (Althusser, 1980: 106).

Com esse fictício discurso religioso, Althusser pretende mostrar como a ideologia religiosa se dirige aos indivíduos concretos para transformá-los em sujeitos, como ela se dirige ao indivíduo Pedro, por exemplo, para fazer dele um sujeito. Ele considera que Pedro é "livre de obedecer ou de desobedecer ao apelo, isto é, às ordens de Deus" (Althusser, 1980a: 107). Se Pedro responde a esse discurso religioso que se manifesta nas práticas religiosas, *e.g.*, sermões, dizendo "sim, sou eu" e se ele reconhece o lugar, *e.g.*, camponês, que esse discurso lhe atribui no mundo, se ele reconhece o destino que o discurso lhe assegura, *i.e.*, a vida eterna, enfim, se ele responde positivamente à interpelação ideológica, é porque ele reconhece a existência de outro sujeito, um "Sujeito único, Absoluto, a saber, Deus" (Althusser, 1980a: 106-107). Com isso, Althusser quer dizer que "a interpelação dos indivíduos em sujeitos supõe a 'existência' de um outro Sujeito, único e central, em nome de quem a ideologia religiosa interpela todos os indivíduos como sujeitos" (Althusser, 1980a: 108). Ele quer dizer, enfim, que ao mesmo tempo em que a ideologia religiosa interpela os indivíduos em sujeito, eles se reconhecem nela e a reconhecem como algo superior, se submetem a ela e obtêm, assim, a garantia de que se sairão bem.

A despeito da submissão dos indivíduos à ideologia, Althusser, por estranho paradoxo, ainda assim os considera como homens ou sujeitos livres. Para ele, esse paradoxo é resultado da ambiguidade do termo *sujeito*. Ao mesmo tempo em que, em seu entendimento, o termo *sujeito* significa "uma subjetividade livre, um centro de iniciativas, autor e responsável pelos seus atos", ele significa, também, "um ser submetido, sujeito a uma autoridade superior, portanto, desprovido de toda a liberdade, salvo da de aceitar livremente a sua submissão" (Althusser, 1980a: 113). Na sequência de seu raciocínio, ele continua dizendo que o indivíduo é interpelado como sujeito livre "para que se submeta livremente às Ordens do Sujeito, portanto, para que aceite, livremente, a sua sujeição, portanto, para que 'realize sozinho' os gostos e os atos de sua sujeição. Só existe sujeito para e pela sujeição". Não se pode perder de vista que, por detrás desse mecanismo da interpelação ideológica, Althusser quer explicar a reprodução das relações de produção.

Antes de encerrar este capítulo, eu deveria apontar as contribuições e as deficiências da teoria de Althusser para os estudos da ação social. Entretanto, considerando que essa crítica já foi realizada por diversos autores, como, por exemplo, Thompson (1980), limito-me a indicar algumas questões para reflexão e a destacar, em seguida, as principais contribuições de Althusser para os estudos do discurso.

Althusser considera que a ideologia só existe como Sujeito, como agente que age para interpelar os indivíduos em sujeitos. Na ideologia religiosa, esse Sujeito-ideologia que é capaz de transformar os indivíduos em sujeito e de submetê-los às suas orientações é Deus. Quem seria esse Sujeito-ideologia, por exemplo, nas ideologias políticas ou jurídicas?

Por que nem todos os indivíduos se submetem à ideologia nacionalista? Por que nem todos os indivíduos se submetem às orientações ideológicas? A despeito dos apelos do Sujeito, ideologia nacionalista, por exemplo, nem todos os indivíduos ou sujeitos são nacionalistas. A despeito da ideologia jurídica e das coerções físicas ou simbólicas dos aparelhos ideológicos de Estado, nem todos os indivíduos não invadem a propriedade privada; nem todos os indivíduos não roubam.

As representações que os indivíduos possuem sobre a vida social derivam da imaginação ou dos aparelhos ideológicos de Estado? Ou será que tanto as representações que os indivíduos possuem sobre o mundo social quanto as ideologias que os aparelhos ideológicos de Estado difundem resultam da imaginação dos indivíduos? É possível que a imaginação, sendo uma faculdade de cada indivíduo, dê origem a representações de mundo semelhantes?

Qual a origem das ideologias presentes nas superestruturas? Elas nascem da base material ou são também resultado da imaginação dos indivíduos? No *post-scriptum* ao seu livro *Ideologia e aparelhos ideológicos de Estado*, Althusser assegura que "as ideologias não 'nascem' nos aparelhos ideológicos, mas das classes sociais envolvidas na luta de classes, das suas condições de existência, das suas práticas, das suas experiências de luta". Como conciliar essa proposição com a ideia de que as ideologias resultam da imaginação dos indivíduos?

A contribuição de Althusser para os estudos do discurso é bem clara quando observamos a apropriação que Pêcheux fez de conceitos althusserianos importantes. Ao inaugurar e desenvolver a análise do discurso como campo específico do saber, Pêcheux procurou mostrar a existência de relações entre fatores extralinguísticos e fatores linguísticos na produção dos sentidos dos enunciados. É nessa busca que Pêcheux recorre a conceitos elaborados por Althusser, particularmente os conceitos de sobredeterminação, ideologia e interpelação ideológica, para tratar das práticas discursivas, portanto, da controvertida questão do sujeito na produção dos sentidos dos enunciados.

Ao recorrer aos conceitos althusserianos de sobredeterminação, ideologia e interpelação ideológica para construir sua teoria materialista do discurso, Pêcheux (2009) pretendeu mostrar os efeitos de sentido que a ideologia exerce sobre a produção dos enunciados. Absorvendo os conceitos althusserianos, bem como a noção de inconsciente elaborada por Freud e Lacan, Pêcheux quis mostrar que, longe de ser determinada por um sistema abstrato de signos como supõe a linguística, a linguagem ou a prática discursiva, noção que, com certa reserva, ele busca em Foucault, é sobredeterminada pela ideologia. No entendimento de Pêcheux, os sentidos dos enunciados são produzidos na medida em que a ideologia interpela os indivíduos em sujeito. Trata-se de um sujeito que, aos olhos de Pêcheux, atende à interpelação ideológica de modo inconsciente, e que, portanto, é um sujeito assujeitado pela ideologia ou por formações discursivas constituintes dos diversos contextos da luta de classes.

A influência de Althusser sobre a análise do discurso pode ser observada até mesmo na autocrítica realizada por Pêcheux (2009) em anexos à sua obra *Semântica e discurso: uma crítica à afirmação do óbvio*. Pêcheux constrói essa autocrítica absorvendo não só as contribuições daqueles que criticaram sua teoria do discurso, mas também as contribuições que ele encontrou na autocrítica de Althusser nos anexos de sua obra *Ideologia e aparelhos ideológicos de Estado*. Em sua autocrítica, Althusser revê a sua tese de que a ideologia interpela os indivíduos em sujeitos assujeitando-os e passa a considerar que essa interpelação ocorre em conformidade com as formações sociais ou ideológicas de determinado contexto histórico, com a luta de classes e com a resistência dos indivíduos. Seguindo esses novos ensinamentos de Althusser, Pêcheux revê a sua tese de que a ideologia ou as formações discursivas interpelam os indivíduos em sujeitos do discurso produzindo efeitos de sentido em seus enunciados e reconhece a necessidade de se considerarem os efeitos da luta de classes nas práticas discursivas. Vale notar que, também nessa autocrítica, Pêcheux revê a tese de que os indivíduos são assujeitados pela interpelação ideológica de modo inconsciente e propõe que o inconsciente é um elemento constituinte da resistência da classe trabalhadora.

Althusser foi de grande importância para os estudos do discurso, pois foi em sua teoria social que Pêcheux buscou elementos teóricos para tratar da questão do sujeito em sua teoria do discurso. Ainda que essa teoria, como toda teoria construída pelas ciências sociais ou humanas, contenha conceitos polêmicos como sobredeterminação, ideologia, interpelação ideológica, inconsciente, entre tantos outros, ela não deixa de avançar sob o olhar crítico dos estudiosos do discurso.

CAPÍTULO 4
LACAN

Bethania Mariani e Belmira Magalhães

> Lacan não pertence a ninguém.
> (Michel de Certeau)

Uma reflexão sobre as teorias de análise de discurso e sobre o conceito de discurso, nos dias de hoje, pode ou não incluir uma passagem pelo conhecimento produzido pela psicanálise de Sigmund Freud e pela releitura que Jacques Lacan faz de Freud. Sem dúvida, se se trata da análise do discurso proposta por Pêcheux nos anos 1960, essa passagem é caminho necessário para a compreensão da noção de sujeito dividido, da noção de língua como sujeita a falhas, de discurso como efeito de sentidos e da noção de real como o impossível de tudo dizer. Afinal, como lembra Henry:

Pêcheux sempre teve como ambição abrir uma fissura teórica e científica no campo das ciências sociais e, em particular, no campo da psicologia social. Ele afirmava, no momento da publicação de *A análise automática do discurso*, que ali se encontrava seu principal objetivo profissional. Nessa tentativa, ele queria se apoiar sobre o que lhe parecia já ter estimulado uma reviravolta na problemática dominante das ciências sociais: o materialismo histórico tal como Althusser o havia renovado a partir de sua releitura de Marx; a psicanálise, tal como a reformulou Jacques Lacan, através de seu "retorno a Freud"; bem como certos aspectos do grande movimento chamado, não sem ambiguidades, de estruturalismo. No fim da década de 1960, o estruturalismo estava no seu apogeu. O denominador comum entre Althusser e Lacan tem algo a ver com o estruturalismo, mesmo que ambos não possam ser considerados estruturalistas (Henry, 1998: 12-13).

É no entremeio do campo epistemológico formado pela linguística, pelo materialismo histórico e pela psicanálise que Pêcheux localiza a análise do discurso, chamando a atenção para o fato de que "a heterogeneidade irredutível" dessas disciplinas não impede nem invalida que se trabalhe na articulação entre elas e na reterritorialização de alguns de seus conceitos. "Reterritorializar", aqui, representa um trabalho teórico sobre determinado conceito. Esse é o caso, por exemplo, do conceito de língua, um conceito fundamental nas ciências da linguagem. Como trabalhar com esse conceito na análise do discurso? Pêcheux, desde o livro *Análise automática do discurso*, publicado em 1969, na releitura que faz de Saussure, discute as consequências do deslocamento conceitual proposto no *Curso de linguística geral*, tendo em vista os propósitos da análise discursiva de textos. Afirma Pêcheux:

> [...] a partir do momento em que a língua deve ser pensada como um *sistema*, deixa de ser compreendida como tendo a *função* de exprimir sentido; ela se torna um objeto cujo funcionamento uma ciência pode descrever. [...] A consequência desse deslocamento é, como se sabe, a seguinte: o 'texto', de modo algum, pode ser o objeto pertinente para a ciência linguística, pois ele não funciona [...] (Pêcheux, 1997b: 60).

Para Pêcheux, apenas uma articulação teórica entre a linguística, o materialismo histórico e a psicanálise permite compreender, analisar e extrair consequências do fato de que, quando falamos, estamos simultaneamente afetados pelo funcionamento da ideologia e do inconsciente, ambos inscritos no funcionamento da linguagem, aqui compreendida como um sistema sujeito a falhas. Esse funcionamento não é transparente para o sujeito, ou seja, não percebemos como somos afetados pela ideologia e pelo inconsciente: simplesmente falamos como se estivéssemos na origem do dizer e como se dominássemos completamente os sentidos do que pretendemos dizer. São essas algumas das questões conceituais que, uma vez colocadas no âmbito do terreno da análise do discurso, se encontram subjacentes à definição de discurso como efeitos de sentidos, efeitos de sentidos que colocam em xeque, justamente, a ilusão de uma comunicação transparente entre interlocutores (Pêcheux, 2009).

Pêcheux, em diferentes momentos de sua obra, faz referências diretas e indiretas a Lacan. Importa, aqui, destacar a seguinte afirmativa em "Só há causa daquilo que falha", artigo no qual Pêcheux retifica alguns aspectos de seu livro *Les vérités de la Palice*[1] e afirma que a categoria de sujeito na análise do discurso deve considerar essa causa [do que falha], na medida em que ela se "manifesta incessantemente e sob diferentes maneiras (lapso, chiste, ato falho) no próprio sujeito, pois traços inconscientes do significante não são jamais apagados ou esquecidos, trabalham sem cessar, na pulsação sentido/não sentido do sujeito dividido" (Pêcheux, 2009: 300). E, indo além nesse retorno que Pêcheux faz a Lacan, vale ressaltar "que o pensamento é fundamentalmente inconsciente ('isso [ça] pensa!')" (Pêcheux, 2009: 243, 303)[2].

---

[1] Esse livro foi traduzido para o português como *Semântica e discurso* (Pêcheux, 1988).

[2] Com relação ao título do artigo de Pêcheux, vale citar a frase de Lacan, a propósito do funcionamento do inconsciente: "Em suma, só existe causa para o que falha (manca) [claudica]" (Lacan 1985 [1964]: 27).

Para compreender o que está em jogo nessa pulsação sentido/não sentido/sentido outro ("não sentido" entendido como o que escapa ao dizer, à revelia do sujeito, e "sentido" entendido como os sentidos que se mostram evidentes para o sujeito), é fundamental compreender o conceito de inconsciente como manifestação na cadeia significante de algo que se revela a despeito do suposto "querer dizer" de quem enuncia, algo que se mostra e diz diferente dos sentidos "evidentes".

Precisamos ter em mente que, entre os anos 1940 e 1960, muitos intelectuais franceses iniciaram releituras de textos seminais de Marx, Saussure e Freud. Lacan, visando levar a psicanálise de volta a seus fundamentos, ao mesmo tempo em que iniciou um trabalho de releitura da obra de Freud, produziu deslocamentos que provocaram reviravoltas teóricas importantíssimas, sobretudo no que se refere ao conceito de inconsciente, tendo em vista o campo da fala e da linguagem. De que forma Lacan leu as questões de linguagem formuladas por Freud para produzir tal virada no campo analítico?

1. Freud e a linguagem

Desde o início de seus estudos, como atesta o texto *Projeto para uma psicologia científica* (publicado em 1895), texto inconcluso e publicado postumamente, Freud pesquisava as relações entre a neurologia e a psicologia. No início, mesmo ainda preso a questões biológicas e preocupado em seguir o critério de cientificidade aceito na época, sua intenção era prover uma psicologia que fosse ciência natural (Freud, 1976 [1985]). Ele já percebia que, no tocante à linguagem, existiam fenômenos que não poderiam ser explicados com base em processos neuroquímicos.

Seus primeiros escritos fazem referência, sempre, às descargas de energia cerebral. Embora muito próximo das ciências biológicas e do funcionamento cerebral, Freud já aponta para algo que a neurologia não explica e busca incessantemente aspectos da realidade psíquica humana para suas explicações: para além das questões puramente da área médica, Freud avança para o entendimento da relação entre as manifestações, ou seja, o que ele chamaria mais tarde de inconsciente, e linguagem, por meio dos estudos sobre as afasias[3]. O estudo sobre essa disfunção proporciona a Freud uma compreensão da linguagem que mudará definitivamente a compreensão da composição do ser, tanto no que diz respeito à interioridade, quanto no que diz respeito a sua inserção no social e, mais especificamente, ao entendimento do funcionamento psíquico.

Entretanto, foi a partir do abandono das técnicas de hipnose como forma de tratamento da histeria e, sobretudo, colocando-se no lugar de escuta das histéricas, que Freud cria a psicanálise como uma análise da atividade mental inconsciente (Freud, 1976 [1914]). Quando lemos três de suas maiores obras, quais sejam, *O chiste e sua relação como inconsciente* (1905), *A interpretação dos sonhos* (1900) e *Psicopatologia da vida cotidiana* (1901), podemos compreender que, indubitavelmente, o estudo da linguagem humana estava nos fundamentos da psicanálise. Nessas obras, é pela escuta da fala do paciente que as formações do inconsciente — os chistes, os sonhos e os lapsos de linguagem — tornam-se objeto de análise por parte do psicanalista.

Freud, em toda a sua obra, deu grande ênfase à compreensão do dizer do paciente, um dizer nada transparente para o próprio paciente, mas que era portador de um saber outro. Por que, por exemplo, um juiz de direito, ao abrir uma sessão no tribunal diz: "Vamos encerrar a sessão", ao invés de "Vamos iniciar a sessão"? Por que esquecemos determinadas palavras ou nomes próprios? O que está em jogo quando tropeçamos no uso da linguagem e, inesperadamente, inventamos uma palavra a partir de outra e essa invenção nos provoca embaraço ou riso? Apesar de seu caráter enigmático, teriam os sonhos uma escrita própria que poderia ser lida? O aspecto inusitado

---

[3] Lacan retoma o tema das afasias, sobretudo a partir das análises propostas por Jakobson (Lacan, 1998: 498).

dessas situações provocadas pelos tropeços na linguagem causa no próprio sujeito que enuncia reações de surpresa, riso ou emoções embaraçosas e, muitas vezes, tentativas de passar uma borracha no que foi dito. O funcionamento do inconsciente se marca justamente nesse dizer outro que se intromete, de modo surpreendente, naquilo que o sujeito achou que iria dizer, mas não disse. Algo da verdade do sujeito se marca nesses tropeços da linguagem, pontos em que a evidência do que somos é subvertida pela manifestação empírica da linguagem que mostra que, no exato ponto em que nos perdemos, é ali que estamos. Por isso, Lacan pergunta: se "decido-me a ser tão somente aquilo que sou, como desvincular-me, aqui, da evidência de que sou nesse ato mesmo?" Afinal, completa ele, "ao me devotar a tornar-me o que sou, a vir a sê-lo, não posso duvidar de que, mesmo ao me perder nisso, é aí que estou. Pois bem, é exatamente nesses pontos em que a evidência é subvertida pelo empírico que jaz o fulcro da conversão freudiana" (Lacan, 1998 [1957]: 521).

A psicanálise, segundo Freud, pode explicar e interpretar esses lapsos de linguagem — e aqui se incluem o esquecimento de nomes, a troca de fonemas e palavras, a formação de palavras estranhas —, pois compreende que essas são formas de o inconsciente se expressar, permitindo que o sujeito diga duas coisas muitas vezes contraditórias entre si simultaneamente, deixando assim aparecer sua verdade. Os chistes, por sua vez, representam prazer lúdico extraído da forma verbal, revelando uma face dos efeitos do inconsciente que se liberam no exercício da fala. Em suma, é na linguagem que o inconsciente se representa.

Muito do que Freud faz, ao longo de sua obra, é justamente produzir minuciosas análises de linguagem que envolvem eruditos conhecimentos literários, filológicos e de tradução. Como ele mesmo afirma em seu texto *A questão da análise leiga* (escrito por Freud entre 1926 e 1927), o exercício da psicanálise não deve ser restrito aos que possuem formação em medicina. Para ele, nessa época, o exercício da função analítica abrange uma formação que vai muito além do saber médico:

[...] a instrução analítica abrangeria ramos de conhecimento distantes da medicina e que o médico não encontra em sua clínica: a história da civilização, a mitologia, a psicologia da religião e a ciência da literatura. A menos que esteja bem familiarizado com essas matérias, um analista nada pode fazer com uma grande massa de seu material (Freud, 1976 [1926]: 278).

Exatos 27 anos depois, Lacan, em sua releitura de Freud, retomará esse ponto, introduzindo o pensamento freudiano nas inquietações de seu tempo:

Sabemos da lista de disciplinas que Freud apontava como devendo constituir as ciências anexas de uma faculdade ideal de psicanálise. [...] acrescentaríamos, de bom grado, por nosso turno: a retórica, a dialética, no sentido técnico que esses termos assumem nos *Tópicos* de Aristóteles, a gramática e, auge supremo da estética da linguagem, a poética, que incluiria a técnica, deixada na obscuridade, do chiste (Lacan, 1998 [1953]: 289).

Vale a pena retomarmos, de Lacan, trechos em que ele se refere ao modo próprio de Freud lidar com a linguagem de seus pacientes. Vejamos, por exemplo, como ele retoma, de *A interpretação dos sonhos*, os conceitos de deslocamento e condensação, passos freudianos de análise linguageira a serviço da interpretação onírica:

É na versão do texto que o importante começa, o importante que Freud nos diz ser dado na elaboração do sonho, isto é, em sua retórica. Elipse e pleonasmo, hipérbato ou silepse, regressão, repetição, aposição, são esses os deslocamentos sintáticos, e metáfora, catacrese, antonomásia, alegoria, metonímia e sinédoque, as condensações semânticas em que Freud nos ensina a ler as intenções ostentatórias ou sedutoras com que o sujeito modula seu discurso onírico (Lacan, 1998 [1953]: 269).

Em outras passagens, em texto também dos anos 1950, Lacan afirma:

A obra completa de Freud nos apresenta uma página de referências filológicas a cada três páginas, uma página de inferências lógicas a cada duas páginas e, por toda parte, uma apreensão dialética da experiência, vindo a analítica linguageira reforçar ainda mais suas proporções à medida que o inconsciente vai sendo mais diretamente implicado (Lacan, 1998 [1953]: 513).

A perífrase, o hipérbato, a elipse, a suspensão, a antecipação, a retratação, a denegação, a digressão e a ironia são figuras de estilo (as *figurae sententiarum* de Quintiliano), e a catacrese, a litotes, a antonomásia e a hipotipose são os tropos cujos termos se impõem à pena como os mais adequados para rotular esses mecanismos. Será possível ver nisso apenas um simples modo de dizer, quando são exatamente essas as figuras que estão em ato na retórica do discurso efetivamente proferido pelo analisado? (Lacan, 1998 [1953]: 525).

Indo além, e realçando a importância em reconduzir a psicanálise a seus fundamentos, bem como chamando a atenção para a necessidade de uma maior formalização da experiência psicanalítica, Lacan introduz a linguística como disciplina de vanguarda que teria um papel de guia nesse processo. É o que veremos a seguir.

2. Lacan e a lógica do significante

Partindo das indicações que estão no próprio texto freudiano, Lacan irá trabalhar os jogos do significante apontados por Freud como "tropeço, desfalecimento, rachadura", momentos em que "o sujeito se sente ultrapassado" (Lacan, 1985 [1964]: 30). Aí se encontram manifestações do inconsciente: aí, no vacilo, na fenda, na abertura, ou seja, na hiância que se instaura no dizer, no que produz um corte do sujeito. Como formalizar essas manifestações?

É nas voltas da releitura da obra de Saussure que se encontra o fio de uma teorização mais formalizada para a psicanálise em sua articulação linguagem/inconsciente. Em outras palavras, a ciência da linguagem fornece uma chave para a representação letrada do inconsciente. "É toda a estrutura da linguagem que a experiência psicanalítica descobre no inconsciente" (Lacan, 1998 [1953]: 498). Em *A instância da letra ou a razão desde Freud* (1957), Lacan retoma e subverte o pensamento saussuriano, introduzindo e modificando o algoritmo fundador da linguística como ciência[4]:

$$\frac{S}{s}$$

Nesse algoritmo, **S** é o significante e **s** é o significado: "Significante sobre significado, correspondendo o 'sobre' à barra que separa as duas etapas" (Lacan, 1998 [1957]: 500).

Lembremos, aqui, a afirmação de Saussure sobre o conceito de língua: língua é forma, não substância. A língua é concebida como subdivisões contíguas, constituídas simultaneamente a partir do encontro de duas massas amorfas, o plano indefinido das ideias confusas e o plano, também amorfo, das imagens acústicas (Saussure, 1974: 130):

> Não há, pois, nem materialização do pensamento, nem espiritualização de sons; trata-se, do fato, de certo modo misterioso, de o 'pensamento-som' implicar divisões e de a língua elaborar suas unidades constituindo-se entre duas massas amorfas (Saussure, 1974: 131).

O signo linguístico, por sua vez, é definido por Saussure como uma "entidade psíquica de duas faces" — significado e significante —, ou seja, unidades da língua constituídas por essas divisões pensamento-som.

---

[4] O termo *algoritmo* é usado por Lacan. Vejamos: "Para marcar o surgimento da disciplina linguística, diremos que ela se sustenta, como acontece com toda ciência no sentido moderno, no momento constitutivo de um algoritmo que a funda" (Lacan, 1998: 500).

O que interessa, em parte, a Lacan é o modo como Saussure e, em especial, Benveniste e Jakobson (com quem discutirá em muitos de seus seminários) formalizam o objeto da linguística: a língua como sistema de signos constituídos por significados e significantes. Vale a pena retomar uma citação de Lacan que, embora longa, pode ajudar na compreensão da importância da linguística para a psicanálise no período dos anos 1950 e 1960. Por um lado, encontramos a questão da formalização, da matematização metodológica que se imprime aos avanços da linguística. No entanto, podemos ir além e compreender que Lacan, atento criticamente ao avanço desses estudos sobre a estrutura das línguas, percebe, por exemplo, na conceituação de fonema, uma correlação possível de ser estabelecida com estudos freudianos sobre o *fort da*. Em um texto clássico, Freud observa seu neto brincando com um carretel e percebe que o jogo em que a criança joga o carretel para baixo de um móvel ocorre simultaneamente à presença/ausência da mãe na sala. Com essa brincadeira, que é acompanhada pelos sons *oooo...*/*aaaa...*, a criança representa a presença/ausência da mãe. Há uma dupla representação aqui: a presença ausência da mãe está representada pelo jogo e o jogo representado pelos sons *oooo* e *aaaa*, fonemas centrais de *fort* e *da*, termos em alemão que expressam respectivamente *longe* e *perto*. Vejamos, então, o comentário de Lacan entrelaçando a linguística e a psicanálise:

> A forma de matematização em que se inscreve a descoberta do *fonema*, como função dos pares de oposição compostos pelos menores elementos discriminativos captáveis da semântica, leva-nos aos próprios fundamentos nos quais a doutrina final de Freud aponta, numa conotação vocálica da presença e da ausência, as origens subjetivas da função simbólica (Lacan, 1998 [1957]: 542).

Mas, voltemos ao algoritmo fundador da linguística. Lacan, já nesse modo de ler o algoritmo, nessa inversão que coloca o significante sobre o significado, aponta também para o valor da barra em sua forma de pensar o inconsciente estruturado como linguagem. Se, em Saussure, a barra é portadora de uma indissociabilidade entre significante e significado, como atestam as analogias com a moeda e com a folha de papel, em Lacan, a barra *barra*, e remete para a preponderância da cadeia significante, para a primazia do significante. Privilegia-se, assim, o significante *sobre* o significado, compreendendo-se, à moda saussuriana, que o significante não tem significado, é articulado, é pura diferença, tem valor negativo e estrutura-se conforme leis de uma ordem fechada. Entretanto, diferentemente de Saussure, para Lacan não há significantes presos a significados. O significado está abaixo da barra, se encontra barrado, recalcado. Desses significados, recalcados quando de sua inscrição no campo da fala e da linguagem, o sujeito nada sabe. Lacan dá um exemplo, no texto *A instância da letra no inconsciente*, a partir do relato de um pequeno episódio. Um trem chega à estação e dois irmãos, um menino e uma menina, sentados de frente um para o outro, olham pela vidraça para a plataforma e veem duas portas iguais cada qual com um significante: *homens* e *mulheres*. "'Olha!', diz o irmão, 'chegamos a Mulheres!'; 'Imbecil!', responde a irmã, 'não está vendo que nós estamos em Homens?'" (Lacan, 1998 [1957]: 502). Com esse exemplo, Lacan chama a atenção para o fato de que, na ótica da psicanálise, nenhum significante representa o significado, ou seja, o significante não está atrelado ao significado.

A cadeia significante é constituída por significantes que, com seu valor negativo e diferencial, entram em um jogo de remissões, com uma autonomia que funciona a despeito do que o sujeito pretende falar. Insistimos, até o momento, em afirmar que os significantes estão deslizando na cadeia. No entanto, sabemos que quando falamos não ficamos em um deslizar incessante e indeterminado, há amarrações S/s no que falamos. O fluxo dos significantes se detém combinando-se (ou enlaçando-se) na significação, que de outro modo também seguiria indeterminada. Vale notar que se chamam pontos-de-estofo os enlaçamentos entre significante e significado, enlaçamentos que resultam da segmentação das cadeias. Com a conceituação do ponto-de-estofo,

Lacan afasta-se da linguística, pois aqui não se trata da segmentação das duas massas amorfas, operação que produz o signo em Saussure. Se, em termos gerais, a operação que o ponto-de-estofo promove está para toda neurose, no discurso de cada sujeito as amarrações **S/s** são singulares e marcam posições subjetivas específicas. Acrescentemos:

> O que essa estrutura da cadeia significante revela é a possibilidade que eu tenho, justamente na medida em que sua língua me é comum com outros sujeitos, isto é, em que essa língua existe, de me servir dela para expressar algo completamente diferente do que ela diz (Lacan, 1998 [1957]: 508).

Como compreender o funcionamento do inconsciente como cadeia significante? Para Lacan, o inconsciente é estruturado como uma linguagem, funciona à moda de uma linguagem. Valendo-se do que Freud descreve sobre o funcionamento da escrita dos sonhos, uma escrita que se organiza na forma de deslocamentos e condensações[5], e rendendo homenagem a Jakobson, ao valer-se dos seus estudos sobre as afasias, Lacan nomeará os movimentos de deslizamento dos significantes na cadeia como metonímia e como metáfora. Em outras palavras, os significantes deslizam na cadeia em uma relação de contiguidade, realizando encadeamentos metonímicos, ou em uma relação de substituição, realizando substituições metafóricas.

A estrutura metonímica, que instala conexões de significante com significante, mantém um remetimento de significações para

---

[5] Na concepção freudiana, os sonhos são a realização de um desejo inconsciente. Eles se manifestam na forma de um *rébus*, ou seja, na forma de um enigma. Esse enigma pode ser lido, pois os sonhos possuem uma escrita própria, que mistura imagens, sons, palavras faladas ou escritas, cores, cheiros. Por se tratar de uma escrita, é possível interpretá-los, uma vez que se compreenda que nos sonhos há dois mecanismos principais em funcionamento: a condensação, que é o processo responsável pela fusão de ideias e pensamentos inconscientes no que possuem de pontos em comum; e o deslocamento, que é a substituição distorcida de um pensamento inconsciente, substituição provocada pela censura.

outras significações que não são evidentes para o sujeito que fala. É o caso, retomado por Lacan, do sonho de Anna Freud, filha de Freud. Esse sonho é relatado por Freud em seu livro *A interpretação dos sonhos*. Com 3 anos de idade, ao sonhar, Anna vai murmurando: morangos silvestres, morangos, omelete, pudim... Dessa sequência de palavras, aparentemente desconectadas entre si, o que a psicanálise tem a dizer? Em seu sonho, sonhado após um dia de severa dieta alimentar, quando não podia comer justamente tudo de que gostava e a que estava acostumada, a filha de Freud encadeia significantes metonimicamente, marcando com esses significantes a ausência de tudo o que gostaria de comer. Em outras palavras, é na forma de um encadeamento contíguo e contínuo de significantes que ela expressa, no sonho, os objetos recalcados de sua necessidade alimentar, necessidade momentaneamente proibida.

O processo metafórico, por sua vez, também aponta para a lógica do funcionamento da cadeia significante, e funciona por substituição. A substituição de um significante por outro não é uma simples troca ou permuta. As substituições, longe de parecerem aleatórias, também portam algo da verdade do sujeito. Vejamos o caso, lembrado por Dör (1989: 43), de uma metáfora muito específica, aquela em que Freud teria dito a Jung, ao chegar aos Estados Unidos: "Trouxemos a peste". O significante *peste*, aqui, substitui o significante *psicanálise*. É uma substituição metafórica aparentemente da ordem do *non-sens*. Afinal, qual seria a relação entre peste e psicanálise? Porém, é a partir dessa metáfora que é possível o surgimento de um outro sentido, ou seja, o significante não dito (*psicanálise*) passa a portar o acréscimo de um novo sentido, produzido com a substituição metafórica, sem perder, totalmente seu sentido anterior.

O inconsciente, tal como Lacan o concebe, remete ao "jogo combinatório operando sozinho — é esta estrutura que dá seu estatuto ao inconsciente" (Lacan, 1998: 26). Lacan defende a supremacia do significante frente aos significados e mostra, analiticamente, que são os significantes que dirigem, governam o discurso do paciente. É a cadeia de significantes que está em jogo, não do ponto de vista de um sistema linear de signos, mas compreendida de outra maneira, como uma cadeia de anéis: "Anéis cujo colar se fecha no anel de um outro colar feito de anéis" (Lacan, 1988: 505). Nesse jogo combinatório, o inconsciente se manifesta e estatela, ou melhor, faz cair o *eu* que fala.

Estabeleçamos aqui uma distinção importante, uma distinção entre o *eu* e o sujeito do inconsciente. As várias situações de lapsos de linguagem, tropeços, chistes etc., manifestam na fala dois sentidos que muitas vezes podem estar em contradição. Assim, no *eu* que toma a palavra, manifesta-se, paradoxalmente, "um sujeito que ali parece feliz em se exprimir e que, mais importante ainda, faz a verdade pender inteiramente para seu lado" (Melman, 2009: 15). Uma verdade desconcertante, apontando para um desacerto entre o mundo aparentemente representado pela posição egoica (do *eu*) e o que se diz de modo contraditório, momentâneo e inesperado. Nesse sentido, para a psicanálise a partir de Freud, todo ato falho é um ato bem-sucedido.

Sem significantes, não haveria sujeito do inconsciente? A possibilidade de estruturação do sujeito psíquico não depende de fatores orgânicos, o que não exclui o corpo, enquanto real. É pela linguagem que um bebê deixa de ser apenas um ser vivo para advir como sujeito desejante. Do puramente orgânico à constituição do sujeito do inconsciente: passagem operada pela linguagem e que se realiza nos momentos primordiais em que um bebê não fica apenas como objeto do desejo do outro. Engajando-se na linguagem, o bebê pode subjetivar-se; ao aceder ao simbólico, institui-se o inconsciente. Afirma Lacan: "A linguagem é condição do inconsciente [...] não há inconsciente sem linguagem" (Lacan, 1983 [1977]: 24).

O sujeito do inconsciente advém representado entre significantes nos anéis desse colar que se enoda. Quando se fala em sujeito, em psicanálise, está-se falando do sujeito do inconsciente. O sujeito do inconsciente é esse Outro estranho familiar que nos habita e que nos leva a tropeçar na língua. Eis um exemplo interessante: um conferencista, ao final de sua fala em uma mesa-redonda, querendo comentar as "referências bibliográficas" de seu texto, disse *"reverências* bibliográficas...". Ora, acontece que esse conferencista, pela primeira vez, havia formulado algumas leves críticas a autores que até então citava sem discutir. O ato falho, marcado na troca do fonema /f/ pelo fonema /v/, aponta para o momento em que ele se encontrava: ele ainda não tinha condições para explicitar, publicamente, sua discordância. Assim, ao dizer "reverências", ele traz sua condição anterior, condição em que citava de modo reverente, sem discussões e sem críticas.

Dessa forma, é "o significante que representa o sujeito para outro significante", enquanto "o signo é o que representa qualquer coisa para qualquer um" (Lacan, 1998: 815). O sujeito do inconsciente é efeito do significante, se estrutura como descontinuidade, é corte na/ da cadeia significante e se encontra submetido à sua lei.

Mas, o que se quer dizer quando se afirma que o sujeito advém representado entre significantes? Ou melhor, que "um significante representa o sujeito para outro significante"? É justamente uma conceituação de sujeito na qual há um esvaziamento de qualquer consistência, de qualquer significação *a priori*. Sujeito do inconsciente, na psicanálise, não é uma entificação. Se, para a psicanálise e para a análise do discurso, não se trata de manter a ideia de comunicação transparente, ou seja, uma comunicação sem falhas, em que locutor e ouvinte estariam se entendendo sem complicações maiores, podemos acrescentar, com Lacan, que há sempre um sujeito entre significantes, um sujeito que se exprime e deixa seus vestígios na gramática do inconsciente. Aquilo para o que os atos falhos, os chistes, os esquecimentos apontam é justamente o retorno disso que ficou recalcado no processo de constituição do sujeito do inconsciente, como afirma Lacan ao propor a subversão do sujeito.

É importante introduzir outra distinção: enunciado e enunciação, do ponto de vista da psicanálise. Retomando Melman (2009: 15), quando algo se estatela na linguagem, quando tropeçamos nas palavras, manifesta-se um sujeito feliz em se exprimir. Quem é esse que fala ali e nos faz dizer algo inesperado, impensado? Por um lado, no nível do enunciado, marcado pela presença do *shifter*, ou seja, o "eu" gramatical ao qual se articula, de modo evanescente e pontual, o sujeito da enunciação, que presentifica o inconsciente e que Lacan chama de *je*. Por outro lado, no lapso, marca da presença das formações do inconsciente no enunciado que se estatela, que vira outra coisa, depreende-se o sujeito do inconsciente. Lacan chamará de enunciação a esse dizer outro, que se sobrepõe, desejante, ao enunciado. A enunciação, no modo como a psicanálise a define, marca um movimento de pulsação, uma janela que se abre e fecha rapidamente, dando a ouvir o não sabido do inconsciente.

O inconsciente é a manifestação de um saber desconhecido, um estranho-familiar ao sujeito: "Um sentido não antecipável, irredutível e irreconciliável". "O inconsciente", diz Lacan, "é a parte que falta à disposição do sujeito para restabelecer a continuidade de seu discurso consciente" (Lacan, 1998 [1953]: 266). O inconsciente não é uma ontologia; é da ordem da insistência e é da ordem do inesperado: o sujeito do inconsciente se marca na cadeia significante de modo pontual e evanescente, ou seja, num tropeço da linguagem, numa troca de significantes, em um encadeamento metonímico. Ao se manifestar, não está mais ali naquele ponto, pois "o inconsciente se manifesta sempre como o que vacila num corte do sujeito — donde ressurge um achado que Freud assimila ao desejo — desejo que situaremos provisoriamente na metonímia desnudada do discurso em causa, em que o sujeito se saca em algum ponto inesperado" (Lacan, 1998: 32).

Nos textos dos anos 1950, Lacan se vale de termos da linguística, sempre reterritorializando-os no campo da psicanálise. Algumas distinções se impõem. Considerando que a psicanálise é uma *talking cure*[6] e, portanto, partindo da fala do analisante compreendida como

---

[6] A expressão *talking cure* foi utilizada por Freud logo no início da psicanálise para designar uma forma específica de tratamento: a cura pela palavra. Uma psicanálise freudiana é exatamente isso: a cura de um sofrimento psíquico a partir das palavras do próprio paciente em um consultório psicanalítico.

discurso concreto, material sobre o qual o psicanalista se debruça, e distinguindo os momentos em que o sujeito fica na fala vazia, ou seja, no blá-blá-blá, na tagarelice que assegura a função fática em direção ao Outro (Miller, 2012: 14), dos momentos em que o sujeito envereda na fala plena, fala cheia de sentidos, Lacan chama a atenção para o fato de que à psicanálise interessa fundamentalmente a verdade que fala no lapso, no chiste, no tropeço da linguagem. No discurso concreto do paciente, estão os efeitos do significante, a textura específica da cadeia significante de cada um, com sua manifestação que articula o sincrônico com o diacrônico.

O conceito de discurso, nesses momentos iniciais de Lacan, se encontra tanto vinculado à manifestação efetiva da fala em análise, ou seja, àquilo que se analisa e se interpreta como significante no discurso, como também ao que articula entre língua e linguagem na constituição do sujeito do inconsciente[7]. Diz Lacan:

> [...] a linguagem, com sua estrutura, preexiste à entrada de cada sujeito num momento de seu desenvolvimento mental. [...] Também o sujeito, se pode parecer servo da linguagem, o é ainda mais de um discurso em cujo movimento universal seu lugar já está inscrito em seu nascimento, nem que seja sob a forma de seu nome próprio (Lacan, 1998: 498).

Sendo a linguagem estruturada e preexistindo à entrada do sujeito no campo da fala, aqui se encontra mais um ponto teórico relevante: o inconsciente é o discurso do Outro, discurso que circula e que antecede a constituição do sujeito. O Outro, em Lacan, é o registro do simbólico, da cadeia significante. Na constituição do sujeito, institui-se "o lugar do inconsciente como um lugar de significantes

---

[7] Em alguns pontos, o conceito de discurso nesses textos pode, do nosso ponto de vista, ser aproximado do que Benveniste chama de "instância do discurso", ou seja, "os atos discretos e cada vez únicos por meio dos quais a língua é atualizada em palavra falada pelo locutor" (Benveniste, 1989: 280).

organizados a partir da trama do discurso, ou seja, uma organização *análoga* à de uma linguagem cuja ordenação o sujeito teria perdido" (Dör, 1989: 104, grifo do autor). O inconsciente não está em qualquer lugar, está situado no funcionamento da cadeia dos significantes. Lacan chama de simbólico esse registro do significante, do "tesouro dos significantes". Outra forma que Lacan utiliza para designar o inconsciente é o termo conceitual Outro. Podemos, então, afirmar que, para constituir-se, o sujeito recebe do Outro um discurso, um lugar que virá a fazer parte de sua história.

Anos mais tarde, Lacan irá designar, com o termo *discurso*, formas do laço social no processo civilizatório. Em outras palavras, como o laço social é estruturado na linguagem? Em seu 17º seminário, realizado durante as turbulências políticas do maio de 1968 francês, Lacan propõe inicialmente quatro discursos: discurso do mestre, discurso da histérica, discurso universitário e discurso do analista. Depois ele introduz, também, o discurso do capitalista. São modos de estar na linguagem que organizam formas de vínculo ou laço social. Ao nomear os discursos, Lacan está retomando, de Freud, sua discussão sobre as formas de estabelecimento de relacionamentos: governar, desejar, educar e analisar.

Nos anos finais de seus seminários, Lacan, cada vez mais, se distancia dos estudos da linguística e afirma que seu trabalho nunca foi do campo da linguística, mas, sim, do que ele chama de *linguisteria*. Em outras palavras, é do campo da *linguisteria* dizer que o inconsciente é estruturado como uma linguagem e dizer que o sujeito do inconsciente é representado de um significante para outro. Essa retomada que aqui foi feita de alguns (poucos) aspectos do pensamento lacaniano, precisa ser compreendida como fundamento do campo da psicanálise, ou seja, da prática da psicanálise, a qual supõe um consultório, um divã e um sujeito que ocupa a função de psicanalista.

Do ponto de vista da psicanálise lacaniana, que trazemos aqui para o campo do discursivo, o funcionamento do sistema dos significantes é marcado por uma negatividade e por uma descontinuidade: há uma distância entre um significante e outro, e nessa distância marca-se um vazio. Nesse ponto, se somos lacanianos, precisamos compreender que, por um lado, há uma retomada de Saussure no que diz respeito ao caráter do significante — um significante vale pelo que ele não é em relação aos demais, daí seu caráter diferencial e negativo —, por outro, critica-se a ideia de linearidade da cadeia significante, e se enfatiza a descontinuidade. Nossa entrada na linguagem é afetada por esse modo de funcionamento que inclui a descontinuidade significante. Quando tomamos a palavra e falamos, o fazemos marcados pelo funcionamento dessa descontinuidade que inclui o vazio — o espaço entre os significantes — e traz a marca da distância entre a linguagem e o mundo. É por isso que, de acordo com Lacan, o sujeito falante, o *parlêtre* (Lacan, 1985), é um sujeito dividido pelo funcionamento da linguagem, é "atingido por essa descontinuidade, barrado e em via de se barrar; é o que vai marcá-lo com um inconsciente" (Lebrun, 2008: 51).

Falando, nos subjetivamos, nos cernimos e marcamos o vazio, pois a presença de um significante implica a ausência dos demais. Cada sujeito é fisgado, capturado na linguagem, na descontinuidade do sistema significante. Isso não se dá da mesma maneira para cada sujeito, mas afeta de modo intestino os sentidos que produzimos sobre nós mesmos, os outros, o mundo a nossa volta, nossas escolhas etc.

Nossa condição de sujeitos implica a apropriação da fala e da linguagem, bem como o vazio entre significantes, o furo, a falta de um sentido único (literal). É na condição de sujeito que estamos no discurso.

Quando dizemos "eu" (o pequeno outro, o "eu" do teatro da consciência ao qual Pêcheux [2009] faz menção), o fazemos submetidos ao funcionamento do inconsciente e às leis do funcionamento estrutural da linguagem, as leis que nos permitem fazer uso de uma língua e que, simultaneamente, nos colocam frente a esse vazio, a esse hiato, a essa negatividade que habita a linguagem. É necessário que o sujeito se inscreva, habite uma língua para tornar-se sujeito do que diz e ser habitado pelo inconsciente. "Um sujeito não é um pleno que tem de se dizer no descontínuo da linguagem, ele é o que resulta desse descontínuo imposto pelo sistema da linguagem", como afirma Lebrun (2008: 51). Assim, para o autor, o que de mais importante se transmite na espécie humana, para além do caráter genético, são os significantes. E, para haver a transmissão dos significantes, há de haver uma aposta que advirá sujeito. Entrar na linguagem é condição para haver inconsciente e para estabelecer laço social.

Isso implica pensar na transmissão do significante, uma transmissão que se realiza no contato-convivência com os pequenos outros, representantes do grande Outro. Lembremos, para esclarecer a diferença entre o que chamamos de pequeno outro e Outro, da distinção que fizemos entre o *eu* e o sujeito do inconsciente. No pequeno outro — *eu* — vigora o funcionamento do inconsciente, ou seja, vigora o Outro, o sujeito do inconsciente. Para haver sujeito, para haver inconsciente, é preciso passar pelos significantes desses primeiros outros, os quais, ocupando o lugar do Outro, transmitem as leis do simbólico. Meus significantes, os significantes que considero como "meus" estão constituídos e afetados pelo Outro: para emergir como sujeito, falamos afetados pelo Outro (nesse sentido, a alteridade está em mim). O processo de subjetivação está atravessado pelo funcionamento significante do Outro.

O que de fundamental precisa ser realçado é a questão do sujeito dividido, do inconsciente, ou seja, do sujeito dividido por seu próprio discurso, sujeito como efeito da linguagem. É com isso que a análise do discurso trabalha. Não podemos deixar de lado a consequência de sermos *parlêtres*, de termos a subjetividade constituída na linguagem, de sermos constituídos por essa entrada na cadeia significante, já marcada pela falta. Assim, compreendemos que estar na linguagem e no inconsciente é aceder de uma forma singularizada, única para cada sujeito, ao simbólico, ou seja, à materialidade da língua onde se inscrevem as formas de entrada no laço social. Se o sujeito fala a partir dessa falta constitutiva e dessa inscrição no simbólico, por outro lado, o simbólico, onde estão escritas as leis da cultura, da heterogeneidade da ordem social e da temporalidade histórica em seu jogo contraditório entre memória, atualidade e futuro, também é faltoso[8].

* * *

Esperamos ter trazido alguns aspectos da teorização da psicanálise, a partir da ótica de Lacan, em sua releitura de Freud, que são cruciais para um analista do discurso. Sendo o analista do discurso afetado pelo modo como Pêcheux propõe o campo do discursivo, é indispensável a compreensão de noções como sujeito dividido, inconsciente e significante dentre as demais aqui expostas.

---

[8] Retomamos aqui, com algumas modificações, um de nossos textos: Mariani e Magalhães (2010).

CAPÍTULO 5
FOUCAULT
Rosa Maria Bueno Fischer

> Porque o único sentido oculto das cousas
> É elas não terem sentido oculto nenhum,
> É mais estranho do que todas as estranhezas
> E do que o sonho de todos os poetas
> E os pensamentos de todos os filósofos,
> Que as cousas sejam realmente o que parecem ser
> E não haja nada que compreender.
>
> Sim, eis o que os meus sentidos aprenderam sozinhos: —
> As cousas não têm significação: têm existência.
> As cousas são o único sentido oculto das cousas.
> *Fernando Pessoa*[1]

---

[1] Poema XXXIX — "O mistério das cousas, onde está ele?" — Poemas de Alberto Caeiro (Pessoa, 1980: 160).

> [...] as *palavras* estão tão deliberadamente ausentes quanto as próprias *coisas*; não há nem descrição de um vocabulário nem recursos à plenitude viva da experiência. Não se volta ao aquém do discurso — lá onde nada ainda foi dito e onde as coisas apenas despontam sob uma luminosidade cinzenta; não se vai além para reencontrar as formas que ele dispôs e deixou atrás de si; fica-se, tenta-se ficar no nível do próprio discurso.
> Michel Foucault[2]

Quando tratamos da concepção de discurso em Foucault, talvez a dificuldade maior seja o fato de estarmos diante de um pensador que se recusou, desde seus primeiros escritos, a isolar, uns dos outros, os diferentes campos de pensamento; da mesma forma, mostrou-nos reiteradamente que não existem invariantes históricas, muito menos essências ou "objetos naturais". Pelo contrário, para ele, qualquer objeto, na sua materialidade, existe sempre sob condições muito específicas de tempo e espaço, e é inseparável dos quadros formais no interior dos quais se constituiu, pelos quais foi nomeado e, assim, se tornou uma "coisa dita" deste e não daquele modo — incluindo-se aí todas as variações possíveis em certo período histórico e em certo lugar.

Outra dificuldade a enfrentar é o fato de que estamos por demais familiarizados com estudos sobre o discurso, em que este aparece diretamente relacionado à palavra, falada ou escrita, vista na sua condição de "representar" algo, de "significar" alguma coisa, placidamente, seja de modo isolado e eterno (*e.g.*, "vermelho é a cor da paixão", por exemplo), seja de modo causal e linear, dentro da lógica do se-então (*e.g.*, "as falas dos professores mostram que o amplo acesso às novas tecnologias de comunicação é responsável pela deterioração da escrita entre os mais jovens"). Ora, em diferentes ocasiões, e a propósito de temas, por vezes, bem distintos entre si, Foucault reafirmou a condi-

---

[2] Trecho das célebres páginas finais do capítulo 3 — "A formação dos objetos" — de *A arqueologia do saber* (Foucault, 2009a: 55).

ção primordial do discurso como luta, como batalha, e não como "reflexo" ou "expressão" de algo[3]. Assim, nas exemplificações anteriores, interessaria ao analista do discurso, na perspectiva de Foucault, problematizar a frágil simplificação no ato de atribuição de tal ou qual sentido às palavras, aos símbolos ou às imagens; e, mais do que isso, complexificar a relação supostamente inequívoca entre o que se diz e o que se <u>queria</u> dizer, além de questionar a linearidade da própria explicação, presente naquilo que é comunicado (no caso do segundo exemplo acima, relativo à relação entre tecnologias digitais e a escrita entre jovens).

Parece-me que Foucault nos coloca diante da tarefa árdua, porém estimulante, de considerar, na análise dos discursos, pelo menos estas quatro grandes forças: a inscrição radicalmente histórica das "coisas ditas"; a condição inapelável do discurso como prática; a materialidade dos enunciados; e, *last but not least*, a luta travada na e pela constituição de sujeitos — sujeitos de determinadas verdades ou discursos. Neste texto, veremos que Foucault se refere a essas forças em praticamente todos os seus trabalhos, sejam aqueles marcados pelo que se tem identificado como a sua arqueologia, sejam aqueles da genealogia ou ainda da ética.

Enquanto Fernando Pessoa, citado na abertura deste texto, esconjura seu próprio sonho de poeta e afirma desejar apenas a "cousa", sua existência pura e simples, o filósofo francês declara-se disposto a receber as coisas na sua condição e raridade simplesmente de "coisas ditas". Com isso, Foucault dispõe-se a aceitar a diferença, dispõe-se a "pensar o outro no tempo do seu próprio pensamento", a desprender-se de uma suposta identidade e a penetrar uma região que o delimita — uma região que nos delimita e nos separa de nós mesmos, estabelecendo que somos diferença, pois "nossa razão é a diferença dos discursos, nossa história é a diferença dos tempos, nosso eu, a

---

[3] Ver, a propósito, o texto de 1976, intitulado curiosamente *O discurso não deve ser considerado como...* (Foucault, 2011: 220-221).

diferença das máscaras" (Foucault, 2009a: 149). Nos dois escritores, encontramos a recusa das explicações unívocas, das fáceis interpretações, da busca insistente das últimas origens, do sentido oculto das coisas. Poeta e filósofo querem a coisa e o já-dito, apenas e simplesmente, no nível de sua existência.

Poderíamos dizer que, em toda a obra de Foucault, a problematização sobre os discursos (e os saberes) está no centro, assim como a problematização que trata das relações de poder e o debate sobre os diferentes modos de constituição do sujeito (seja quanto às formas de sujeição, seja quanto às aberturas e às possibilidades de recusa e de resistência, seja ainda quanto à constituição ética de si). Em outras palavras: está aí mais uma dificuldade em aproximar-se e apropriar-se do modo foucaultiano de tratar o discurso. Não há como separar, nele, forma de conteúdo, teoria de método, nem temáticas específicas das possíveis formas de investigá-las. Não há como isolar, na sua concepção de discurso, aquilo que ele pensa sobre sujeito e o que afirma sobre relações de poder.

E quando dissemos acima que analisar discursos, com Foucault, significa aceitar a raridade das coisas ditas (ou dos enunciados), trata-se certamente de uma espécie de atitude diante da vida, uma atitude ética e política, e também intelectual, pela qual assumimos que não há uma identidade entre nós mesmos e aquilo que investigamos, e que pensar é sempre navegar em meio a diferenças. Aliás, é por essa razão que Foucault, em *O que é um autor?*, ao referir-se a pensadores como Marx e Freud, chama-os de "instauradores de discursividades" e explicita que "eles não tornaram apenas possível um certo número de analogias, eles tornaram possível um certo número de diferenças" — mais do que isso, esses pensadores "abriram o espaço para outra coisa diferente deles e que, no entanto, pertence ao que eles fundaram" (Foucault, 2001: 281).

Foucault vai desse tipo de observação sobre discursos criadores ou discursos instauradores de algo novo (na medida em que possibilitam a diferença) até brilhantes elaborações sobre sofisticadas formas de controle da palavra em sociedades de todos os tempos. Ele passa também pelo estudo da constituição de campos de saber e de regimes de verdade, num certo tempo e lugar, e pelas mínimas formas de os sujeitos fazerem de si obra de arte, na medida de suas relações com "discursos verdadeiros" e de suas práticas com a palavra (ouvida, falada, escrita, transformada em ato ético e estético). Tudo isso tem a ver com uma muito particular concepção de discurso.

Já se vai tornando claro que o modo de tratar o tema, nesse autor, implica uma necessária flexibilidade (e ao mesmo tempo um cuidadoso rigor) daquele que aceita operar com as "coisas ditas". Refiro-me a uma indispensável abertura do pesquisador, aluno ou professor interessado para deixar de lado concepções há bom tempo arraigadas em tantos campos de saber, nas quais, certas confusões e até impropriedades se repetem:

(a) confundir discurso com fala e depoimento (ao contrário, a proposta aqui é que afirmações feitas oralmente ou por escrito, e que colhemos em nossas pesquisas, deveriam ser tratadas na condição de diferentes enunciações, relacionadas a um certo discurso — o discurso pedagógico, o discurso feminista, por exemplo —, e não propriamente como discursos);

(b) identificar a análise do discurso como um trabalho de interpretação de textos, testemunhos, imagens, o que nos permitiria fazer uma espécie de história ou apanhado de um referente qualquer;

(c) buscar, nas coisas ditas, aquilo que estaria "por trás", aquilo que maquiavelicamente ou não teria sido deturpado, manipulado ou distorcido;

(d) atribuir ao analista dos discursos a função de chegar a uma suposta verdade dos textos e das enunciações;

(e) confundir discurso e representação (discurso, no sentido foucaultiano, é um conceito mais abrangente do que o de representação, pois diz respeito ao conjunto de enunciados de determinado campo de saber; os enunciados de um discurso, por sua vez, são tecidos de inúmeros elementos, entre os quais as chamadas representações)[4];

(f) analisar discursos para chegar às "coisas", como se estas fossem um tesouro primitivo, anterior às "coisas ditas", como se as coisas estivessem lá, intocadas, e como se fosse possível chegar a elas, na sua inteireza e imutabilidade.

Ora, o que encontramos em Foucault sobre o tema do discurso coloca em debate essas questões, aqui identificadas como impropriedades. Numa perspectiva bem distinta, encontramos no filósofo a afirmação de que haveria objetos que se formam somente no interior de certo discurso, que são delineados por ele, segundo regras históricas muito específicas (Foucault, 2009a: 51). Ou seja, não se trata de tomar, digamos, um conjunto de materiais (documentos impressos, imagens, depoimentos gravados etc.) sobre um problema identificado no presente (o racismo em livros didáticos de língua portuguesa, por exemplo) e apenas fazer um levantamento de exemplificações de imagens e vocabulário, com o objetivo de demonstrar escolhas supostamente racistas dos organizadores das obras, num período previamente estabelecido. Essa é, vale dizer, uma opção legítima de trabalho, já que o estudo do léxico e da semântica em jogo certamente dará conta de vários elementos de significação, oferecidos aos sujeitos falantes de uma dada época, sobre o problema em foco. Mas a análise enunciativa

---

[4] Discuto a diferença entre discurso e representação no livro *Televisão & Educação* (Fischer, 2006). Na perspectiva de Foucault, discurso supõe um campo de saberes articulados entre si, constituídos historicamente e em meio a disputas de poder. Ora, os enunciados de um discurso podem ser analisados a partir de inúmeras formas que um discurso assume, na sua materialidade: elaborações do senso comum, afirmações da ordem dos preconceitos, imagens diversas, inclusive as chamadas representações sobre determinado objeto. Quanto às representações culturais, Stuart Hall (1997) enfatiza que elas dizem respeito às práticas culturais de produção de significados, aos modos pelos quais determinados grupos aprendem a conferir significados a situações, pessoas e acontecimentos — os quais operam na construção social de valores, à cristalização de conceitos e preconceitos, à formação de senso comum, à constituição de identidades, de gênero, geracionais, étnicas, sexuais, políticas, à produção de subjetividades.

de Foucault pretende mais — ou algo bem diferente disso: pretende chegar à complexidade das práticas discursivas e não discursivas no interior das quais se forma um dado objeto — no caso, o racismo entranhado nas instituições educacionais brasileiras, num certo tempo.

Queremos aqui sublinhar que a análise enunciativa vai adiante, anda por outros caminhos, na medida em que se ocupa de elementos superpostos, plurais, num enredo de enunciados que se cruzam, se reafirmam ou se negam mutuamente, envolvendo inclusive mais de um campo discursivo (no caso do exemplo citado, envolvendo os discursos pedagógico, religioso, político, e assim por diante). A ideia é ter o cuidado de não ir atrás daquilo que seria anterior ao próprio discurso (uma "realidade" ou uma experiência vivida a partir da qual se enunciariam certas verdades), nem apanhar as formas que, mais adiante, um discurso "x" arranjou, desta ou daquela forma. Diz Foucault (2009a: 54): "Fica-se, tenta-se ficar no nível do próprio discurso". E segue, no final do capítulo sobre a formação dos objetos, em sua *Arqueologia*:

> [...] gostaria de mostrar que o discurso não é uma estreita superfície de contato, ou de confronto, entre uma realidade e uma língua, o intrincamento entre um léxico e uma experiência; gostaria de mostrar, por meio de exemplos precisos, que, analisando os próprios discursos, vemos se desfazerem os laços aparentemente tão fortes entre as palavras e as coisas, e destacar-se um conjunto de regras, próprias da prática discursiva (Foucault, 2009a: 54-55).

É na conclusão desse trecho que o autor faz uma afirmação que já se tornou indispensável para qualquer estudioso que se valha de Foucault ao tratar do tema do discurso. É aí que o autor diz que a tarefa do arqueologista consiste no seguinte:

> [...] em não mais tratar os discursos como conjuntos de signos (elementos significantes que remetem a conteúdos ou a representações), mas como práticas que formam sistematicamente os objetos de que falam.

Certamente os discursos são feitos de signos; mas o que fazem é mais do que utilizar esses signos para designar as coisas. É esse *mais* que os torna irredutíveis à língua e ao ato de fala. É esse "mais" que é preciso fazer aparecer e que é preciso descrever (Foucault, 2009a: 55, grifos do autor).

Algumas ênfases estão postas: discurso é sempre uma prática; discursos são constitutivos das "coisas"; signos existem para além de nomear ou representar a "realidade". Mas o que será esse "além", esse "a mais", que, segundo o autor, é necessário fazer emergir e cuja descrição será a tarefa primordial do estudioso ocupado com as "coisas ditas"? Neste texto, nosso objetivo consistirá na tentativa de nos aproximarmos, tanto quanto for possível, das variadas sinalizações que Foucault nos dá, em diferentes estudos seus, sobre como operar com os discursos, nessa perspectiva tão desafiadora.

Veremos que o tema do discurso, em nosso autor, não deixa de ser tratado em praticamente nenhum de seus escritos e pesquisas. Mas, certamente, podemos eleger alguns trabalhos em que tal assunto se torna central. E é a partir dessas publicações que buscaremos pontuar suas principais contribuições para todos aqueles que se debruçam sobre o que se convencionou chamar de análise do discurso. Refiro-me aos seguintes textos: em primeiro lugar, a célebre aula de 1971 no Collège de France, *A ordem do discurso*; a obra *As palavras e as coisas*, publicada em 1966; o texto *O que é um autor?*, de 1969; *O pensamento do exterior*, de 1966; e, obviamente, o livro *A arqueologia do saber*, de 1969, que funcionará como guia das considerações principais que aqui fazemos.

1. Onde estaria o perigo da palavra?

Um pressuposto básico da análise enunciativa de Foucault é que a produção de textos, de falas, de coisas pronunciadas ou escritas, em qualquer momento da história, em qualquer lugar, nada tem de tranquilo: supõe sempre "lutas, vitórias, ferimentos, dominações, servidões", como diz o autor em sua aula *A ordem do discurso*, texto em que ele explicita uma importante hipótese de trabalho: "Suponho que em toda sociedade a produção do discurso é ao mesmo tempo controlada, selecionada, organizada e redistribuída por certo número de procedimentos que têm por função conjurar seus poderes a perigos, dominar seu acontecimento aleatório, esquivar sua pesada e temível materialidade" (Foucault, 2009b: 8-9).

Nessa hipótese, já temos um excelente ponto de partida para pensar melhor aquele "a mais" de que Foucault trata na *Arqueologia*. Ao contrário do que, à primeira vista, poderia nos parecer, a tarefa de descrever os mecanismos de controle, de exclusão, de proibição ou de delimitação dos discursos não consistiria em trazer à tona meramente a "repressão" ao que se desejou dizer ou se disse. A proposta que vamos ler em diferentes trabalhos de Foucault consiste bem mais em multiplicar os próprios discursos, na medida em que o estudioso se debruça sobre documentos de todos os tipos e vai expondo, minuciosamente, toda a produção de práticas, discursivas e não discursivas, pelas quais se procurou ajustar o que poderia e o que deveria ser dito, justamente porque haveria sempre um perigo jamais plenamente controlável no que se diz.

Assim, se pensarmos no exemplo exposto nos primeiros parágrafos deste texto, sobre o racismo nos livros didáticos de língua portuguesa, interessaria ao analista do discurso, à moda de Foucault, o caráter produtivo de toda uma discursividade histórica afirmadora das práticas excludentes dos negros no Brasil, por exemplo. Mais do que buscar os exemplos explícitos de práticas racistas na escolha dos textos e ilustrações didáticas, a ideia seria multiplicar as coisas ditas nesses materiais, descrevendo as variadas estratégias de composição dos livros, em articulação com produções relacionadas a outras disciplinas (a de história, por exemplo), e com documentos pedagógicos das instituições escolares, num determinado tempo. A tentativa seria a de mostrar que, ao controlar o discurso antirracista (uma forma de "perigo" para as práticas conservadoras da sociedade, ainda hoje), os procedimentos de exclusão consistem também em incluir novos enunciados sobre o tema — enunciados que, por sua vez, não são "puros" nem inequívocos. Nos dias atuais, o discurso do "politicamente correto" certamente deveria fazer parte de uma análise como a que é aqui exemplificada. Todos os ajustes nos textos, todas as formas de arranjo, mais do que negar ou proibir algo, existem como proposição, como afirmação. E, nesse sentido, constituem práticas que vão formando os objetos de que falam — no caso, o objeto do racismo no âmbito escolar.

Para Foucault, interessa esse jogo, essa luta constante, em que as coisas ditas se mostram nessa condição de desejo e poder: desejo de "ter" a verdade, poder de afirmá-la, num movimento permanente pela circulação e pela imposição de sentidos "verdadeiros" (com o correlato movimento de controle dos tantos outros sentidos possíveis, muitas vezes perigosos, que podem escapar). Nesse jogo, as posições são móveis e precisam ser vistas na sua horizontalidade, sem desconhecer-se que na correlação de forças entre quem afirma e quem "ouve" ou "lê" há sempre um polo que momentaneamente se sobrepõe ao outro, mas jamais numa condição estática e permanente, por nenhuma das partes. Assim, por exemplo, no cotidiano escolar, por mais que institucionalmente seja atribuído ao professor um lugar de quem decide o que é correto e o que não o é, existe o risco constante de sua voz ser desacreditada, de ela ser colocada em dúvida pelo aluno — isso em relação a qualquer tema ou situação. Para Foucault, interessa sobremaneira essa mobilidade, sem que com isso caiamos num relativismo e não percebamos a força de certas verdades e certas posições de sujeito.

2. O sujeito do discurso: uma posição a ser ocupada

Um dos procedimentos pelos quais se faz o controle dos discursos é o que se refere às minuciosas regras que se criam no interior de determinados campos de saber, segundo as quais se define quem pode ter acesso a certos discursos ou quem atende às exigências que lhe permitem "entrar na ordem discursiva x". Trata-se aqui daquilo que Foucault chamou de "sociedades do discurso" em sua aula de 1971: por um lado, aqueles ditos "escritores", que teriam um *status* bastante diferenciado dos simples mortais, numa dissimetria que opõe criadores a usuários comuns do sistema linguístico; de outro, as "sociedades" exclusivistas, como ocorre com a medicina, em que um tipo de saber circula de modo a impedir a livre apropriação do discurso especializado. Mesmo num espaço destinado à circulação mais aberta dos discursos, como poderia ser o caso da escola e das universidades, considerando-se o direito social dos cidadãos à livre informação, sabe-se que "todo sistema de educação é uma maneira política de manter ou de modificar a apropriação dos discursos, com os saberes e poderes que eles trazem consigo" (Foucault, 2009b: 44).

Assim, na análise do discurso foucaultiana, falar de sujeito do discurso é, igualmente, multiplicar o sujeito, mostrar as diferentes formas de pensá-lo: quem fala neste texto? E de que lugar fala? De que autoridade se investe alguém para falar aqui e não em outro espaço? Quem pode falar sobre isto? Quais as regras segundo as quais a alguém é permitido afirmar isto ou aquilo, neste ou naquele lugar? Quando fazemos essas perguntas, assumimos um modo foucaultiano de complexificação do tema do sujeito — no nosso caso, aqui, o tema do sujeito dos discursos —, contrariamente à concepção de história na qual se faz "da consciência humana o sujeito originário de todo o devir e de toda prática são as duas faces de um mesmo sistema de pensamento" (Foucault, 2009a: 14).

Tal modo de fazer e pensar a história tem consequências relevantes para os estudos de análise do discurso foucaultiana, já que se toma aqui como pressuposto que não haveria uma "atividade sintética" por parte de um "sujeito soberano", possível de ser encontrada, muitas vezes, não só na reconstrução histórica de certos fenômenos como numa simples análise de depoimentos em pesquisas acadêmicas. Assim, aquilo que algumas pessoas proferiram, a propósito de certo fato ou assunto, será visto não como a afirmação individual e soberana de "sujeitos da própria história", mas antes como um conjunto de enunciações, numa dada cena — minúsculas construções linguísticas analisadas por dentro de um certo discurso (literário, econômico, pedagógico, religioso etc.). Diante de tais enunciações, haveremos de indagar-nos: quem fala aqui? De que lugar ele ou ela fala? Como se situa esse falante, numa escala em que, social e institucionalmente, se pode garantir *a priori* que sua manifestação é mais (ou menos) verdadeira? Qual o *status* desse indivíduo, considerando-se o âmbito institucional em que se insere e de onde enuncia algo?

Tais perguntas, dentre tantas outras possíveis, vão nos mostrando a operação de multiplicar o sujeito do discurso, no decorrer de nossa análise enunciativa. O objetivo é, portanto, afastar-se de uma concepção segundo a qual o acesso a determinados testemunhos ou respostas a questionários, por exemplo, nos conduziriam *per se* a uma verdade, de um sujeito indiviso e completo. No lugar disso, Foucault nos aponta que se trata é de "posições do sujeito", no interior de determinadas modalidades de enunciação, as quais sempre nos remetem não a uma síntese nem à "função unificante" de um sujeito, mas a uma dispersão (Foucault, 2009a: 61). Em outras palavras: o sujeito do discurso não é uma pessoa, alguém que diz alguma coisa; trata-se antes de uma posição que alguém assume, diante de um certo discurso. Ora, essa posição se dispersa em várias cenas enunciativas, que o analista do discurso se encarregará de descrever. O importante é mostrar essa multiplicação do enunciado, nesse caso, a partir das posições de sujeito.

Lembro aqui, por ocasião da elaboração de minha pesquisa de doutorado (que tratou dos discursos de diferentes mídias a respeito do público adolescente), quantas vezes as pessoas me perguntavam: "Mas não vais ouvir os sujeitos? Não vais até a 'realidade'?". O pressuposto, nessas observações críticas, era o de que analisar uma revista como a *Capricho*, só para citar um dos materiais estudados, significava permanecer na periferia do "real"; mais do que isso, apontava para uma ausência da "verdadeira" voz de um "sujeito" que, este sim, sintetizaria um dado de "realidade". Tentei mostrar em minha tese (Fischer, 1996) que havia uma dispersão do sujeito em relação àquela discursividade pela qual se construía uma espécie de adolescência de classe média urbana na primeira metade dos anos 1990. Diferentes vozes se faziam ouvir naquelas revistas, programas de TV, jornais, assumindo a posição de sujeito de um certo discurso.

Passados mais de 15 anos desde a realização da tese, creio que já nos familiarizamos bastante com a análise dos chamados artefatos culturais, sem vê-los como algo à parte da tão amada "realidade". Revistas, programas de televisão, peças publicitárias são tão "reais" quanto pessoas de carne e osso que respondem a questionários, participam de entrevistas e nos oferecem informações para nossa pesquisa. Mesmo assim, percebo que o *status* dos depoimentos (como única ou soberana fonte da "verdade") permanece, embora já se perceba que, em grande parte das pesquisas em que se usam diferentes propostas de análise do discurso (fundamentadas, por exemplo, em Pêcheux, Fairclough, Maingueneau, entre outros), a busca da multiplicação das coisas ditas e da dispersão dos sujeitos venha se mostrando bastante presente, além de muito produtiva.

Dados de investigações feitas a partir de 2008 com jovens estudantes de Pedagogia sobre sua relação com o cinema podem ser trazidos aqui a título de exemplificação. Quando indagados, por meio de questionário escrito, sobre a utilização de filmes na escola, um percentual bastante significativo dos entrevistados afirmou que o principal objetivo seria o de ilustrar os conteúdos trabalhados ou então tornar as aulas "menos monótonas". Já nos grupos de recepção (em que debatemos certo tema com os sujeitos de nossas investigações — no caso, combinando os debates com a exibição de filmes), o que chamou mais nossa atenção foi o entendimento do que seria, para eles, a "verdade" ou a "realidade" das imagens[5]. Nos depoimentos, es-

---

[5]   Desde os anos 1980, na área da comunicação, crescem os chamados estudos de recepção, marcados na sua origem especialmente pelo pensamento de pensadores da América Latina, do campo dos estudos culturais, como Jesús Martín-Barbero (ver a clássica obra *Dos meios às mediações*, editada pela UFRJ, 2009), entre tantos outros. A proposta, em linhas bem gerais, consiste na escuta dos diferentes grupos sociais,

tudantes falaram sobre a busca da "verdade dos fatos" em filmes e outras narrativas audiovisuais, associando tal fato à utilização das imagens audiovisuais na escola com o objetivo de tornar o ensino "mais concreto", "mais agradável" ou então "mais próximo da realidade do aluno" — só para citar as respostas recorrentes das entrevistadas. Algumas alunas chegaram a manifestar que, para elas, era praticamente impossível usar um filme em sala de aula sem que aquelas cenas não estivessem atreladas a um objetivo utilitário, estritamente curricular e "conteudista" (Fischer, 2011).

Ao analisar tais depoimentos e dados de questionários, na perspectiva aqui assumida, e considerando-se o tópico sobre o sujeito, temos presente que, como nos diz Foucault, o discurso não é a manifestação majestosa "de um sujeito que pensa, que conhece, e que o diz: é, ao contrário, um conjunto em que podem ser determinadas a dispersão do sujeito e sua descontinuidade em relação a si mesmo" (Foucault, 2009a: 61). Seguindo nosso exemplo: as estudantes, ao enunciarem um dito em que sobressai o regime instrumental da arte cinematográfica, nos falam de um sujeito-estudante-de-Pedagogia que se dispersa, que também se multiplica, exatamente na medida em que um determinado saber se faz verdade naquelas jovens, a ponto de elas mesmas se surpreenderem com a impossibilidade de fazerem diferente do que foi aprendido, mesmo que "saibam" que poderia haver outra forma de trazer o cinema para a escola.

No conhecido prefácio à edição inglesa de *As palavras e as coisas*, Foucault nos diz que os discursos dizem respeito a um "inconsciente positivo do saber", a algo que "escapa à consciência do pesquisador" (Foucault, 2000: 184). Veyne desenvolve esse argumento, explicitando que "inconsciente" aqui equivale a "implícito": "O discurso mal nomeado, essa espécie de inconsciente, é justamente aquilo que não é dito e

---

em relação às mídias, de modo que se produzam análises mais amplas dos processos comunicacionais, com o foco nas diferentes mediações em jogo; esses estudos, portanto, consideram simultaneamente o polo da produção e o da recepção da TV, dos jornais, do cinema, e assim por diante.

que permanece implícito" (Veyne, 2009: 23). Então, ao arqueologista foucaultiano interessa questionar essa relação direta entre discurso e coisa enunciada, e ir além, substituindo a fórmula "X dizia ou X pensava que" por um "sabia-se que", "dizia-se que" (Foucault, 2000: 187). Em *As palavras e as coisas*, o filósofo está tratando dos grandes discursos da gramática, da economia e da biologia, mas podemos trazer essa discussão para discursos contemporâneos, como o pedagógico (e para além das figuras de autoridade desse discurso, como Paulo Freire, no caso do pensamento brasileiro em educação). Assim é que nos interessa não tanto a frase proferida pela aluna, mas o "diz-se" do discurso pedagógico, na cena da pesquisa, em que a jovem se afirma *sujeito* de um saber — que ela, aliás, identifica como "mais forte" do que ela.

3. Relevância do enunciado

Vimos usando, sem explicitar devidamente, a palavra *enunciado*. Ora, na maioria das formulações sobre o tema do discurso, Foucault refere-se ao enunciado. No capítulo "Definir o enunciado", de *A arqueologia do saber*, o autor se indaga: seria o enunciado a unidade elementar do discurso? Como distinguir enunciado de frase, ou de proposição ou ainda de enunciação (ou *performance* verbal)? Ele mesmo admite que multiplicou as definições de discurso, mas sempre com o enunciado em evidência: discurso como "domínio geral de todos os enunciados"; discurso como "grupo individualizável de enunciados" ou como prática regulada que daria conta de um certo conjunto de enunciados (Foucault, 2009a: 90). Mais adiante, no capítulo destinado à descrição dos enunciados, Foucault escreve: "Chamaremos de discurso um conjunto de enunciados, na medida em que se apoiem na mesma formação discursiva" (Foucault, 2009a: 132). Diz também que um discurso é "constituído de um número limitado de enunciados para os quais podemos definir um conjunto de condições de existência" (Foucault, 2009a: 132-133).

Essas diferentes apresentações do discurso sublinham a relevância do enunciado para a análise arqueológica. Mais do que isso, deixam muito claro que tratar do discurso é tratar de uma história, de um fragmento da história, num certo campo de saber, que se movimenta simultaneamente numa continuidade e numa descontinuidade. Como nos lembra Veyne (1982), a concepção de discurso em Foucault traz uma contribuição originalíssima para os historiadores, na medida em que desmonta as afirmações de "eternidade" para os objetos: "a literatura através dos tempos", "a mulher no decorrer dos séculos", "a criança desde os primórdios da humanidade" — como se houvesse uma essência de literatura, mulher e criança que iria se modificando conforme épocas e lugares.

Ao centralizar o tema do discurso no conjunto de "condições de existência" de certos enunciados, dentro de um certo "domínio" (ou campo de saber), Foucault já nos encaminha para modificações que ele fará ao longo de sua obra, a partir dessas primeiras elaborações estritamente arqueológicas. Há uma ênfase no caráter histórico dos discursos e dos enunciados, que se acentuará cada vez mais nas formulações do autor. Como registra Castro (2009), em seu *Vocabulário de Foucault*, assumem importância decisiva os conceitos de dispositivo e de prática na trajetória do filósofo, o que nos levaria a conferir atenção às variações do próprio conceito de discurso, nas diferentes obras, reunidas em torno dos principais "momentos" do autor — sua arqueologia, sua genealogia e sua ética.

Feita essa observação, voltemos ao conceito de enunciado: ele é claramente distinguido de outras unidades como a frase, a proposição lógica ou o ato de fala. Algumas vezes poderá ocorrer que uma frase, dita no interior de uma cena cotidiana, por exemplo, poderá confundir-se com um enunciado, mas isso não quer dizer que se trata de uma plena identificação entre ambos. Digamos que, numa situação de assalto de rua, um homem negro e pobremente vestido seja visto nas imediações, correndo; ouve-se alguém de imediato comentar: "Eu vi o assaltante, olhem o cara, aquele negro correndo ali". Independentemente da veracidade dos fatos, a frase proferida insere-se numa discursividade mais ampla, relativa ao discurso racista que ainda persiste entre nós. Para Foucault, um enunciado "atravessa" unidades como a frase ou o ato de fala. Trata-se de:

> [...] uma função de existência que pertence, exclusivamente, aos signos, e a partir da qual se pode decidir, em seguida, pela análise ou pela intuição, se eles "fazem sentido" ou não, segundo que regra se sucedem ou se justapõem, de que são signos, e que espécie de ato se encontra realizado por sua formulação (oral ou escrita) (Foucault, 2009a: 98).

Em outras palavras, o ato de fala ("Eu vi o assaltante, olhem o cara, aquele negro correndo ali") praticamente se confunde com um enunciado do discurso racista, que poderia assim ser formulado: "Homens pobres, negros e jovens, em geral, são os primeiros suspeitos em caso de assalto". Esse enunciado seria, antes, uma função, "uma função que cruza um domínio de estruturas e de unidades possíveis e que faz com que [estas] apareçam, com conteúdos concretos, no tempo e no espaço" (Foucault, 2009a: 98).

Não haveria, como talvez se pudesse supor, uma causalidade, ou uma sequência linear, ou mesmo um domínio "maior", do conjunto de enunciados de um discurso em relação aos atos de fala. Não há essa derivação direta, já que os discursos não preexistem às cenas enunciativas: eles as constituem permanentemente, e na mesma medida são constituídos por elas. No exemplo proposto, pode-se dizer que a multiplicação das enunciações em torno da sequência "homem-negro-pobre-jovem-assaltante", com todas as variações imagináveis em torno desse preconceito, não só evidencia tal discurso como o reforça e o modifica, continuamente — por exemplo, com novos acréscimos, relativos às novas lutas e conquistas sociais, como as relacionadas ao discurso dos direitos humanos. Assim é que se ouvem frases como estas: "Deviam estar trabalhando, em vez de assaltar"; "Pior é que esses vagabundos hoje têm gente que os defende"; "Agora não dá pra dizer nada, sempre tem alguém dos direitos humanos pra defender essa gente" — e assim por diante.

No âmbito da análise do discurso foucaultiana, além de se impor como essa "função de existência", o enunciado é sempre um acontecimento:

> Por mais banal que seja, por menos importante que o imaginemos em suas consequências, por mais facilmente esquecido que possa ser após sua aparição, por menos entendido ou mal decifrado que o suponhamos, um enunciado é sempre um acontecimento que nem a língua nem o sentido podem esgotar inteiramente (Foucault, 2009a: 31).

Não nos estenderemos aqui na definição de formações discursivas em Foucault. Mas não podemos deixar de nos referir a elas, quando tratamos do enunciado como acontecimento. Quando optamos por analisar um conjunto de materiais sobre determinado tema, temos em vista, sempre, que estaremos localizando essas enunciações dentro de um determinado espaço discursivo, ou de um campo discursivo, ou ainda, dentro de um campo de saber[6]. Assim, podemos falar em discurso publicitário, discurso econômico, discurso político, discurso feminista, discurso psiquiátrico, discurso médico, discurso pedagógico, discurso da moda, discurso ecológico, discurso da sustentabilidade, e assim por diante. Com isso, estamos afirmando que cada um deles compreende um conjunto de enunciados, apoiados num determinado sistema de formação ou formação discursiva: da economia, da ciência política, da medicina, da pedagogia, da psiquiatria, da ciência ecológica etc. Isso, porém, não significa definir essas formações como disciplinas ou como sistemas fecha-

---

[6] Utilizo aqui a classificação proposta por Maingueneau quanto à amplitude dos conjuntos discursivos: o autor distingue *universo discursivo* — correspondente a todas as formulações discursivas que circulam numa dada conjuntura; *campo discursivo* — o grupo das formações discursivas em luta; e *espaço discursivo* — o subconjunto de um determinado *campo discursivo*, onde é possível registrar presença de pelo menos duas formações, cujo embate é fundamental para a eficácia (e compreensão) dos discursos considerados (Maingueneau, 2005). Refiro-me também a *campo de saber*, entendendo que se trata de formações discursivas específicas, já clássicas, como o campo de saber da filosofia, da matemática, e assim por diante.

dos em si mesmos. No caso dos discursos ecológico e feminista, por exemplo, mesmo que não se possa falar na tradição de uma área específica, pode-se dizer que seus enunciados têm força de "conjunto" e se situam como novos campos de saber, os quais tangenciam mais de uma formação. Como escrevi em outro texto (Fischer, 2001), a formação discursiva deve ser vista, antes de qualquer coisa, como o "princípio de dispersão e de repartição" dos enunciados (Fischer, 2001: 124), segundo o qual se "sabe" o que pode e o que deve ser dito, dentro de determinado campo e de acordo com certa posição que se ocupa nesse campo. Ela funcionaria como uma "matriz de sentido", e os falantes nela se reconheceriam, porque as significações ali lhes parecem óbvias, "naturais".

Assim é que nossos atos de fala — como o que reforça o preconceito em relação a pessoas negras e pobres, citado anteriormente — se inscrevem no interior de algumas formações discursivas e de acordo com um certo regime de verdade, o que significa que estamos sempre obedecendo a um conjunto de regras, dadas historicamente, e afirmando verdades de um tempo. As "coisas ditas" não se afastam das dinâmicas de poder e saber de seu tempo. Foucault, a partir dessa premissa, recusa a (tão comum) confusão entre práticas discursivas e expressão de ideias e pensamentos. Exercer uma prática discursiva significa falar segundo determinadas regras e expor as relações que se dão dentro de um discurso. Escreve Foucault que o conceito de prática discursiva vincula-se diretamente a "um conjunto de regras anônimas, históricas, sempre determinadas no tempo e no espaço, que definiram, em dada época e para determinada área social, econômica, geográfica ou linguística, as condições de exercício da função enunciativa" (Foucault, 2009a: 133).

Façamos, neste momento, uma síntese, conforme o que nos ensina Foucault em sua *Arqueologia*. Para começar, não há enunciado que não esteja apoiado em um conjunto de signos. Mas sigamos adiante. O que importa é o fato de que essa "função de existência", o enunciado, se caracteriza por quatro elementos básicos: ele sempre diz respeito a um referente (ou seja, a um princípio de diferenciação), a um sujeito (no sentido de uma "posição" a ser ocupada) e a um campo associado (isto é, ele sempre coexiste com outros enunciados); e ele sempre está relacionado a uma materialidade específica — por tratar de coisas efetivamente ditas, escritas, gravadas em algum tipo de material, passíveis de repetição ou reprodução, ativadas através de técnicas, práticas e relações sociais.

Um enunciado como "Homens pobres, negros e jovens, em geral, são os primeiros suspeitos em caso de assalto", referido anteriormente, certamente é feito de signos, de palavras. Mas, para Foucault (2009a), interessa sua condição mesma de enunciado, em seus quatro elementos básicos:

(1) a referência a algo que identificamos (o referente, no caso, a figura de um jovem negro e pobre confundido com assaltante);

(2) o fato de ter um sujeito, alguém que pode efetivamente afirmar aquilo (muitas pessoas, de diferentes condições sociais, ocupam o lugar de sujeito desse enunciado e, explicitamente ou não, se reconhecem nesse "dito"; cenas de telenovelas, depoimentos em telejornais de pessoas que sofreram assalto, piadas contadas em mesa de bar — não se cansam de multiplicar tal enunciado, mostrando indivíduos que se reconhecem nesse "dito");

(3) a materialidade do enunciado, as formas muito concretas com que ele aparece, nas enunciações que aparecem em textos jornalísticos, em situações cotidianas em escolas e universidades, nas mais diferentes situações, em diferentes épocas;

(4) o fato de o enunciado não existir isoladamente, mas sempre em associação e em correlação com outros enunciados, do mesmo discurso (no caso, o discurso racista) ou de outros discursos (por exemplo, o discurso da economia, dos direitos humanos, do "politicamente correto", ou mesmo o discurso de diferentes movimentos sociais, como o movimento negro, e assim por diante).

Lembro aqui um comentário do músico brasileiro Leo Jaime, em seu *blog*, em que ele enuncia: "Gordo é o novo preto", em clara referência a um movimento norte-americano, chamado "*Fat is the new black*"[7]. Certamente se poderiam incluir na análise do discurso racista as correlações possíveis com outros discursos preconceituosos e intolerantes, como os que discriminam pessoas gordas. Relevante é a associação entre negros e gordos — como se a ojeriza a homens e mulheres obesos estivesse na mesma ordem da rejeição a negros.

É preciso insistir: não há um espaço homogêneo para os enunciados de um determinado discurso, justamente porque há um incessante movimento das coisas ditas, dos saberes, dos discursos, mesmo que estejamos falando de dentro de um certo campo discursivo, como o histórico, o pedagógico, o religioso, ou como o do discurso feminista, do racismo no Brasil, e assim por diante. Sempre se trata, para Foucault, de transversalidades, de práticas na diagonal: enunciados de um mesmo campo podem chocar-se uns com os outros, inclusive contradizer-se mutuamente; enunciados de um discurso sempre estarão de alguma forma em correlação com outros, de outras configurações de saber. Daí a ideia de transversalidade e de espaços em diagonal. Veja-se, a título de exemplo, o fato citado no parágrafo anterior, a enunciação de Leo Jaime de que "gordo é o novo preto": ele se insere tanto na discursividade do campo da moda e da medicina, como na discursividade do preconceito racial, contra negros. Trata-se de uma frase, também de uma *performance* verbal, numa dada cena enunciativa, que tem a sua materialidade muito específica (a disseminação via internet, pelo *blog* do músico), e que acaba por sacudir as bases do discurso crítico racista e, ao mesmo tempo, por reforçá-lo.

Dito de outra forma, operar com enunciados consiste num trabalho quase insano com a linguagem, um trabalho à moda de Sísifo — não porque, como diz Foucault, as enunciações sejam imperfeitas

---

[7] Cf. o *blog* de Leo Jaime <http://leojaime.blog.uol.com.br/arch2011-03-13_2011-03-19.html>, acesso em 2 de julho de 2013.

e não consigam reproduzir à perfeição o visível. É que visibilidades e coisas ditas são irredutíveis umas às outras. Na introdução ao livro *As palavras e as coisas,* no célebre texto sobre *Las meninas,* de Velásquez, o filósofo escreve:

> [...] por mais que se diga o que se vê, o que se vê não está jamais no que se diz, e por mais que se faça ver por imagens, metáforas, comparações o que se vai dizer, o lugar onde elas resplandecem não é aquele que os olhos percorrem, mas aquele que as sucessões da sintaxe definem (Foucault, 2001: 201-202).

Mas que a condição de impossibilidade de redução das coisas às palavras e das palavras às coisas não nos desanime: está aí justamente a riqueza da análise enunciativa foucaultiana. A minuciosa operação com as enunciações, as posições de sujeito, a complexidade de dada formação discursiva, as práticas não discursivas — situando historicamente certo campo de saber que emerge para nós como digno de ser estudado —, pode levar-nos a fazer avançar o conhecimento quanto a esse espaço específico. Mais do que isso: poderá fazer-nos pesquisadores que mobilizam o pensamento dos próprios teóricos que orientam nossa pesquisa. Certamente, nenhum deles terá se debruçado sobre os mesmos materiais que escolhemos. Aí está grande parte do desafio e do prazer da criação acadêmica.

4. Por que a insistência nas práticas (discursivas e não discursivas)?

Em Foucault, o debate em torno do discurso é inseparável de uma discussão genuinamente política. Para o filósofo, não se trata de buscar, por trás do discurso e dos enunciados, o poder, um poder — como se cada coisa dita (no sentido tanto das enunciações concretas como dos próprios enunciados) remetesse a uma suposta fonte certeira daquele discurso. Foucault deseja enfatizar o discurso como prática e, nesse afã, tece uma complexa argumentação em torno da afirmação de que não haveria poder de um lado e discurso de outro. Vejamos esta passagem, de uma entrevista de 1978, intitulada "Um diálogo sobre o poder", em que Foucault fala a estudantes de Los Angeles, nos Estados Unidos:

> O tipo de análise que pratico não trata do problema do sujeito falante, mas examina as diferentes maneiras pelas quais o discurso desempenha um papel no interior de um sistema estratégico em que o poder está implicado, e para o qual o poder funciona. Portanto, o poder não é nem fonte nem origem do discurso. O poder é alguma coisa que opera através do discurso, já que o próprio discurso é um elemento em um dispositivo estratégico de relações de poder (Foucault, 2003: 252).

Nessa mesma entrevista, o autor enfatiza a íntima relação entre discurso e poder, sintetizando o que escreveu em tantos outros textos, sobre o discursivo e o não discursivo: não haveria algo externo aos discursos, como se este possuísse uma espécie de interioridade; ou, ao contrário, não haveria o "interior" das práticas concretas e a sua representação exterior, pelos discursos. O exemplo fartamente utilizado em seus textos, relativo ao tema da loucura, é bastante ilustrativo: para ele, o importante era "examinar o discurso sobre a loucura, as instituições que dela se encarregaram, a lei e o sistema jurídico que a regulamentaram" (Foucault, 2003: 254), e assim por diante.

Como tão bem escreve Deleuze (1991), a análise enunciativa funciona em diagonal: trata das práticas discursivas e não discursivas simultaneamente, vendo-as como atravessadas umas pelas outras. É como se acompanhássemos os enunciados movendo-se de um lado a outro e de cima abaixo, sem jamais se cristalizarem numa fixidez rígida. Pelo contrário, eles aparecerão no decorrer de nossa análise formando, de modo incessante, figuras, novas figuras, exatamente na diagonal de um certo discurso e em relação a outros campos de saber, que não deixam de imiscuir-se nas coisas ditas sobre aquele tema em foco. Assim, podemos dizer, por exemplo, que as práticas institucionais que caracterizam o funcionamento de agência de modelos do mundo *fashion*, na seleção dos rostos e corpos para as fotos e desfiles, não se separam das práticas discursivas médicas, econômicas, estéticas, que definem e justificam, muitas vezes em nome da ciência e da saúde, parâmetros de beleza de uma certa época, ao mesmo tempo em que enunciam preconceitos quanto a pesos, coloração de pele e medidas desses mesmos corpos.

A análise enunciativa se ocupará, "diagonalmente", das diferentes cenas enunciativas em que se nomeiam corpos desta ou daquela maneira, recolhendo a multiplicidade das formulações linguísticas e imagéticas sobre o tema em foco. Nela, nos ocuparemos em descrever, simultaneamente, não só enunciados correlatos de outros campos de saber (como a medicina, por exemplo, mostrando os males da obesidade ou de alguém simplesmente estar "acima do peso"), mas todos os detalhes de um conjunto de práticas institucionais, que se multiplicam à exaustão e sem controle (as clínicas estéticas, as academias de ginástica, os cadernos de moda e de saúde nos jornais e revistas, além de programas especiais na televisão, as novas especialidades médicas para cuidar do corpo etc.).

Lembro, mais uma vez, o texto do músico Leo Jaime ("Gordo é o novo preto"): se poderia dizer que suas palavras se inserem no âmbito dos discursos de resistência à norma vigente dos corpos esguios e, como tais, desejáveis pelo mercado e por todos aqueles que se tornam sujeitos dessa norma. Seja em exemplos simplórios como esse, seja quando se trata de complexos campos discursivos, estamos sempre diante de uma concepção de discurso como luta: luta pela imposição de sentidos, pela interpelação de sujeitos[8], pela conquista de voz

---

[8] O tema da interpelação do sujeito nos remete imediatamente a Althusser e a toda a sua discussão sobre o funcionamento da ideologia como um sistema que envolve, primordialmente, um trabalho de chamamento dos indivíduos para que se tornem sujeitos de certas posições ideológicas e nelas se reconheçam. Em Foucault, o tema da ideologia tem uma dimensão bastante diferente, já que ele supõe que a ideologia

ou da vantagem econômica. Portanto, o discursivo e o não discursivo se interpenetram, coexistem, não operam um sem o outro, nesse movimento incessante de chamamento dos sujeitos, para que estes exatamente se tornem sujeitos de certas verdades, de determinados discursos.

Descrever enunciados de um discurso, nessa perspectiva, consistirá em dar conta das especificidades aqui tratadas; consistirá em apreendê-los como acontecimento, como algo que irrompe num certo tempo, num certo lugar. Pelo fato de pertencerem a uma certa formação discursiva, tais enunciados serão vistos dentro de uma espécie de "organização", a qual, entretanto, não se confunde com uma grande unidade, mas que, de qualquer forma, precisará ser demarcada, individualizada. Como escreve Foucault, "a análise do enunciado e a da formação discursiva são estabelecidas correlativamente", porque "a lei dos enunciados e o fato de pertencerem à formação discursiva constituem uma única e mesma coisa" (Foucault, 2009a: 132). Por formação discursiva ou sistema de formação, compreende-se:

> [...] um feixe complexo de relações que funcionam como regra: ele prescreve o que deve ser correlacionado em uma prática discursiva, para que esta se refira a tal ou qual objeto, para que empregue tal ou qual enunciação, para que utilize tal conceito, para que organize tal ou qual estratégia. Definir em sua individualidade singular um sistema de formação é, assim, caracterizar um discurso ou um grupo de enunciados pela regularidade de uma prática (Foucault, 2009a: 82-83).

Não se trata apenas de descrever a verdade ou o sentido dos discursos, mas, sobretudo, de fazer sua história. E isso tem uma relação direta com o entrecruzamento do discursivo e do não discursi-

---

seja um dentre tantos outros elementos de um certo discurso. No entanto, a temática da interpelação permanece extremamente relevante, no sentido mais amplo de propor aos indivíduos e aos diferentes grupos sociais estratégias pelas quais eles são chamados a se posicionar como sujeitos deste ou daquele enunciado.

vo: estamos falando aqui de uma economia dos discursos, de uma produtividade visível das coisas ditas, na medida em que se trata da inseparabilidade entre vida e pensamento, de práticas institucionais e enunciados-verdade, de posições de sujeito e de forças que se exercem no sentido da interpelação dos agentes para a posse e a afirmação de um discurso "como seu". Trata-se, sobretudo, da relação entre continuidade e descontinuidade histórica, como orientação fundamental para a análise dos discursos, o que implica acompanhar as coisas ditas naquilo que se refere às linearidades, reforços, reafirmações de um certo campo de saber e, simultaneamente, ao que irrompe, às rupturas nesse mesmo discurso. Sobre um dos exemplos tratados neste texto, poderíamos perguntar, então: quais as linhas de força na história do discurso racista em relação aos negros, no Brasil? Como se dão as descontinuidades nesse discurso? Que novos enunciados emergem e quando?

Veja-se, a título de ilustração, algo que é tratado como inédito na história do telejornalismo na Rede Globo de Televisão. No momento em que a jornalista Fátima Bernardes decide deixar o *Jornal Nacional*, em dezembro de 2011, a mídia faz uma retrospectiva e inclui nessa memória a inclusão, pela primeira vez, de um apresentador negro na Globo (*i.e.*, Heraldo Pereira), havia 10 anos (Zero Hora, 2011). Analisando esse simples fato (*i.e.*, tais cenas enunciativas), pode-se explorar o tema que aqui nos ocupa, do discurso racista no Brasil: é "preciso" que a Rede Globo rememore o primeiro negro na bancada do *Jornal Nacional*, por várias razões, mas citemos apenas duas. As lutas sociais no país, nos últimos vinte anos pelo menos, certamente tiveram seus ganhos, e não há como negá-las (polêmicas ou não, as cotas raciais e sociais nas universidades públicas estão aí e não podem desvincular-se da presença, a partir de 2002, de um negro no telejornalismo da Rede Globo). Ou seja, há uma força no social que interpela a própria mídia e a faz adequar-se, objetivamente, ao que emerge no social. Por outro lado, a lembrança do fato, pela mídia, especialmente pela própria Rede Globo, expõe a ferida do racismo e, contraditoriamente, a sua permanência viva, já que Heraldo Pereira ainda é uma excepcionalidade, tanto que precisa ser reforçada. As conquistas feministas, por exemplo, já mais sólidas na vida da sociedade brasileira, não mereceram entrar na retrospectiva.

É possível mais uma vez ressaltar a intrincada relação entre teoria e prática, discurso e poder, enunciado e história, na concepção de Foucault. Para ele, o discurso é sempre um "bem":

> [...] um bem — finito, limitado, desejável, útil — que tem suas regras de aparecimento e também suas condições de apropriação e de utilização; um bem que coloca, por conseguinte, desde sua existência (e não simplesmente em suas 'aplicações práticas') a questão do poder; um bem que é, por natureza, o objeto de uma luta, e de uma luta política (Foucault, 2009a: 136-137).

Um analista de discurso que se apoie em Foucault é alguém que se ocupa com multiplicidades — multiplicidades de coisas ditas, de enunciações, de posições de sujeito, de relações de poder, implicadas num certo campo de saber[9]. É alguém que aceita a fragilidade e, ao mesmo tempo, o vigor dos enunciados, entendendo que dizer que "as coisas não têm o mesmo modo de existência, o mesmo sistema de relações com o que as cerca, os mesmos esquemas de uso, as mesmas possibilidades de transformação depois de terem sido ditas" (Foucault, 2009a: 140). Esse analista-arqueologista opera com a precariedade das coisas ditas e aceita, pacientemente, descrever as ínfimas relações postas em jogo num determinado discurso. Assume como "atitude técnica" a humildade ensinada por Clarice Lispector, que nos diz: "Humildade como técnica é o seguinte: só se aproximando com humildade da coisa é que ela não escapa totalmente" (Lispector, 2004: 62).

---

[9] Em um texto sobre o discurso em Foucault, publicado em 2001, desenvolvi mais demoradamente o tema da "multiplicação" dos enunciados, relacionando-o ao tema da heterogeneidade discursiva (cf. Fischer, 2001).

Por que essa atitude? Porque o estudioso dos discursos recusa procurar verdades "por baixo" dos panos e dos textos, como se ali estivesse intocada, esquecida ou escondida, uma fervilhante vida que nos seria supostamente negada. Com tranquilidade e afinco, o estudioso procurará deter-se no emaranhado de um feixe de relações, a respeito do seu tema de atenção, e com base em claras perguntas teóricas que faz a ele e sobre ele. Tal feixe de relações inclui uma articulação de enunciados e práticas, enunciados e técnicas, quanto a certo objeto. Resultará daí um mapa que, inevitavelmente, apontará para regiões que aparentemente se mostrarão como "exteriores", "concretas", ligadas a instituições e a toda a sua trama de poder e produção de subjetividades. Mas, nos lembra Foucault, todas essas relações "exteriores", mesmo que não constituam, a rigor, "a própria trama do texto", não serão jamais "estranhas ao discurso", uma vez que são carne desse mesmo discurso, apontam para formulações daquele mesmo campo de saber, definindo regras que tal discurso de algum modo atualiza (Foucault, 2009a: 84-85).

O interesse pelo tema do discurso (e dos saberes) em Foucault está diretamente relacionado às perguntas que se fez, desde o início, sobre quais as formas de racionalidade que nossa sociedade veio construindo, historicamente, e que os sujeitos tomaram para si mesmos. Ele esteve interessado, ao modo de Nietzsche, dos primeiros até os últimos escritos, sobre isto: de que modo construímos verdades, dentro de certos esquemas de racionalidade, e nos tornamos sujeitos de determinados discursos? Como conseguimos definir para nós mesmos o que é "ser normal"? E, correlativamente, como podemos dizer o que "fica de fora" da normalidade? Como foi possível construir o que vimos a denominar ciências humanas? De que modo elaboramos verdades sobre nós mesmos, e que preço pagamos por construir uma verdade sobre o sujeito?

A herança que Foucault nos deixa, no âmbito da análise do discurso (cujos estudiosos dos mais diferentes matizes não deixam de render homenagem a ele, mesmo que dele se distingam, como Pêcheux e Maingueneau, entre tantos outros)[10], é um questionamento rigoroso às análises que se contentam com simplistas oposições (como a polarização entre verdade e ideologia); ou às análises fundamentadas exclusivamente em fatos linguísticos e semióticos, no modelo da língua e dos signos; ou ainda às análises lógicas, baseadas na lógica da contradição dialética. Analisar discursos significa basicamente dar conta de relações históricas, de práticas muito concretas, que estão "vivas" nos discursos. Mais do que analisar o caráter "expressivo" dos discursos, o que se quer, com esse pensador, é operar com as modalidades de existência desses mesmos discursos — pensar como eles circulam, como lhes é atribuído este e não aquele valor de verdade, de que modo os diferentes grupos e culturas deles se apropriam, e especialmente como se dão as rupturas nas "coisas ditas". Trata-se de uma entrega a considerar efetivamente o discurso como prática; mais do que isso, como acontecimento.

---

[10] Ver, a propósito, o conhecido texto de Helena Brandão sobre análise do discurso (Brandão, 2004) e também Maingueneau, 2005.

CAPÍTULO 6
BOURDIEU

José Otacilio da Silva

A teoria social de Pierre Bourdieu (1930-2002), entendida como o conjunto de conceitos e proposições que visam compreender e explicar as ações sociais, isto é, as tomadas de posição dos indivíduos nas mais diversas instâncias da vida social, foi construída ao longo de quatro décadas de intensas atividades de pesquisa. No decorrer dessas pesquisas, Bourdieu construiu e reconstruiu não só os conceitos centrais de sua teoria — os conceitos de *habitus* e de campo —, mas também uma série de outros conceitos periféricos visando à compreensão da vida social, como os conceitos de poder simbólico, violência simbólica e capital simbólico, entre outros.

Com a construção desse referencial teórico e sua aplicação aos estudos dos fenômenos sociais, Bourdieu pretendeu evitar não só as abordagens estruturalistas, que consideram os agentes sociais como meros indivíduos passivos diante de determinações de estruturas sociais, mas também as abordagens fenomenológicas, que concedem ampla liberdade aos agentes sociais na determinação do sentido de sua ação. Ao invés dessas posturas teórico-metodológicas extremas, Bourdieu se coloca numa posição intermediária para demonstrar que as tomadas de posição não são livremente formuladas pelos indivíduos nem são rigidamente determinadas por estruturas sociais, políticas, econômicas ou culturais. Assim, ele procurou mostrar a relativa autonomia que os indivíduos possuem em suas escolhas, na formação de seus gostos, nas tomadas de suas posições.

O interesse que a teoria social de Bourdieu despertou entre os mais diversos cientistas sociais, inclusive entre renomados analistas do discurso, talvez seja decorrência dessa possibilidade que ela oferece para a mediação entre determinação estrutural e liberdade de ação. Pêcheux (1990), por exemplo, ao rever suas posições teóricas em sua obra *O discurso: estrutura ou acontecimento*, propondo uma nova abordagem, ao mesmo tempo, descritiva e interpretativa dos fenômenos discursivos, não deixa de citar Bourdieu, ainda que referindo a sua teoria social como um "estruturalismo esotérico". Maingueneau (1997), utilizando a noção de prática discursiva para fazer a mediação entre as formações discursivas e aquilo que ele denomina comunidades discursivas, evoca Bourdieu para mostrar o significado desses agrupamentos sociais ou linguísticos. Da mesma forma, ao propor sua teoria do discurso político, Charaudeau (2008b: 262) recorre, por exemplo, aos conceitos de capital social, capital econômico e capital cultural elaborados por Bourdieu para demonstrar que a elevação dos níveis desses capitais em mãos das massas trabalhadoras, a partir do século XIX, fez emergir, entre os cidadãos, novas formas de "consciência identitária" e, desse modo, uma "consciência cidadã" mais esclarecida e mais complexa.

Os conceitos centrais da teoria sociológica de Bourdieu têm sido utilizados também por teóricos da chamada análise crítica do discurso para tratar do comportamento discursivo dos usuários da língua. Fairclough (2008) recorre à argumentação de Bourdieu para demonstrar, por exemplo, que as práticas de polidez que aparecem nos discursos que circulam nas diversas culturas são sempre práticas que envolvem relações de poder, são sempre práticas de concessões políticas, e para reforçar a crítica que dirige à análise textual que se contenta com a análise interna dos discursos, negligenciando os fatores extralinguísticos, elementos essenciais na produção de sentidos. Van Dijk (2008) utiliza os conceitos de capital simbólico e de poder simbólico elaborados por Bourdieu para reforçar sua tese de que as elites simbólicas, em determinadas condições, exercem o domínio nas relações discursivas que ocorrem entre os membros da sociedade, nas mais diversas instâncias da vida social. Mesmo considerando, em outro momento, que, "apesar de vários desses sociólogos e filósofos sociais fazerem uso extensivo das noções de linguagem e discurso, eles raramente se dedicam a realizar uma análise do discurso explícita e sistemática", van Dijk (2008: 131) não deixa de reconhecer que a noção de *habitus* e os estudos de Bourdieu sobre linguagem, cultura e sociedade vêm se tornando cada vez mais influentes nos estudos do discurso.

É essa importância da teoria sociológica de Bourdieu para a análise do discurso que justifica a inclusão desse teórico nesta obra, que pretende tratar especificamente de estudos do discurso. Ainda que não seja possível apresentar e debater, neste breve texto, o referencial teórico-metodológico desenvolvido ao longo de décadas por Bourdieu, pretendo mostrar aqui os conceitos e as proposições centrais de sua teoria, de modo a proporcionar ao leitor um acesso mais direto às contribuições do sociólogo para o estudo dos fenômenos discursivos.

Em um primeiro momento, mostrarei como esse teórico utiliza os conceitos de *habitus* e de campo para compor sua teoria da prática. Em seguida, na impossibilidade de mostrar como ele aplica sua teoria sociológica aos estudos dos fenômenos sociais que ocorrem nos mais diversos campos do espaço social, demonstrarei em que consistem suas contribuições para o estudo da produção e difusão do discurso político. Por fim, indicarei como Bourdieu faz suas incursões nos estudos da linguagem ou do discurso adaptando seus conceitos básicos e desenvolvendo a noção de mercado linguístico.

1. Os conceitos de *habitus* e de campo

A teoria social elaborada por Bourdieu é resultado de seu inevitável envolvimento no debate teórico-metodológico acerca da ação social, ou seja, acerca dos sentidos que as práticas ou as tomadas de posição dos agentes sociais adquirem em suas relações sociais. Ao estudar os fenômenos sociais, Bourdieu não concordava com a visão objetivista ou estruturalista que vê nas estruturas objetivas, *i.e.*, supostas estruturas de elementos econômicos, sociais, culturais e linguísticos, dentre outras, a fonte geradora do sentido das práticas sociais em geral, inclusive das práticas linguísticas ou discursivas. Ele também não concordava com a visão fenomenológica que desconsiderava as estruturas sociais enquanto fatores responsáveis pela construção dos sentidos das ações ou dos enunciados. É com o intuito de se contrapor a essas duas vertentes do pensamento social que, como veremos a seguir, Bourdieu constrói, como alternativa, o modo de conhecimento praxiológico, que será explicado mais adiante, e, ao mesmo tempo, os conceitos que constituem sua teoria sociológica, entre eles, os conceitos de *habitus* e de campo.

O modo de conhecimento estruturalista pode ser representado, por exemplo, pela teoria social elaborada por Durkheim ou mesmo pela teoria linguística elaborada por Saussure. Preocupado em explicar a integração social, Durkheim parte do princípio de que existe na exterioridade das consciências individuais uma estrutura objetiva de representações do mundo social, ou seja, uma consciência coletiva, vista como um conjunto de crenças, sentimentos comuns e normas sociais que se impõe aos indivíduos, determinando o sentido de suas ações. Por exemplo, nas sociedades primitivas, os mais jovens respeitavam os mais velhos não por vontade própria, mas pela imposição dos valores comuns. Nas sociedades contemporâneas, onde imperam a divisão e a especialização do trabalho, as pessoas executam suas funções específicas não por livre opção, mas por determinação das normas ou regras sociais. Saussure, da mesma forma, ao privilegiar a língua como estrutura ou sistema objetivo e autônomo de signos que traz em si a significação ou a representação do mundo, acaba negligenciando a fala, ou seja, a liberdade do sujeito, ainda que relativa, na determinação do sentido de seus enunciados. Nesse caso, o sentido do enunciado "A sua casa caiu", por exemplo, seria produzido e interpretado pelos usuários da linguagem apenas por meio dos significados literais que cada uma dessas quatro palavras possui no sistema da língua portuguesa, e não a partir da significação conotativa que eles poderiam atribuir à expressão como um todo.

O erro fundamental do estruturalismo, no entendimento de Bourdieu, consiste em negligenciar o aspecto subjetivo da ação social, a possibilidade de o sujeito participar na determinação do sentido de sua ação. Como diz Ortiz (1983: 11), Bourdieu "situa a análise estrutural como antagônica à teoria da ação social". Assim como o estruturalismo saussuriano deduz o comportamento linguístico, a fala, a partir da noção de língua, o estruturalismo durkheimiano deduz o comportamento social, a ação social, a partir da noção de consciência coletiva, ou seja, das crenças e sentimentos comuns e/ou das normas sociais. Nas palavras de Bourdieu (1983a: 56), ao construir as práticas sociais de "maneira negativa", isto é, como mera execução das determinações das estruturas culturais ou linguísticas, o estruturalismo, de um modo geral, acaba reificando abstrações "como realidades autônomas, dotadas de eficácia social e capazes de agir enquanto sujeitos responsáveis de ações históricas ou enquanto poder de pressionar as práticas". Note-se que as abstrações se referem a conceitos como os de estrutura, cultura, classe social, modo de produção e língua, por exemplo.

Ao contrário do estruturalismo, que enfatiza as estruturas como determinantes do sentido da ação social, o modo de conhecimento fenomenológico, na vertente da etnometodologia ou do interacionismo simbólico, enfatiza a autonomia do sujeito na determinação do sentido de sua ação. O pressuposto é de que existem, objetivamente, sistemas de signos e significados socialmente compartilhados entre os membros da coletividade, de modo que os indivíduos possam orientar suas ações com base nas expectativas que possuem em relação ao comportamento dos outros. Como sugere Ortiz (1983: 12), a sociologia weberiana seria um exemplo de "perspectiva fenomenológica". Afinal, Weber (2001) considera que o mundo social é uma rede de intersubjetividade na qual os valores estabelecidos socialmente são compartilhados entre os membros da comunidade e na qual os indivíduos, subjetivamente, atribuem sentidos a seus enunciados ou às suas ações. Essa atribuição de sentidos pode ocorrer de modo racional, quando os indivíduos têm como objetivo certos fins ou certos valores, ou pode ocorrer de modo tradicional ou afetivo, quando os indivíduos orientam suas ações, respectivamente, pela tradição ou pelas emoções. Por exemplo, ao invés de considerar, como pensaria Durkheim, que o amor da mãe pelo filho é uma determinação da "consciência coletiva" de determinada sociedade, Weber (2001) diria que essa conduta materna é resultado de intenções conscientes da própria mãe: ao dar seu amor ao filho, a mãe pode estar agindo racionalmente visando alcançar algum fim ou valor, ou pode estar orientando sua ação com base na tradição ou mesmo no afeto.

A fenomenologia, de modo geral, peca por não contemplar as condições em que os agentes sociais podem compreender as práticas discursivas, sociais ou culturais e, portanto, as condições em que a interação simbólica é possível. Afinal, aos olhos de Bourdieu (1983a: 48), a compreensão imediata das práticas sociais

> supõe uma operação inconsciente de decifração que só é perfeitamente adequada quando a competência que um dos agentes engaja nas

suas práticas ou nas suas obras é igual à competência que o outro, objetivamente, engaja na sua percepção dessa conduta ou dessa obra.

Ora, deve-se considerar que o sentido pretendido, por exemplo, pelo agente social em suas ações solidárias, pelo artista em sua obra de arte ou pelo falante em seus enunciados nem sempre é o mesmo sentido interpretado pelo outro. Isso significa dizer que a produção e a interpretação das práticas sociais, linguísticas ou culturais dependem de uma diversidade de condições sociais objetivamente instituídas e de uma diversidade de condições subjetivas. Como sugere Miceli (2007: IX), ao invés desse entendimento, a etnometodologia "tende a colocar a questão dos sistemas simbólicos em termos de mera comunicação, como se os agentes sociais fossem senhores dos significados que eles mesmos produzem e mobilizam no processo de interação".

É com o intuito de superar os limites em que o estruturalismo e a fenomenologia se encontram na busca da explicação das práticas sociais que Bourdieu propõe o modo de conhecimento que denomina como conhecimento praxiológico. Com esse termo, ele quer designar o modo de conhecimento que:

> [...] tem como objeto não somente o sistema das relações objetivas que o modo de conhecimento objetivista constrói, mas também as relações dialéticas entre essas estruturas e as disposições estruturadas nas quais elas se atualizam e que tendem a reproduzi-las, isto é, o duplo processo de interiorização da exterioridade e de exteriorização da interioridade (Bourdieu, 1983a: 47).

Também nesse sentido, Wacquant (2007: 66) mostra que, para Bourdieu, a prática não é resultado mecânico de ditames estruturais nem resultado das intenções dos indivíduos: ela "é, antes, o produto de uma relação dialética entre a situação e o *habitus* [...]". É por meio dos conceitos de *habitus* e campo, entre outros, que Bourdieu procura fazer essa mediação entre objetivismo e subjetivismo, entre estruturalismo e fenomenologia.

Com a noção de *habitus*, Bourdieu quer designar os

> [...] sistemas de disposições duráveis, estruturas estruturadas predispostas a funcionar como estruturas estruturantes, isto é, como princípio gerador e estruturador das práticas e das representações que podem ser objetivamente 'reguladas' e 'regulares' sem ser o produto da obediência a regras, objetivamente adaptadas a seu fim sem supor a intenção consciente dos fins e o domínio expresso das operações necessárias para atingi-los e coletivamente orquestradas, sem ser o produto da ação organizadora de um regente (Bourdieu, 1983a: 60-61).

O conceito de *habitus*, frequentemente citado por cientistas sociais de diversas áreas, inclusive por analistas do discurso, é bastante rebuscado. Mas, quando se está familiarizado com o estilo de Bourdieu, ele se torna inteligível. De modo geral, pode-se dizer que *habitus* são os esquemas de percepções e de ações que, desde o nascimento, os indivíduos incorporam em suas trajetórias de vida e que, portanto, condicionam os sentidos de suas ações.

Ao dizer que o *habitus* é um "sistema de disposições duráveis", Bourdieu se refere aos esquemas de percepção e de ação que o agente social incorpora ao longo de suas trajetórias sociais, *e.g.*, trajetória familiar, educacional, religiosa, profissional, econômica, e que se encontram presentes em sua subjetividade (para não dizer em sua mente ou consciência) de modo duradouro e que, de certa maneira, orientam o sentido de suas ações. Isto significa dizer que, ao longo de sua vida, o indivíduo incorpora várias imagens e informações acerca, por exemplo, da relação entre mãe e filho, tornando-se predisposto a tomar, em determinada circunstância, uma posição ou a emitir sobre essa relação um enunciado como este: "o amor materno é o mais sublime porque é o mais desinteressado".

Quando Bourdieu diz que o *habitus*, ou seja, os esquemas de percepção ou de ação são "estruturas estruturadas", ele quer dizer que esses esquemas de percepção e de ação se encontram estruturados e organizados na subjetividade do agente social. Trata-se, no caso do exemplo acima, de esquemas de percepção e de ação sobre as relações cotidianas que se estabelecem entre mãe e filho, os quais, uma vez estruturados e organizados na subjetividade do indivíduo, o predispõem a tomar certas posições acerca dessas relações. Assim, sempre que determinados aspectos da relação entre mãe e filho estiverem em questão, são aqueles esquemas de percepção e de ação referentes a essa relação que, como veremos a seguir, serão acionados e que irão direcionar os sentidos de sua tomada de posição, ou seja, os sentidos de sua ação ou de seu enunciado.

Considerar que *habitus* são "estruturas estruturantes" é admitir que os esquemas de percepção e de ação incorporados pelos agentes sociais têm o poder de estruturar suas práticas sociais, de condicionar os sentidos de suas ações sociais ou práticas discursivas futuras. No caso da relação entre mãe e filho, dependendo da natureza dos esquemas de percepções e de ações que o indivíduo absorveu em suas trajetórias sociais e, como veremos adiante, da posição que ele ocupa em determinado campo do espaço social, a tendência é o indivíduo sempre considerar o amor materno como sublime e desinteressado.

Dizer que as práticas e as representações podem ser "objetivamente reguladas e regulares sem serem o produto de obediência a regras" significa dizer que os sentidos das representações ou das ações se manifestam com certa regularidade, sem que tais regularidades sejam determinadas por estruturas objetivas ou regras de conduta como postula o estruturalismo. Diferentemente disso, tais regularidades ocorrem sempre que estruturas objetivas estejam em consonância com as estruturas subjetivas. Em outras palavras, sempre que os esquemas de percepção e de ação da pessoa estiverem de acordo com certas circunstâncias, há a tendência de ela enaltecer o amor materno e o considerar como amor desinteressado, ainda que não sejam verdadeiras essas duas qualidades do amor materno.

Ao sugerir que as práticas e representações "são objetivamente adaptadas a seu fim sem supor a intenção consciente dos fins e o domínio das operações necessárias para atingi-los", Bourdieu está propondo que tais fins e estratégias de ação já se encontram instauradas na objetividade da vida social e no *habitus*, ou seja, na subjetividade dos agentes sociais. Dessa forma, Bourdieu acredita que os fins e as estratégias de ação que agentes sociais manifestam em suas práticas ou em seus enunciados, longe de serem livremente escolhidos ou rigidamente determinados por estruturas objetivas, são condicionados por estruturas objetivas e subjetivas, podendo ser adotados pelos indivíduos de modo consciente ou inconsciente.

Por fim, ao propor que as práticas e as representações "são coletivamente orquestradas sem ser o produto da ação organizadora de um regente", Bourdieu está sugerindo a possibilidade da existência de práticas e representações comuns entre os membros de certo agrupamento social. Assim, entre indivíduos que trilharam trajetórias sociais semelhantes, haveria uma grande probabilidade de existência do *habitus* de classe e, portanto, grandes chances de manifestação de predisposições comuns para práticas sociais ou discursivas comuns. Esse *habitus* de classe ou essas representações ou práticas comuns, longe de serem determinadas, orquestradas, pela ação organizadora de um único regente, *e.g.*, condições econômicas, consciência coletiva ou ideologia, seriam condicionadas por uma diversidade de fatores objetivos e subjetivos que se inter-relacionam dialeticamente. O amor incondicional ou desinteressado da mãe pelo filho ou o enunciado "o amor materno é o mais sublime porque é o mais desinteressado" são produtos da relação dialética entre certas condições subjetivas do agente social e certas condições objetivas do espaço social e/ou de algum de seus campos específicos.

A noção de campo, interligada à noção de espaço social, é outra noção elaborada por Bourdieu para combater o objetivismo e a fenomenologia. Para ele, o espaço social ou a sociedade é:

[Um] espaço multidimensional, conjunto aberto de campos relativamente autônomos, quer dizer, subordinado quanto ao seu funcionamento e às suas transformações, de modo mais ou menos firme ou mais ou menos direto, ao campo da produção econômica: no interior de cada um dos subespaços, os ocupantes das posições dominantes e os ocupantes das posições dominadas estão ininterruptamente envolvidos em lutas de diferentes formas (sem por isso se constituírem necessariamente em grupos antagonistas) (Bourdieu, 1989: 153).

Nessa perspectiva, Bourdieu distingue, no interior do espaço social multidimensional, uma diversidade de campos que possuem suas relativas autonomias: campo jurídico, campo artístico, campo da alta costura, campo educacional, campo religioso, campo político, campo linguístico etc. Nas lutas simbólicas que ocorrem no interior de cada um desses campos, se desenvolvem a produção e a distribuição de bens simbólicos, por exemplo, os valores ou as crenças religiosas no campo religioso. No entender de Bourdieu, o processo de produção dos bens simbólicos, assim como o processo de propagação desses bens, depende não apenas do *habitus* adquirido pelos produtores ao longo de suas respectivas trajetórias sociais, mas também das posições que eles ocupam na estrutura de um determinado campo do espaço social.

Com a noção de campo, Bourdieu quis evitar a explicação interna e a explicação externa que muitos estudiosos davam às transformações ocorridas na cultura, na arte, na literatura, e assim por diante. Enquanto muitos estudiosos acreditavam que os fenômenos culturais, artísticos ou literários tinham uma autonomia absoluta no processo de suas respectivas evoluções, isto é, que evoluíam independentemente da evolução social, outros estudiosos, ao contrário, limitavam-se a reduzir a transformação daqueles fenômenos às transformações que ocorriam em determinadas formas da vida social. Na avaliação de Bourdieu, essas correntes opostas de pensamento ignoravam que tanto o campo da cultura como o campo da arte ou o campo da literatura, cada um a sua maneira, são subespaços sociais onde se encontram agentes sociais específicos envolvidos em relações objetivas de concorrência pelo poder simbólico.

Aos olhos de Bourdieu, são essas relações que condicionam a transformação ou a conservação dos fenômenos culturais, artísticos ou literários. Entendendo que determinado fenômeno social, econômico, cultural ou político não tem autonomia em sua manifestação e que tampouco é um reflexo direto de mudanças que ocorrem em determinada estrutura social, ele pretendeu mostrar que o homem tem sua participação na geração dos fenômenos sociais, mas que tal participação é limitada pelo grau das relações objetivas que se estabelecem entre agentes sociais que participam de determinado campo do espaço social multidimensional.

O campo é o lugar onde ocorrem as lutas simbólicas pelo poder simbólico, um lugar onde as posições dos agentes sociais são estruturadas conforme o *quantum* de capital social ou de poder simbólico que cada agente acumula ao longo de suas trajetórias sociais. No campo, os agentes sociais se dividem em dominantes e dominados, em conformidade com o *habitus* e com o nível de seu capital ou poder simbólico. A ortodoxia, ou seja, os dominantes detentores de um maior volume de capital simbólico, luta pela conservação da estrutura do campo em questão e, por meio dessa conservação, pela conservação do mundo social. A heterodoxia, isto é, os dominados detentores de um menor volume de capital simbólico, luta pela transformação da estrutura do campo em questão e, por meio dessa transformação, pela transformação do mundo social. São essas posições dos indivíduos na estrutura do espaço social que, ligadas ao *habitus*, influenciam as tomadas de posição dos agentes sociais.

Em outros termos, as tomadas de posição, ou os sentidos da ação dos agentes que se encontram em luta simbólica pelo poder simbólico num determinado campo do espaço social, são condicionadas não apenas pelas estruturas objetivas do campo, mas também pela subjetividade dos agentes e, assim, pelas estratégias que eles podem adotar para atingir os seus objetivos. Segundo Bourdieu (1989: 14), nesse espaço de lutas simbólicas pelo poder simbólico, "poder de constituir o dado pela enunciação, de fazer ver e de fazer crer, de confirmar ou de transformar a visão do mundo, e, deste modo, a ação sobre o mundo, portanto, o mundo [...]", a dominação de uma das partes sobre as outras ocorre através da violência simbólica, um "poder que chega a impor significações e a impô-las como legítimas, dissimulando as relações de força que estão na base de sua força, (e que) acrescenta a sua própria força, isto é, propriamente simbólica, a essa relações de força".

É por meio da violência simbólica que, muitas vezes, os produtores de bens simbólicos em determinado campo do espaço social buscam a adesão daqueles que se encontram na condição de consumidores desses bens. Pode-se dizer que, quanto maior é o poder simbólico do produtor e quanto menor é o poder do consumidor, maiores são as probabilidades de um bem simbólico ampliar sua força de persuasão por meio da violência simbólica. Assim, o enunciado: "O amor materno é o mais sublime" terá maiores chances de ser aceito pelos leigos quando construído, por exemplo, por um líder religioso num cerimonial religioso do que quando construído por outro leigo que possua baixo nível de poder simbólico. Note-se que o efeito do poder simbólico do líder religioso pode ser ampliado na medida em que esse líder desfruta de certa competência discursiva, com a qual o líder pode intensificar a força simbólica de seu enunciado: "O amor materno é o mais sublime..." acrescentando, estrategicamente, a argumentação de que esse amor materno é mais sublime "porque é o mais desinteressado".

No entendimento de Bourdieu, as práticas ou os sentidos da ação social ou dos enunciados são produtos da relação dialética entre os *habitus* que os indivíduos adquirem em suas trajetórias sociais e as situações em que se encontram em determinado campo do espaço social. Nessa perspectiva, Bourdieu considera não apenas a subjetividade dos agentes sociais e a objetividade da sociedade na determinação da ação, mas também as estratégias que os indivíduos adotam em suas tomadas de posição nos diversos campos ou subespaços do espaço social multidimensional. Se os enunciados ou as estratégias não são livremente definidos pelo indivíduo, eles também não são rigidamente definidos por estruturas objetivas. As estratégias de ação, as tomadas de posição são definidas pelos indivíduos, isoladamente ou em grupo, em conformidade com seus respectivos *habitus* e com as respectivas posições que ocupam na estrutura do espaço social.

2. A produção do discurso político

Como o faz em suas análises dos fenômenos sociais em geral, Bourdieu utiliza sua teoria sociológica também na análise dos fenômenos que ocorrem no campo político. Assim, longe de ver os fenômenos ou as tomadas de decisões políticas como decorrência necessária de estruturas objetivas ou como resultado de livres iniciativas individuais, Bourdieu os analisa considerando as relações de concorrência que ocorrem entre os produtores de bens políticos no campo político e entre esses produtores e os consumidores desses bens, os cidadãos comuns.

É preciso notar que, ao tratar do funcionamento do campo político, Bourdieu está mais preocupado em demonstrar os condicionantes da ação política do que em demonstrar o uso da língua na construção do sentido dos enunciados políticos. No entanto, ao tratar do comportamento político, das condições objetivas e subjetivas da produção e do consumo de bens políticos, bem como dos objetivos e das estratégias políticas, ele acaba fornecendo aos estudiosos desse discurso contribuições significativas para a compreensão da produção e difusão dos enunciados políticos, assim como da construção das estratégias discursivas ocultas nesses enunciados.

Na terminologia de Bourdieu (1989: 163-164), o campo político, como um subespaço do espaço social multidimensional, deve ser "entendido, ao mesmo tempo, como campo de força e campo das lutas que têm em vista transformar as relações de força que confere a esse campo a sua estrutura em um dado momento". É nesse espaço de concorrência e de lutas travadas entre agentes específicos, *i.e.*, partidos, facções e militantes, que se efetuam as tomadas de posição políticas e que são produzidos os produtos políticos, *i.e.*, problemas, programas, análises, comentários, conceitos, acontecimentos, a serem oferecidos aos cidadãos comuns que, desprovidos de competência política, se encontram na mera condição de consumidores desses bens políticos.

A participação dos agentes sociais, como produtores diretos de bens políticos no campo político, assim como sua não participação, depende do capital e do *habitus* políticos dos cidadãos. Segundo Bourdieu (1989), quanto maior o nível de capital político, entendido aqui como reconhecimento social, adquirido ou delegado, maior a probabilidade para o ingresso no campo político. Ao contrário, quanto menor o nível desse capital, menores as chances de participação; logo, maiores são as chances de o indivíduo se colocar na condição de mero consumidor de bens políticos. Além de exigir certo nível de capital político, a participação no campo político só é acessível àqueles que dispõem de certo *habitus* político, ou seja, de determinados esquemas de percepção e de ação política que dão ao interessado as predisposições e a competência política necessárias para participar da concorrência ou luta simbólica pelo poder simbólico. Quanto mais os cidadãos estiverem desprovidos desses recursos, *i.e.*, capital político e *habitus* político, maiores serão a concentração e a monopolização das atividades políticas em mãos de uma minoria.

Deve-se notar que o apolitismo ou a apatia política dos cidadãos é uma consequência necessária da instituição da representação política e, em consequência, da monopolização das atividades políticas. Quanto mais os políticos ou os partidos políticos concentram o capital político em suas mãos, visando à luta concorrencial pelo poder simbólico, mais os cidadãos comuns ficam desprovidos desse capital e mais predispostos estarão para se autoexcluírem da política sob as alegações do tipo "não gosto de político" e "não nasci para a política", ou então para desconfiarem de "toda espécie de fala ou de porta-voz" (Bourdieu, 2008:

433). Em outras palavras, diante do monopólio das atividades político-partidárias de uma minoria de profissionais, a grande maioria dos cidadãos comuns se sente impotente para expressar seus interesses e aspirações políticas. Entretanto, em virtude da própria natureza da representação política e, portanto, da necessidade de conquistar o maior número possível de adeptos, os políticos não podem deixar de levar em consideração, em suas tomadas de posição, os interesses e aspirações dos cidadãos, ainda que desinteressados ou apáticos.

Para compreender as tomadas de posição ou a produção de discursos no campo político, é necessário levar em conta os interesses que se encontram em jogo na luta concorrencial que se trava entre os profissionais da política. Como diz Bourdieu (1989: 172), quando se trata de compreender uma tomada de posição política, uma elaboração de programa político, uma intervenção política, um discurso eleitoral, é "tão importante conhecer o universo das tomadas de posição propostas em concorrência no interior do campo, como conhecer as pressões dos laicos de quem os responsáveis por tais tomadas de posição são os mandatários declarados (a base)". Trata-se, portanto, de saber quais são as tomadas de posição dos concorrentes e quais são as aspirações dos leigos, dos cidadãos comuns que se encontram na mera condição de consumidores de produtos políticos. É o jogo de interesses existente entre os políticos profissionais que os leva a considerar, a um só tempo, os interesses de seus concorrentes e os interesses dos leigos, em suas tomadas de posição políticas.

A luta que os profissionais travam entre si no campo político é uma luta pelo poder simbólico e, ao mesmo tempo, pelo poder político com vistas a promover a conservação ou a transformação do mundo social. Nas palavras de Bourdieu, a luta que se trava entre os profissionais da política:

> [...] é, sem dúvida, a forma por excelência da luta simbólica pela conservação ou pela transformação do mundo social por meio da conservação ou da transformação da visão do mundo social e dos princípios de divisão

deste mundo: ou, mais precisamente, pela conservação ou pela transformação das divisões estabelecidas entre as classes por meio da conservação ou da transformação dos sistemas de classificação que são a sua forma incorporada e das instituições que contribuem para perpetuar a classificação em vigor, legitimando-a (Bourdieu, 1989: 173-174).

O que se joga no jogo político é, por um lado, o monopólio da elaboração e da difusão do princípio de divisão legítima do mundo social e, por outro lado, o monopólio da utilização dos instrumentos de poder objetivados, ou seja, do capital político objetivado. Essa luta, diz Bourdieu (1989: 174), assume a forma de uma luta pelo poder simbólico, isto é, "pelo poder de fazer ver e fazer crer, de predizer e de prescrever, de dar a conhecer e de fazer reconhecer, que é ao mesmo tempo uma luta pelo poder sobre os poderes 'públicos' (as administrações do Estado)". Nas democracias representativas, os políticos, as facções políticas ou os partidos políticos, agentes por excelência das lutas simbólicas, visam mobilizar, o tempo todo, os adeptos necessários para garantir o alcance de seus objetivos. Bourdieu (1989) considera que, para garantir uma mobilização duradoura, os partidos devem, por um lado, elaborar e impor uma representação do mundo social capaz de obter a adesão do maior número possível de cidadãos e, por outro lado, conquistar postos de decisões capazes de assegurar um poder sobre os seus representados.

A representação do mundo social produzida pelos profissionais que atuam no campo político é tanto mais correspondente às aspirações dos leigos, dos cidadãos comuns, quanto mais homólogas são as posições desses profissionais na estrutura do campo político e as posições que os leigos ocupam na estrutura do espaço social. Nesse sentido, Bourdieu avalia que

[...] a concordância entre o significante e o significado, entre o representante e o representado, resulta sem dúvida menos da procura consciente do ajustamento à procura da clientela ou do constrangimento mecânico exercido pelas pressões externas do que da homologia entre a estrutura do teatro político e a estrutura do mundo representado, entre a luta das classes e a forma sublimada desta luta que se desenrola no campo político (Bourdieu, 1989: 175-176).

A homologia existente entre a posição dos políticos profissionais e a posição dos leigos faz com que, ao buscarem a satisfação dos interesses específicos que lhes impõe a concorrência no interior do campo, os políticos profissionais satisfaçam, também, os interesses de seus mandantes, de seus representados. Os profissionais da política servem aos interesses dos seus clientes, na medida em que se servem também ao servi-los. Aos olhos de Bourdieu (1989: 177), os políticos profissionais servem aos interesses de seus mandantes "de modo tanto mais exato quanto mais exata é a coincidência da sua posição na estrutura do campo político com a posição de seus mandantes na estrutura do campo social". Em outros termos, nessa dupla determinação da produção de produtos políticos, os profissionais procuram atender, a um só tempo, aos "fins esotéricos das lutas internas" e aos "fins exotéricos das lutas externas".

Enfim, Bourdieu considera o campo político como o lugar onde os políticos profissionais se encontram em luta simbólica pelo poder simbólico e, assim, pelo poder político, uma luta que se faz contra adversários que possuem os mesmos objetivos e que visam, também, à adesão do maior número possível de cidadãos, tendo em vista o alcance de seus objetivos finais. Nessas lutas, os políticos profissionais utilizam estratégias discursivas não só para distinguir-se de seus concorrentes, mas também para conquistar a adesão dos cidadãos aos seus projetos e propostas políticas. Trata-se, enfim, de uma luta estratégica visando ao monopólio do direito de falar e de agir em nome de uma parte ou da totalidade dos membros da sociedade. O político profissional que conquista o direito de falar em nome de um grupo, ou seja, o direito de representar um grupo, "apropria-se não só da palavra do grupo dos profanos, quer dizer, na maioria dos casos, do seu silêncio, mas também da força desse mesmo grupo, para cuja produção ele contribui ao prestar-lhe uma palavra reconhecida como legítima no campo político" (Bourdieu, 1989: 185). Ao obter essa força do grupo, diz Bourdieu (1989: 188), o político profissional acumula seu capital político ou poder simbólico, "um poder que aquele que lhe está sujeito dá àquele que o exerce [...], um poder que existe porque aquele que lhe está sujeito crê que ele existe".

Vejamos, agora, como Bourdieu utiliza seus conceitos básicos para tratar especificamente dos fenômenos linguísticos ou discursivos que ocorrem nas interações sociais, que ele denomina mercado linguístico.

3. O mercado linguístico

Bourdieu (1983b) constrói o conceito de mercado simbólico para se contrapor às noções de relações de comunicação ou de interação simbólica que, a seu ver, se encontram presentes nos estudos da linguagem realizados pela linguística tradicional, em suas vertentes saussurianas ou chomskianas. Com aquele conceito, ele quer demonstrar, basicamente, que, longe de se resumirem a atos de codificação e de decodificação dos signos linguísticos, as interações linguísticas têm funções sociais e políticas e que, portanto, estão impregnadas de relações de força simbólica. Dessa forma, recusando a ideia de que os significados ou os sentidos das expressões linguísticas ou dos enunciados se encontram transparentemente presentes nos signos, e recusando também a ideia de que os enunciados são produzidos ou interpretados por falantes ideais, Bourdieu avalia que há uma complexa rede de fatores extralinguísticos que interferem nas interações linguísticas ou discursivas.

É com o propósito de demonstrar essas relações entre fatores extralinguísticos e interação linguística que Bourdieu (1983b: 156) se "imiscui" nos estudos da linguagem ou do discurso. Substituindo a noção de interação linguística pela noção de mercado linguístico, deduzindo a noção de *habitus* linguístico de sua noção geral de *habitus* e substituindo a noção chomskiana de competência linguística pela noção de competência prática, ele pretende demonstrar que as expressões ou enunciados produzidos ou interpretados no mercado linguístico dependem do *habitus* linguístico dos interlocutores, do capital linguístico ou poder simbólico de que desfrutam, bem como de suas competências práticas.

A noção de mercado linguístico foi construída por Bourdieu em analogia à noção de mercado econômico construída pelos economistas. Assim como as relações econômicas implicam a produção de bens materiais e de serviços a serem oferecidos aos consumidores no mercado econômico por um preço estabelecido pelas próprias situações de mercado, as relações ou interações linguísticas implicam a produção de bens simbólicos ou de discursos a serem direcionados a interlocutores que os aceitarão, ou não, dependendo das situações concretas do mercado linguístico. Em outros termos, a compreensão e a aceitação das palavras, enunciados ou discursos produzidos em determinadas situações do mercado ou campo linguístico variam conforme variam os *habitus* linguísticos dos interlocutores, o nível do capital linguístico ou poder simbólico de que desfrutam e o nível de sua competência prática. Por exemplo, o político que, em conformidade com seu *habitus*, seu poder simbólico e sua competência prática, produz seus enunciados utilizando formas dialetais de uma comunidade suburbana tem muito mais chances de ter seus enunciados compreendidos e aceitos pelos moradores dessa comunidade que pelos moradores dos centros urbanos. Ao contrário, devido aos preconceitos linguísticos que imperam nesses centros, ele tem muito mais chances de ser ridicularizado quando se dirige aos interlocutores da classe média urbana do que quando se dirige aos interlocutores do subúrbio.

O mercado linguístico, com todas as condições objetivas e subjetivas de funcionamento, existe "sempre que alguém produz um discurso para receptores capazes de avaliá-lo e de dar-lhe um preço"

(Bourdieu, 1983c: 96). É o caso, por exemplo, do pastor que produz um discurso religioso direcionado aos membros de sua igreja ou a possíveis adeptos, do professor que direciona seu discurso a seus alunos, do jornalista que se comunica com o público em geral, bem como de qualquer pessoa que se comunica com outra em conversas informais e cotidianas. Afinal, como diz Bourdieu (1983c: 97-98), "todo ato de interação, toda comunicação linguística, mesmo entre duas pessoas, entre dois companheiros, entre um rapaz e sua namorada, todas as interações linguísticas são espécies de micromercados, sempre dominados por estruturas globais".

Estreitamente relacionada à noção de mercado linguístico, a noção de campo linguístico é outro importante conceito reelaborado por Bourdieu para o estudo do comportamento discursivo. Ele construiu essa noção para demarcar setores específicos do espaço social onde o mercado linguístico funciona com certas especificidades. Pode-se destacar como campo linguístico, por exemplo, o campo religioso, onde se encontram agentes específicos — igrejas, seitas, padres, freiras, pastores, noviças e seminaristas, entre outros — produzindo discursos religiosos para serem oferecidos aos leigos que se encontram na mera condição de consumidores de bens religiosos. Nesse campo, a produção de bens ou de discursos religiosos depende não só do *habitus* linguístico, mas também do capital linguístico dos produtores e de sua competência prática, da mesma forma que a interpretação e a aceitação dos discursos religiosos dependem do *habitus* linguístico, do capital linguístico e da competência prática dos leigos. Conforme variam esses elementos, os leigos podem compreender certo discurso religioso, refutá-lo ou a ele se submeter, voluntária ou involuntariamente. Isso significa dizer que é na especificidade de cada campo linguístico que ocorrem as interações linguísticas, ou seja, a produção, a avaliação e o consumo de bens linguísticos, enunciados ou discursos.

Com a noção de *habitus* linguístico, Bourdieu se refere aos esquemas de percepções e de ações linguísticas que os indivíduos adquirem em suas trajetórias sociais, em suas práticas linguísticas e que os capacitam, de certa forma, à participação em sua comunidade linguística. Nas palavras de Bourdieu (1983b: 170-171), o *habitus* linguístico é a "disposição permanente em relação à linguagem e às situações de interação, objetivamente ajustada a dado nível de aceitabilidade". Considerada como disposições ou esquemas de percepções ou de ações incorporados pelos indivíduos em suas práticas linguísticas, em suas interações linguísticas ou discursivas, a noção de *habitus* linguístico indica não apenas "a capacidade de utilizar as possibilidades oferecidas pela língua", mas também a capacidade do indivíduo de "avaliar praticamente as ocasiões de utilizá-las" (Bourdieu, 1983b: 182).

É importante notar que, como esquemas de percepções e de ações linguísticas, o *habitus* linguístico varia conforme variam as trajetórias sociais ou as práticas linguísticas dos indivíduos. Uma vez que a complexidade da vida social proporciona aos indivíduos a possibilidade de vivenciar práticas linguísticas infinitamente distintas, é compreensível que eles possuam *habitus* linguísticos também distintos. Entretanto, há também a possibilidade de existência de *habitus* linguísticos semelhantes, ou seja, *habitus* linguísticos de classe ou grupos sociais. Na medida em que, ao longo da vida, os indivíduos vivenciam práticas linguísticas semelhantes, é de se admitir que eles possam, nessas práticas semelhantes, incorporar esquemas de percepções e de ações linguísticas também semelhantes. Quer dizer, em virtude de suas práticas linguísticas semelhantes, é possível que determinados indivíduos tenham *habitus* linguísticos semelhantes e, portanto, semelhantes competências práticas para avaliar a adequação ou a conveniência do uso de certas formas linguísticas em certos contextos das interações linguísticas. É assim que, por exemplo, advogados que possuem o mesmo nível de formação educacional e a mesma experiência na área jurídica utilizam formas linguísticas semelhantes e desfrutam de uma competência prática semelhante na produção de seus enunciados jurídicos.

A noção de competência discursiva prática construída por Bourdieu para se contrapor à noção chomskiana de competência linguística tem por base a noção de *habitus* linguístico. A noção chomskiana de competência linguística, segundo Bourdieu (1983b: 157), se refere simplesmente à "capacidade de engendramento infinito de discurso gramaticalmente conforme", uma definição abstrata de competência que não considera a língua como um "instrumento de poder" (Bourdieu, 1983b: 161). Com essa noção de competência linguística, a relação de força simbólica, relação "baseada numa relação de autoridade-crença", se reduz a uma mera "operação intelectual de cifração e de decifração". A noção de competência prática construída por Bourdieu se refere à "capacidade de produzir frases cientemente adequadas" (Bourdieu, 1983b: 158). Trata-se de uma competência que, juntamente com o *habitus* linguístico, é adquirida pelos indivíduos em suas práticas linguísticas. É uma competência que permite ao locutor não só formular enunciados adequados à compreensão, mas também elaborar estratégias adequadas para a persuasão ou sedução dos interlocutores. Conforme seu *habitus* linguístico e conforme o nível de sua competência prática, o padre de uma paróquia, por exemplo, tanto pode formular enunciados sintática e gramaticalmente adequados ao *habitus* linguístico da plateia que o ouve como pode elaborar outras estratégias, por exemplo, a argumentação e a emoção, para conquistar a adesão de seus ouvintes ao catolicismo.

Bourdieu (1983b: 162) avalia que "a verdade da relação de comunicação nunca está inteiramente no discurso, nem mesmo nas relações de comunicação". Em seu entendimento, "uma verdadeira ciência do discurso deve buscar (essa verdade) no discurso, mas também fora dele, nas condições sociais de produção e de reprodução dos produtores e receptores e da relação entre eles". Na análise das condições de produção de um discurso, não se pode negligenciar os *habitus* linguísticos dos produtores e dos receptores de discursos, tampouco as variações da estrutura das relações de produção linguística, isto é, as posições, social e historicamente determinadas, que os interlocutores ocupam na estrutura das relações de força simbólicas. Nesses termos, Bourdieu (1983b: 182) enfatiza que, na análise do discurso, deve-se, em primeiro lugar, atentar para o *habitus* linguístico dos interlocutores, pois fazer isso é considerar a capacidade que os interlocutores possuem para "utilizar as possibilidades oferecidas pela língua e (para) avaliar, praticamente, as condições de utilizá-las". Em seguida, trata-se de analisar "o mercado linguístico definido por um grau de tensão médio, ou, o que dá mesmo, por certo nível de aceitabilidade" dos enunciados produzidos. Finalmente, trata-se de avaliar o "interesse expressivo", isto é, os objetivos que levam o locutor a produzir um discurso destinado a ser compreendido e aceito por receptores do campo linguístico.

Analisar a produção de discursos em determinado campo linguístico é ter em consideração também a relação de concorrência que se estabelece entre os produtores de discursos, que possuem *habitus* e capital linguístico diferenciados, bem como as relações existentes entre os produtores e os demais interlocutores a quem o discurso se dirige. Uma vez que o produtor de discursos se encontra em concorrência ou luta simbólica pelo poder simbólico com outros produtores, os discursos que produz, dentro dos limites das coerções exercidas pela própria estrutura do campo, devem trazer marcas que os distingam dos discursos de seus concorrentes e devem, ao mesmo tempo, ser capazes de serem compreendidos, acreditados e aceitos pelos destinatários. Dito de outra forma, a relação objetiva entre locutor e receptor, entre produtor e consumidor de enunciados, funciona como um mercado que atua como censura na produção discursiva e que confere valores muito desiguais aos diferentes discursos produzidos no campo. Mesmo os produtores que se encontram em uma posição privilegiada no campo e que, por isso, têm mais acesso aos instrumentos de produção discursiva podem encontrar a resistência dos destinatários na aceitação de seus enunciados.

Para que um enunciado ou discurso amplie o nível de sua aceitabilidade entre seus possíveis receptores ou consumidores, necessário se faz que o produtor ou o enunciador utilize sua competência discursiva na elaboração de estratégias discursivas. Trata-se de estratégias que possibilitem, a um só tempo, produzir enunciados que se distingam dos enunciados dos concorrentes e que assegurem sua aceitabilidade entre os destinatários. Em ambos os casos, a elaboração das estratégias discursivas depende do *habitus* linguístico do produtor de discursos e de sua competência prática, *i.e.*, de sua capacidade de utilizar a língua e de compreender as situações discursivas. Pode-se dizer que quanto maior é essa competência, maior é a autonomia do produtor na elaboração de suas estratégias discursivas, portanto, maior é o poder persuasivo ou sedutor de seus enunciados. Nesse sentido, diz Bourdieu (1983b: 168), na concorrência com os demais produtores, o produtor de enunciados que possui uma competência prática mais expressiva, é o mais capaz de "impô-la como sendo a única legítima nos mercados linguísticos legítimos (mercado escolar, administrativo, mundano etc.)". Na relação com os interlocutores, continua Bourdieu (1983b: 169), o que orienta as estratégias discursivas do produtor não é tanto a busca de distinção, nem mesmo as chances de ser ouvido ou mal ouvido, "mas as chances de ser compreendido, acreditado, obedecido, nem que seja ao preço de um mal-entendido [...]". Obediência voluntária: eis a força da violência simbólica.

Bem, procurei mostrar nesta breve discussão, as contribuições que conceitos-chave da teoria sociológica de Bourdieu podem trazer para os estudos do discurso. Penso que os conceitos básicos construídos por Bourdieu para analisar a ação social, os conceitos de *habitus*, campo, poder simbólico e mercado simbólico, bem como os conceitos que ele adaptou para a realização de seus estudos linguísticos ou discursivos, *i.e.*, os conceitos de *habitus* linguístico, campo linguístico, mercado linguístico e competência prática, deixam relevantes contribuições para os estudos do discurso. Esses conceitos permitem a estudiosos considerarem, em suas análises, tanto a relativa autonomia que os usuários da linguagem desfrutam na produção e interpretação dos enunciados, quanto a violência simbólica ou as relações de poder simbólicas que se encontram presentes nas interações discursivas em geral.

Finalizando, deixo para reflexão uma questão de fundo que atravessa a obra de Bourdieu. Trata-se da polêmica que atinge as ciências sociais em geral e da ambiguidade com que Bourdieu se posiciona sobre ela: os sentidos das práticas sociais, ou linguísticas, são produzidos de modo consciente ou inconsciente? É preciso observar que, ao construir o conceito de *habitus* em inícios de suas pesquisas, Bourdieu (1983a: 60-61) considerou que as ações dos agentes sociais "são objetivamente adaptadas aos seus fins *sem supor a intenção consciente dos fins...*" (grifos meus). Em outro texto, Bourdieu (1983b: 171) sugere que "o ajuste das pretensões expressivas e das chances de expressão é tão imediato quanto *inconsciente* (grifo meu)". Em outro lugar, Bourdieu (1983b: 176) considera que há maneiras de falar *"mais inconscientes"* ou *"mais inacessíveis ao controle inconsciente* (grifos meus)", sugerindo, dessa forma, que há maneiras de falar mais conscientes. Em outro momento, Bourdieu (1980: 3) propõe que a união de um grupo "é o produto de estratégias de investimento social *consciente ou inconscientemente orientadas* para a instituição ou a reprodução de relações sociais" (tradução e grifos meus). Para termos só mais um exemplo de sua inconstência teórica quanto à questão do consciente ou inconsciente, vale lembrar que ele considera que a competência prática é a "capacidade de produzir frases *cientemente* adequadas" (Bourdieu, 1983b: 158, grifo meu).

Ora, sendo a noção de *habitus* uma noção central da teoria social de Bourdieu, sua indecisão quanto ao caráter consciente ou inconsciente das práticas sociais abala o edifício de sua teoria na medida em que, paradoxalmente, aquela noção defende o caráter inconsciente da ação social. Afinal, o enunciado: "O pagamento responsável do dízimo é bem visto aos olhos de Deus", que o padre dirige àqueles que frequentam sua igreja, é produzido de modo consciente ou inconsciente? É o *habitus* religioso do padre que o leva, inconscientemente, a defender a assiduidade do dízimo e a argumentar que Deus aprova essa conduta?

Ou é o padre que, conscientemente, acredita na importância do dízimo para a salvação da alma, para angariar fundos para a paróquia ou para outro fim qualquer, e que, também conscientemente, argumenta sobre a importância do dízimo evocando a aprovação divina?

É verdade que a discussão sobre o caráter consciente ou inconsciente das práticas sociais ou linguísticas tem implicações diretas para a discussão acerca da liberdade de escolha do sujeito e acerca da cientificidade dos estudos sociais ou linguísticos. Por um lado, considerar que os indivíduos agem conscientemente em suas escolhas ou tomadas de posição é considerar que eles desfrutam de ampla liberdade de decisão, mas ao preço de negligenciar a existência de certas regularidades nas práticas sociais. Por outro lado, considerar que os indivíduos agem inconscientemente em suas escolhas ou tomadas de posição é abrir a possibilidade de desconsiderar-se a liberdade dos indivíduos e, portanto, a possiblidade de pensarem as regularidades das práticas sociais. Bourdieu procura se livrar desses paradoxos sugerindo que os sentidos das práticas sociais decorrem de determinações das estruturas objetivas do campo e das estruturas subjetivas do *habitus*.

De qualquer modo, ainda que as proposições de Bourdieu sobre o consciente ou o inconsciente despertem controvérsias, é de admitir que sua teoria da prática indique a possibilidade de se pensar certa margem de liberdade dos indivíduos em suas decisões ou tomadas de posição. Ainda que Bourdieu veja os sentidos das práticas sociais como decorrentes das posições que os indivíduos ocupam na estrutura objetiva do espaço ou campo social e do *habitus* que eles incorporam em suas trajetórias sociais, a noção de competência prática e a noção de estratégias de ação permitem considerar que há certa margem de liberdade para que os indivíduos produzam, conscientemente, os sentidos de suas ações. De fato, mesmo que as escolhas ou tomadas de posição dependam das posições que os indivíduos ocupam em determinado campo social e da lógica de funcionamento desse campo, o *habitus* específico que incorporam em suas trajetórias sociais restringe as opções para suas escolhas ou tomadas de posição, mas, ao mesmo tempo, lhes proporciona certa liberdade e competência para escolher entre aquelas opções.

A despeito das ambiguidades que podem ser observadas na teoria da prática elaborada por Bourdieu, as contribuições que ele traz para os estudos do discurso são de grande importância. Uma vez que o interesse dos estudos do discurso é mostrar os fatores e processos extralinguísticos que interferem na produção dos sentidos dos enunciados, os conceitos de *habitus* e de campo, particularmente quando aplicados àquilo que Bourdieu chama de mercado linguístico, oferecem a possibilidade de estabelecer relações entre esses fatores e os processos extralinguísticos e as práticas discursivas. Nesses termos, como aponta Amossy (2008), cabe aos estudiosos do discurso recuperarem os aspectos linguísticos e discursivos que, de certo modo, foram negligenciados por Bourdieu em suas incursões nos estudos da linguagem.

A noção de competência prática preenche lacunas deixadas não apenas na noção de competência linguística elaborada por Chomsky (2011), mas também na noção de competência discursiva utilizada, por exemplo, por Charaudeau (2012). Enquanto a noção de competência linguística chomskiana pressupõe falantes/ouvintes ideais com um saber linguístico ideal e que vivem numa comunidade linguística totalmente homogênea, a noção de competência prática elaborada por Bourdieu pressupõe produtores de discursos com níveis diferenciados de competência discursiva para compreender e utilizar a língua em situações variadas. Enquanto Charaudeau utiliza a noção de competência discursiva para indicar a habilidade dos produtores de discurso sem aprofundar as discussões sobre a competência diferenciada que eles possuem, a noção de competência prática elaborada por Bourdieu sugere que os níveis diferenciados de competência discursiva dos produtores de discursos estão relacionados com as suas diferenciadas trajetórias sociais, portanto, com o *habitus* discursivo diferenciado.

Aliada à noção de competência prática, a noção de estratégia discursiva sugerida por Bourdieu permite pensar a margem de liberdade que os produtores de discurso possuem para a elaboração de seus enunciados. Notemos que a noção de estratégia elaborada por Foucault (2010) e, de certo modo, utilizada por Maingueneau (1997) não permite a compreensão de que as estratégias discursivas sejam resultados da ação consciente, talvez nem mesmo inconsciente, dos produtores de discurso. A noção de estratégia, na obra de Foucault, se refere às estratégias do poder e não às estratégias do sujeito produtor de discurso. Já a noção de estratégia pensada por Bourdieu sugere que os fins que levam os produtores de discurso a elaborarem seus enunciados se encontram escritos na lógica de um campo discursivo e que as estratégias discursivas são elaboradas por eles, em conformidade com a competência prática que possuem.

Assim, levando em conta o alerta de Amossy (2008), é possível dizer que a teoria da prática elaborada por Bourdieu, particularmente os conceitos de competência prática e de estratégias discursivas, constitui um caminho promissor para o avanço das teorias do discurso.

CAPÍTULO 7
DUCROT
Ana Lúcia Tinoco Cabral

Quando iniciei minhas leituras voltadas para os estudos do discurso argumentativo, comecei a observar a recorrência de um nome citado na bibliografia de quase todos os artigos e livros que lia: Ducrot. Essa constatação suscitou em mim a curiosidade de conhecer um pouco mais desse estudioso cujos ensinamentos pareciam estar presentes nos estudos de quase todos os autores que lia. Foi assim que descobri Ducrot, e logo me identifiquei com seu ponto de vista teórico. Encontrei, nos conceitos por ele desenvolvidos, fundamentos bastante sólidos para o estudo dos discursos em geral e, especialmente, para os fatos da argumentação. Logo compreendi o motivo de Ducrot ser tão citado e pude dimensionar sua importância para os estudos do discurso.

Ele é um estudioso da corrente estruturalista, predominante em sua época, o início dos anos 1960. Mas, como bem lembra Carel (2002), em prefácio a um livro em homenagem ao autor, ele escapou da influência gerativista predominante naquele momento graças a dois encontros casuais: o primeiro, com os ensinamentos de Saussure, cuja leitura ocorreu por obrigação profissional de sua atuação docente, e o segundo com a filosofia da linguagem anglo-americana, imposto por suas funções de pesquisador do Centro Nacional de Pesquisa Científica francês, no qual participava de um boletim com a função de resumir os artigos filosóficos recentes. Carel relata que a Ducrot, recém-chegado ao órgão de pesquisa, cabia cuidar dos textos que não interessavam a ninguém, entre os quais se incluíam os trabalhos dos filósofos de Oxford, que influenciaram nitidamente sua visão não logicista da linguagem, voltada para o caráter pragmático da língua inserida em situação de discurso.

Ducrot é um estudioso dos fenômenos da língua, preocupado em levantar as possibilidades que a língua oferece para o uso e as limitações que ela impõe a esses usos. Embora seus estudos se concentrem nos fatos internos à língua, os conceitos por ele desenvolvidos constituem fundamentos essenciais para os estudos do discurso. Afinal, o discurso se constrói por meio da linguagem verbal. Ele explora, em sua teoria da argumentação na língua, encadeamentos argumentativos mantendo seu caráter puramente discursivo, isto é, sem recorrer a um raciocínio ou a um movimento que permita passar de um enunciado a uma conclusão, mas apoiando-se em elementos linguísticos.

Este capítulo procura oferecer uma breve explanação de alguns dos conceitos postulados por Ducrot, buscando dar uma visão da importância desse teórico da linguagem para os estudos do discurso.

1. A teoria da argumentação na língua (ADL)

Ducrot dedicou-se ao estudo das palavras da língua, das expressões, procurando observar a orientação argumentativa contida nelas.

Seus artigos trazem, por exemplo, o estudo de palavras como *aliás, decididamente, pouco* e *mas*, entre outras, observando seu papel argumentativo. Podemos afirmar que Ducrot e seus seguidores interessam-se pela orientação argumentativa que as palavras conferem ao discurso. Seus estudos enfocam especialmente algumas expressões linguísticas cuja utilização discursiva está sujeita a restrições impossíveis de se deduzir de seu valor informativo apenas.

O teórico francês ensina que a língua nos oferece uma infinidade de possibilidades de construção e uma série de limitações de uso também. Ducrot desenvolveu com Jean-Claude Anscombre a teoria da argumentação na língua (ADL, sigla que, em francês corresponde a *Argumentation dans la Langue*, o que em português significa "Argumentação na Língua"). Segundo essa teoria, a argumentação está marcada na língua.

A ADL, como lembra Plantin (1996), desenvolveu-se a partir da análise das "palavras vazias", ou seja, os conectores. Os conectores sempre foram considerados elementos que estabelecem relações lógicas. Ducrot propôs uma nova definição para conector, destacando uma dupla função: de ligação e de orientação, isto é, o conector é uma palavra que articula as informações e os argumentos de um enunciado.

O exemplo clássico da ADL é o conector *mas*, cujo sentido, nessa teoria, é diverso do sentido ligado à lógica sintática, presente nos estudos de gramática normativa, que costumam atribuir a esse conector a função de apontar a oposição entre os conteúdos das orações que ele liga. Ducrot (1981) mostrou que a oposição não se encontra entre os conteúdos das duas orações ligadas por *mas*. Para ele, a oposição encontra-se entre as conclusões para as quais cada um desses conteúdos conduz. Assim, por exemplo, quando tecemos um comentário sobre um restaurante dizendo *Este restaurante é bom, mas é caro*, segundo Ducrot, não há oposição entre o fato de o restaurante ser bom e o fato de ele ser caro. A oposição reside nas possíveis conclusões a que cada uma das características do restaurante pode conduzir:

(a) "Este restaurante é bom" — conclusão: vamos almoçar nele.
(b) "Este restaurante é caro" — conclusão: não vamos almoçar nele.

Ducrot ensina que o emprego de *mas* tem algumas peculiaridades. Em primeiro lugar, *mas* sempre direciona a argumentação para a conclusão a que conduz o segundo segmento enunciado. Isso quer dizer que, para a ADL, *mas* marca a oposição entre duas conclusões possíveis e argumenta a favor daquela que, na construção do período, encontra-se à direita do conector.

Assim, tomando o mesmo exemplo, quando dizemos *Este restaurante é bom, mas muito caro*, argumentamos em favor de não ir ao restaurante. E, inversamente, quando dizemos *Este restaurante é caro, mas muito bom*, argumentamos em favor de ir ao restaurante.

Isso ocorre porque o *mas* conduz a argumentação para a conclusão do segundo segmento. Em decorrência desse fato, há restrições impostas pela língua para o uso de *mas*, o que implica que, depois de *mas*, não podemos dizer qualquer coisa, ou, como adverte Ducrot, corremos o risco de tornar nosso discurso gramaticalmente incoerente. Realmente, ficaria estranho dizer *Este restaurante é bom, mas muito caro; acho que deveríamos almoçar lá hoje*.

O sentido do enunciado, de acordo com esse ponto de vista teórico, conduz a determinada direção. Com efeito, para os criadores da teoria da argumentação na língua, Anscombre e Ducrot (1997), argumentar consiste em apresentar um enunciado E1 (ou um conjunto de enunciados) como destinado a fazer admitir outro (ou um conjunto de outros). Em outras palavras, segundo esses estudiosos, faz parte do sentido de um enunciado pretender indicar a direção da continuação do diálogo, isto é, os encadeamentos argumentativos possíveis estão ligados à estrutura linguística dos enunciados.

Estudando a estrutura linguística dos enunciados e a atuação argumentativa das palavras, Ducrot interessou-se pelo vocábulo *pouco* em oposição à expressão *um pouco*: observando enunciados que continham *pouco* e *um pouco*, notou que a troca de um pelo outro levava a inverter a orientação argumentativa. Vejamos como funciona essa inversão.

Suponhamos que Pedro, João e Roberto estejam em uma festa. Roberto parece alcoolizado e diz que vai embora. Pedro comenta com João: "É melhor Roberto não ir dirigindo, ele parece alcoolizado". Se João responder: "Roberto bebeu pouco", estará argumentando em favor da possibilidade de Roberto ir embora dirigindo. Se João responder: "Roberto bebeu um pouco", estará, ao contrário, argumentando em favor da não possibilidade de Roberto ir dirigindo para casa. Provavelmente, ele não quer afirmar que Roberto está muito alcoolizado, mas, simplesmente, ao dizer que ele bebeu um pouco, assume que o amigo está sob o efeito do álcool.

A partir do estudo de *pouco/um pouco*, Ducrot (1998) desenvolveu o conceito de modificadores realizantes e desrealizantes, mostrando que é possível reforçar, atenuar e, até mesmo, inverter a força argumentativa dos predicados de um enunciado por meio de modificadores, isto é, por meio de uma palavra ou expressão que pode modificar o valor contido no enunciado, reforçando-o, atenuando-o ou invertendo-o.

Os modificadores que reforçam o valor contido no enunciado chamam-se modificadores realizantes. Eles têm a propriedade de fazer aumentar a força argumentativa. Aqueles que fazem diminuir a força argumentativa atuam como modificadores desrealizantes. O modificador desrealizante pode ser atenuador se mantiver a orientação argumentativa, mas apenas para atenuar, enfraquecê-la; ou pode ser inversor, se inverter a orientação argumentativa, caso em que, segundo Ducrot (1998), equivale a uma negação.

Imaginemos que, diante de um problema, o avaliamos: *Esta é uma questão cuja solução é complexa*. O adjetivo *complexa* funciona como um modificador desrealizante para a solução da questão, pois atenua o sentido de *solução*: se a solução é complexa, as chances de conseguir solucionar a questão são remotas. Podemos, no entanto, acrescentar outro modificador desrealizante que operará uma transformação: *Esta é uma questão cuja solução é pouco complexa.* O modificador desrealizante inversor *pouco* inverte a orientação argumentativa de solução complexa e argumenta para a possibilidade de solução da questão, permitindo a continuidade do discurso em termos e, por exemplo, *Esta é uma questão cuja solução é pouco complexa; logo estará resolvida.* Vale observar ainda que, caso o acréscimo seja de um modificador desrealizante atenuador, como *um pouco*, a possibilidade de solução ainda permanecerá como difícil, apesar de atenuada: ao dizer *Esta é uma questão cuja solução é um pouco complexa*, estamos admitindo a dificuldade na solução da questão.

Ressalte-se que o modificador realizante não tem necessariamente um valor positivo. Ele intensifica o valor da palavra que acompanha, seja ele negativo, seja positivo; e o modificador desrealizante, por sua vez, pode atenuar, igualmente, tanto um valor positivo quanto negativo. Com respeito ao uso de *pouco/um pouco*, é importante lembrar que, como vimos acima, *pouco* inverte e *um pouco* atenua, e, por conseguinte, a substituição de *um pouco* por *pouco* inverte o valor argumentativo do enunciado, ou seja, orienta-o para conclusões opostas (Ducrot, 1995).

Anscombre e Ducrot (1997) defendem que os encadeamentos argumentativos possíveis no discurso são determinados por meio de um ato de linguagem particular, o ato de argumentar. Segundo esses estudiosos, "o processo discursivo que chamamos de argumentação e que consiste em encadear enunciados-argumentos e enunciados-conclusões tem ele mesmo como anterior um ato de argumentar sobre o qual se apoia. Como todos os atos ilocutórios, se realiza no e por um enunciado único" (Anscombre; Ducrot, 1997: 168). A noção de ato de argumentar refere-se à ideia da existência de uma força ilocucional ligada à argumentação.

O ato de argumentar diz respeito a uma qualidade R em relação à qual o locutor situa o objeto. A qualidade R determina as conclusões implícitas ou explícitas que podem ser tiradas do enunciado. De acordo com Anscombre e Ducrot (1997), a partir da qualidade R e em relação a ela, definem-se as noções de base da teoria argumentativa: a noção de superioridade argumentativa e de oposição argumentativa.

Para compreender esses conceitos, é importante ter clara a distinção entre frase e enunciado. Devemos entender frase como um construto teórico que corresponde a uma estrutura que contempla um sintagma nominal e um sintagma verbal. Ela corresponde a uma sequência linguística aceitável na língua. O que transforma uma frase em enunciado é a enunciação. O enunciado constitui o resultado do processo de enunciação. Ele acontece inserido em determinado contexto, e sua compreensão, de acordo com Ducrot *et al.* (1980a), depende do contexto e implica a descoberta da conclusão intencionada pelo locutor. Fora do contexto de enunciação, uma frase possui apenas uma significação resultante da interpretação da relação entre os elementos que a compõem. Segundo Ducrot, a frase só contém instruções para aqueles que deverão interpretar o enunciado, tendo claro que, por meio do processo de enunciação, uma mesma frase pode produzir diferentes enunciados, de acordo com os objetivos do locutor.

Assim, por exemplo, se tomarmos isoladamente uma frase do tipo interrogativa, como *O que você está pensando?*, diremos que é uma frase interrogativa parcial composta de um sujeito expresso por pronome de tratamento (*você*), um verbo (*pensar*) e uma partícula interrogativa como complemento, indicando uma lacuna de conhecimento relativa ao complemento do verbo (*o que*). Se, diante de um amigo que se mostra pensativo, fizermos a pergunta *O que você está pensando?*, o enunciado expressará que nosso objetivo é suprir nossa curiosidade em saber o que pensa o amigo naquele momento. Imaginemos, diferentemente, que, em vez de estar pensativo, nosso amigo seja um pouco atrevido e nos diga algo que não deveria. Podemos, para repreendê-lo, dizer *O que você está pensando? Não venha me dizendo essas coisas assim, sem mais nem menos!* Esse enunciado, em vez de expressar nosso estado de curiosidade, expressará nossa indignação diante da petulância do amigo. Assim, a mesma frase interrogativa possibilitou a enunciação de dois enunciados diferentes.

Uma frase f2 é argumentativamente superior a outra f1 se, em qualquer situação em que um locutor considera um enunciado E1 de f1 como sendo um argumento utilizável para determinada conclusão, ele também considera um enunciado E2 de f2 como sendo um argumento utilizável para a mesma conclusão, mas não o inverso.

É conhecido o exemplo utilizado para ilustrar essa questão teórica: *O copo está quase cheio.* Os enunciados *O copo cheio* e *O copo está quase cheio* constituem argumentos que autorizam a mesma conclusão: *a água contida no copo pode derramar.* Com efeito, ambos os enunciados apontam para uma qualidade (a que Ducrot chamou de qualidade R) a respeito do *nível de plenitude do copo.* Há, entretanto, diferença de força entre os dois enunciados. *O copo está cheio* é argumentativamente superior a *O copo está quase cheio* porque apresenta um grau superior de R, isto é, o nível de plenitude do copo é superior em *O copo está cheio.*

Define-se assim o conceito de oposição argumentativa: duas frases f1 e f2 são argumentativamente opostas se, em nenhuma situação, as ocorrências dos enunciados E1 de f1 e E2 de f2 podem servir para conduzir à mesma qualidade R do ato de argumentar, não podendo atribuir em nenhum grau a mesma qualidade ao mesmo objeto.

No exemplo que vimos anteriormente a respeito do estado de embriaguez de Roberto, temos um caso de oposição argumentativa. Ao dizer que *Roberto bebeu um pouco,* o amigo João põe em evidência o estado de embriaguez de Roberto; ao dizer que *Roberto bebeu pouco,* ao contrário, João apresenta o estado de embriaguez de Roberto não se realizando. Dessa forma, podemos afirmar que cada um dos dois enunciados apoia-se numa qualidade argumentativamente oposta que tem a ver com o ato de argumentar que cada um deles realiza: estar embriagado e não estar embriagado.

A qualidade R estabelece a forma como, no discurso, os enunciados conduzem a determinadas conclusões, implícitas ou explícitas. É nesse sentido que *beber pouco* e *beber um pouco* se opõem. O fato é que operamos nossas escolhas linguísticas em razão de nossos objetivos, uma vez que elas produzem efeitos de sentido. Assim é que, se João desejar concordar com Pedro e ressaltar que Roberto não deve dirigir, dirá que ele *bebeu um pouco*. Se, ao contrário, ele desejar discordar de Pedro e argumentar que Roberto pode dirigir, ele dirá que o amigo *bebeu pouco*. Como podemos observar, ao manifestar uma posição a respeito da qualidade de embriaguez de Roberto, o amigo estará argumentando contra ou a favor a que ele vá para casa dirigindo; nem é preciso dizer expressamente que ele pode ou não pode dirigir.

De fato, não é necessário nem é sempre possível dizer tudo de forma explícita. Essa ideia nos conduz ao conceito de implícitos, também bastante aprofundado por Ducrot.

2. Os implícitos na argumentação

A noção de que a função fundamental da língua é a comunicação rompe com a concepção clássica da linguística do século XIX, segundo a qual a linguagem teria a função primordial de expressão do pensamento. Considerar a comunicação como a função linguística fundamental é, segundo Ducrot (1977: 9), "admitir que a fala, por vocação natural, é fala para outrem, e que a língua não se realiza senão quando fornece um lugar de encontro para os indivíduos". Ducrot, entretanto, lembra também que considerar a noção de fala ligada à comunicação traz uma limitação, pois é priorizar a informação, tomando o ato de informar como o ato linguístico fundamental.

É importante lembrar que a língua comporta todo um conjunto de relações intersubjetivas, englobando os papéis que os locutores escolhem para si e impõem a seus interlocutores. Por isso, muitas outras funções são essenciais à língua, uma vez que as relações intersubjetivas não se reduzem à comunicação, isto é, à troca de informações. De acordo com Ducrot (1977: 12), há muitas relações intersubjetivas para as quais "a língua oferece não apenas a ocasião e o meio, mas também o quadro institucional", pois é o diálogo que caracteriza a linguagem e é por meio da língua que os sujeitos interagem. A esse respeito, Ducrot

(1977: 13) ensina que "há, no interior da língua, todo um dispositivo de convenções e de leis que deve ser compreendido como um quadro institucional a regular o debate dos indivíduos". Enquadra-se nessa visão o conceito de leis do discurso postulado por ele, segundo o qual existem princípios discursivos que se impõem ao ato de enunciação.

O fato é que o conceito de língua associado à transmissão de informação implica admitir que todos os conteúdos são expressos de maneira explícita. Entretanto, muitas vezes, como afirma Ducrot (1977: 13), "temos a necessidade de, ao mesmo tempo, dizer certas coisas e poder fazer como se não as tivéssemos dito; de dizê-las de tal forma que possamos recusar a responsabilidade de tê-las dito". Nessas ocasiões, recorremos aos implícitos.

Com efeito, há situações em que nos sentimos impedidos de dizer alguma coisa, de fornecer alguma informação, por diversas razões. Ducrot lembra que as sociedades têm muitos tabus linguísticos e ressalta que uma afirmação explícita pode tornar-se alvo de discussões, pode ser rebatida, refutada, porque, todas as vezes em que explicitamos nossa opinião, estamos sujeitos a julgamentos e objeções de nossos interlocutores. Esses motivos justificam o emprego de formas implícitas, pois elas permitem resguardar da contestação o conteúdo que se deseja formular, evitando o confronto.

Segundo Ducrot (1977), há duas formas de implícitos: aquelas que introduzimos no discurso do exterior, por meio de procedimentos estranhos à língua propriamente dita, e aquelas que estão inscritas na língua de maneira mais direta.

Os implícitos que introduzimos no discurso, ou implícitos discursivos, dizem respeito apenas à habilidade com que utilizamos a língua e se fundamentam ora no conteúdo do enunciado, ora na enunciação. A respeito do implícito fundado no enunciado, ele observa que:

> Um procedimento banal, para deixar entender os fatos que não queremos assinalar de modo explícito, é apresentar, em seu lugar, outros fatos que podem parecer como a causa ou a consequência necessárias

dos primeiros. Dizemos que o tempo está bom para fazer entender que vamos sair (Ducrot, 1977: 15).

O implícito apoiado na enunciação não deve ser procurado no nível do enunciado: deve ser considerado como uma condição de existência do ato de enunciação. Esses implícitos estão ligados às leis do discurso e correspondem a elas. Dessa forma, por exemplo, falar de determinado assunto a um interlocutor Y pode, em certas circunstâncias, de modo implícito, significar dizer que Y tem interesse por esse assunto. Muitas vezes, damos ordens apenas para afirmar de modo implícito que estamos em condições de dar tais ordens. É também ligado à enunciação o implícito contido em elogios a um terceiro que queremos impor como modelo a nosso interlocutor.

Nos implícitos discursivos, também conhecidos como subentendidos, a responsabilidade do implícito fica para o interlocutor, que é tido como aquele que, por meio de um raciocínio, a partir do que foi dito expressamente, tira suas conclusões e as consequências delas por sua conta e risco. Assim, o subentendido não é encontrado, mas reconstruído.

Suponhamos, por exemplo, que um amigo esteja muito acima do peso. Podemos, numa conversa, comentar que determinada pessoa de nossas relações sofreu um derrame porque estava com sobrepeso. O amigo, por meio de um raciocínio inferencial baseado no estabelecimento de analogia, pode compreender que estamos dando a entender que ele também corre esse risco e precisa emagrecer. No caso, nada foi dito ao amigo sobre sua necessidade de fazer dieta. Esse conteúdo ficou subentendido: ele tirou, por conta própria, as conclusões a respeito do fato que lhe foi relatado. É por esse motivo que, caso o amigo se sinta ofendido com a "indireta", podemos sempre nos retirar da responsabilidade do conteúdo subentendido.

O tipo de implícito que, segundo Ducrot (1977), não é discursivo chama-se pressuposição linguística, ou pressuposição. Para apreender o implícito da pressuposição é necessário recorrer à significação da expressão linguística. O pressuposto está, portanto, inscrito na língua. As expressões que trazem conteúdos pressupostos têm, na verdade, um conteúdo posto e outro pressuposto. O exemplo clássico constitui *Pedro parou de fumar*, cujo sentido traz como posto que Pedro não fuma atualmente e como pressuposto que Pedro fumava no passado, ou, como diz Ducrot, põe que Pedro não fuma e pressupõe que Pedro fumava.

A linguista Kerbrat-Orecchioni (1986: 25) define pressuposto com sendo

> todas as informações que, sem ser abertamente postas, ou seja, sem constituir em princípio o verdadeiro objeto da mensagem a ser transmitida, são, no entanto, automaticamente trazidas pela formulação do enunciado, no qual se encontram intrinsecamente inscritas, seja qual for a especificidade do quadro enunciativo.

Nesse mesmo sentido, Ducrot (1977, 1984) postula que o reconhecimento do pressuposto não está ligado a uma reflexão individual do falante, mas inscrito na língua, ligado ao próprio enunciado. O pressuposto está, segundo Ducrot (1984), no componente linguístico. A esse respeito, Maingueneau (1996: 93) observa que "qualquer locutor que sabe o português pode, em princípio, identificar os pressupostos", pois, para reconhecer um conteúdo pressuposto, o sujeito recorre ao seu conhecimento linguístico.

Reforçando a inclusão do pressuposto ao componente linguístico, Henry (1992: 37) afirma que, "do ponto de vista linguístico, a pressuposição está estreitamente ligada à teoria da gramática" e defende que o componente sintático é o componente de base da gramática. Ducrot (1977, 1984) também observa que o fenômeno da pressuposição parece ter uma forte ligação com construções sintáticas, o que fornece uma primeira razão para tratá-lo como parte do componente linguístico, no qual, segundo o linguista, deveriam ser descritos os valores semânticos dessas construções. Em vista disso, Ducrot propõe três restrições de caráter sintático para a determinação do pressuposto:

(1) os pressupostos de um enunciado se mantêm afirmativos na negação;
(2) os pressupostos de um enunciado se mantêm afirmativos na interrogação;
(3) a ligação de subordinação não atinge o pressuposto, mas somente o posto.

Vejamos como ocorrem essas restrições. Tomemos o enunciado *Pedro sabe que João virá*. Esse enunciado tem como conteúdo posto que Pedro tem uma opinião positiva a respeito da eventualidade da vinda de João e, como conteúdo pressuposto, que João virá efetivamente. Se aplicarmos a negação, teremos *Pedro não sabe que João virá*. Esse enunciado tem como conteúdo posto que Pedro não tem uma opinião positiva a respeito da eventualidade da vinda de João e, como conteúdo pressuposto, que João virá efetivamente. Com a interrogação, teremos *Pedro sabe que João virá?* Esse enunciado tem como conteúdo posto que não se sabe se Pedro tem uma opinião positiva a respeito da eventualidade da vinda de João e, como conteúdo pressuposto, que João virá efetivamente. Em uma construção de subordinação, como *Eu tenho dúvidas se Pedro sabe que João virá*, o conteúdo pressuposto também se mantém. A dúvida recai somente sobre o conteúdo posto: Pedro tem uma opinião positiva a respeito da eventualidade da vinda de João. A dúvida não atinge o conteúdo pressuposto que permanece o mesmo: João virá efetivamente.

Por meio do exemplo em que aplicamos a negação, a interrogação e uma relação de subordinação, foi possível observar que o conteúdo pressuposto permaneceu o mesmo em todos os enunciados, o que confirma as restrições propostas por Ducrot.

Vale apresentar alguns apoios linguísticos da pressuposição, lembrando que os exemplos a seguir não esgotam as possibilidades de construção da pressuposição linguística:

(a) Verbos factivos ou contrafactivos: são aqueles que pressupõem a verdade (factivos) ou a falsidade (contrafactivos) do conteúdo exposto no complemento verbal. O julgamento verdadeiro/

falso fica no conteúdo pressuposto, como no enunciado *José verificou que faltava uma página no livro,* em que o verbo *verificar,* significando confirmar, comprovar, tem como conteúdo pressuposto a verdade afirmada no complemento verbal.

(b) Verbos implicativos: são aqueles que estabelecem uma relação de implicação relativa ao fato expresso pelo verbo da oração a ele subordinada. É o que acontece, por exemplo, no enunciado *Marina tentou ligar para João diversas vezes.* O verbo *tentar* implica a não ocorrência do fato expresso pelo verbo *ligar.* O verbo *tentar* põe que Maria empenhou meios para ligar para João e pressupõe que a ligação não se efetivou.

(c) Verbos de mudança de estado: são verbos que pressupõem a interrupção de uma ação que vinha sendo praticada, ou, ao contrário, o início de uma ação que não era praticada. Esses verbos são os conhecidos auxiliares aspectuais, como no exemplo *Vanda passou a ir ao cinema uma vez por semana.* O auxiliar aspectual *passar a* põe que Vanda atualmente vai ao cinema uma vez por semana e pressupõe que, anteriormente, Vanda não realizava essa ação na mesma frequência.

(d) Verbos iterativos: são aqueles que pressupõem a repetição de uma ação que já havia ocorrido anteriormente, como no enunciado *Sandra voltou ao Paraná para visitar sua tia,* em que o verbo iterativo *voltar* põe que Sandra foi ao Paraná e pressupõe que ela já havia estado lá antes.

(e) Marcadores aspectuais ou iterativos: são expressões temporais que indicam que ocorreu mudança ou que a ação expressa pelo verbo já havia acontecido anteriormente. No enunciado *Eu não como mais pão, nenhum carboidrato, aliás,* a expressão *não... mais* põe que eu não como pão e pressupõe que eu comia pão anteriormente, ou seja, ocorreu uma mudança. Já no enunciado *José foi assistir ao show dos Titãs de novo,* a expressão *de novo* põe que José foi assistir ao show dos Titãs e pressupõe que ele já havia ido a esse mesmo *show* anteriormente.

(f) Nominalizações: são processos de transformação de uma oração em um sintagma nominal. Especialmente quando a nominalização é fruto da derivação de adjetivo ou de verbo avaliativo, o substantivo derivado traz na forma de pressuposto o valor avaliativo do verbo ou adjetivo de que derivou. Assim, o enunciado *A excelência de nossos serviços é nosso orgulho* traz como conteúdo pressuposto *nossos serviços são excelentes*.

(g) Grupos nominais definidos: são grupos de palavras cuja função é apresentar uma definição ou uma especificação. Nos grupos nominais, o conteúdo pressuposto especifica algo em torno do substantivo que funciona como núcleo. Maingueneau (1996) chama esses grupos nominais de descrições definidas. O grupo nominal no enunciado *O carro de Sérgio está na revisão* traz o pressuposto de que Sérgio possui um carro.

(h) Comparações e contrastes: são construções que estabelecem relações de semelhança ou de disparidade entre os elementos que a compõem, pressupondo a existência do elemento em comparação. Assim, o enunciado *Mário está mais gordo do que André*, ao estabelecer a comparação, pressupõe que tanto Mário quanto André são gordos.

(i) Interrogativas parciais: são construções interrogativas que contêm partículas do tipo *quem, quando, por que, qual, quanto, onde*, incidindo sobre algo desconhecido. Essas partículas pressupõem a ocorrência da ação expressa pelo verbo a elas ligado, como ocorre, por exemplo, na pergunta *Quem lhe deu esse livro, Pedro?*, em que o pronome interrogativo *Quem* pressupõe que alguém efetivamente deu o livro a Pedro.

É importante observar que o conteúdo pressuposto, assim como o posto, faz parte do enunciado, pois sua escolha ocorreu na formulação deste. Por esse motivo, Ducrot sustenta que a pressuposição parece aprisionar o interlocutor num universo intelectual que lhe é imposto: ele não o escolheu, mas não pode negá-lo nem questioná-lo, o que, segundo Maingueneau (1996), abre a possibilidade de uso dos pressupostos para fins manipuladores.

De acordo com Ducrot (1972, 1977), apresentar ao interlocutor um conteúdo pressuposto é situar o diálogo na hipótese de que ele já soubesse, pois, como observa Kerbrat-Orecchioni (1986), os conteúdos pressupostos parecem emprestados de um discurso anterior. Assim, ao introduzir uma ideia sob a forma de pressuposto, o locutor faz como se o interlocutor e ele próprio não pudessem fazer de outra forma, a não ser aceitá-lo. A partir desse ponto de vista, Ducrot (1984: 92) postula que a pressuposição se define pela lei de encadeamento: "A informação pressuposta é apresentada como não devendo ser o tema do discurso ulterior, mas apenas o quadro no qual ele se desenvolverá".

Resumindo, podemos dizer que o posto é o que se afirma enquanto se está na posição de locutor; o subentendido é o que se deixa para o interlocutor concluir; o pressuposto é o que se apresenta como comum a ambos, como o objeto de uma cumplicidade fundamental que liga os participantes do diálogo. Tanto o pressuposto quanto o subentendido abrem, no entanto, a mesma possibilidade ao locutor: ele pode eximir-se da responsabilidade do que disse.

Ao proporem uma visão pragmática da língua voltada para a compreensão de diversas situações de uso, os estudos de Ducrot em torno dos implícitos abriram muitas possibilidades para os estudos do discurso, dentre as quais outro conceito desenvolvido por Ducrot, amplamente utilizado nesses estudos e objeto da próxima seção: *topos*.

3. A teoria dos *topoi*

A palavra *topos* origina-se do grego e corresponde à expressão latina *locus communis*, de onde vem a expressão *lugar-comum* em português. A ideia de lugares-comuns diz respeito a crenças de uma determinada cultura, ou a princípios gerais nos quais se baseiam os raciocínios que conduzem a uma determinada conclusão. A teoria da argumentação na língua, conforme lembra Plantin (2005), redefiniu os *topoi* em termos de princípios gerais comuns apresentados como aceitos pela coletividade.

Os provérbios constituem um bom exemplo de *topoi* ou lugares-comuns, pois eles trazem modos de pensar aceitos por determinada cultura, permitindo que as pessoas os aceitem como verdades e os utilizem como argumentos em seus discursos. Vejamos o provérbio *Nem tudo que reluz é ouro*. Quando percebemos uma pessoa amiga encantada com uma oferta que lhe parece excepcional, podemos, para alertá-la a tomar mais cuidado com o encantamento que pode estar baseado em impressões falsas, utilizar esse provérbio. Os dizeres do provérbio expressam a crença bastante difundida em nossa sociedade de que, muitas vezes, somos levados a nos enganar por fatos, pessoas ou coisas que aparentemente são excelentes, excepcionais, mas que, na realidade, não o são. Esse é o *topos*, isto é, uma crença aceitável como verdadeira numa comunidade.

Segundo Ducrot, o *topos* permite o acesso a uma conclusão. Quando temos a conclusão explícita, é o *topos* que estabelece e torna clara a passagem do argumento para a conclusão. Quando a conclusão não está expressa, ou seja, quando deixamos para nossos interlocutores construírem a conclusão, o *topos* traz o raciocínio que dá acesso a ela. É por esse motivo que Ducrot postula que um predicado, mais do que simplesmente fazer referência a uma propriedade do nome ao qual ele se liga, contém uma alusão a um *topos* que autoriza algumas conclusões numa determinada comunidade. Desse ponto de vista, o *topos* constitui um instrumento linguístico que liga as palavras, organiza os discursos possíveis e define os discursos aceitáveis como coerentes para determinada comunidade. É o que acontece, por exemplo, no horóscopo publicado em jornais, que recorre frequentemente às crenças socialmente aceitas para apoiar os conselhos ao consulente. Vejamos um exemplo retirado da coluna "Astral Quiroga", publicada no Caderno 2 de *O Estado de S.Paulo* em 22 de fevereiro de 2012:

| Escorpião 23-10 a 21-11 — Todo empreendimento precisa de muito mais tempo de | planejamento do que de execução, pois se o planejamento for meticuloso os resultados | serão colhidos mais rapidamente e de forma mais segura. Planeje, só isso. |

No texto do horóscopo, o enunciador faz uso do *topos* "planejar é importante para a obtenção de sucesso". É essa crença que apoia a sua conclusão expressa pelo ato de fala de caráter injuntivo contido no conselho do astrólogo: *planeje*.

Ducrot *et al.* (1980a) defendem que o *topos* constitui um princípio interno à própria língua, mas admitem que esse princípio está relacionado a um ponto de vista assumido por um enunciador. O enunciado *Hoje vai fazer calor, o sol está brilhando* apoia-se no *topos* que liga a ocorrência de sol a calor, ou seja, esse ponto de vista ao qual o locutor adere. Aliás, esta é a preocupação da teoria dos *topoi*: determinar o ponto de vista argumentativo do locutor, que lhe permite justificar determinada conclusão. As fábulas constituem um exemplo disso. Eis uma fábula bastante conhecida:

O Leão e o Ratinho

Um Leão estava dormindo um sono profundo quando foi despertado por ratinhos que corriam por sobre seu corpo e sua juba majestosa. Ao perceber o Leão acordar, todos os ratinhos fugiram, menos um. Levantando-se, rugindo com muita raiva, o Leão agarrou o Ratinho e estava prestes a matá-lo quando o Ratinho suplicou piedosamente, e o Leão decidiu soltá-lo. Algum tempo depois desse episódio, o Leão foi capturado por caçadores, que o amarraram no chão. Desesperadamente, o Leão ruge, incapaz de se soltar das cordas apertadas. O Ratinho reconhecendo o rugido, foi até onde o Leão estava preso, roeu as cordas e o libertou. Moral: uma boa ação ganha outra.

Nessa versão da fábula de Esopo, o *topos* "os atos de gentileza nunca são em vão, pois sempre são retribuídos" constitui o ponto de vista argumentativo da narrativa. Essa fábula pode ser usada, por exemplo, para convencer um amigo que se recusa a fazer um favor a um terceiro.

Os *topoi* são graduais e estabelecem entre os predicados que associam relações também graduais. Com efeito, a gradação constitui um dos princípios fundamentais da teoria. É o conceito que permite implicar a existência de escalas argumentativas. Assim é que, no enunciado *Estou muito estressada, essas férias me farão bem*, encontramos o *topos* que põe em relação a escala do estresse e a escala dos benefícios das férias: quanto mais estressada uma pessoa estiver, mais benéfica serão suas férias.

Vejamos um exemplo retirado de um texto de divulgação científica:

> [...] mulheres podem tentar queimar aquelas gordurinhas das pernas e dos glúteos, mas a natureza prefere que elas estejam lá. Além disso, mães mais pesadas tendem a ter bebês mais saudáveis, dizem os autores, o médico epidemiologista William D. Lassek e o antropólogo Steven Gaulin (Reis, 2012).

O artigo da *Folha* põe em relação a gordura da mãe e a saúde do bebê. Podemos, a partir da sua leitura, inferir que, quanto mais pesada a mãe estiver, mais saudável será seu bebê.

A partir da ideia de graduação dos *topoi* e apoiado no estudo da palavra *até*, Ducrot (1980b) propôs dois conceitos intimamente ligados: o de classe argumentativa e o de escala argumentativa.

Constitui uma classe argumentativa o conjunto de enunciados que conduzem a uma mesma conclusão. Podemos, por exemplo, para convencer um amigo a comprar um livro recentemente lançado, dizer:

(a) *o autor é muito bem conceituado*;
(b) *a crítica apresentou opiniões favoráveis à obra*;

(c) *a narrativa é original*;
(d) *o texto é muito bem escrito*.

Os argumentos apresentados para convencer o amigo de que a compra do livro vale a pena constituem, juntos, uma classe argumentativa, pois conduzem todos à mesma conclusão: *compre o livro*.

Ao definir classe argumentativa, Ducrot (1980b: 17) afirma que um locutor coloca dois enunciados *p* e *p'* em determinada classe argumentativa para um enunciado *r*, se ele considera *p* e *p'* como argumentos em favor de *r*.

Notemos que Ducrot coloca a decisão nas mãos do locutor, ou seja, a determinação de uma classe é uma ação que emana da intenção discursiva do sujeito na elaboração do discurso. Ele observa que o locutor se define não apenas por sua identidade pessoal, mas também pela situação tanto ideológica quanto social ou espaçotemporal na qual ele se insere no momento de sua enunciação, o que nos aponta uma preocupação com o discurso, embora não seja esse o foco de interesse desse teórico da linguagem.

Os enunciados de uma classe argumentativa podem constituir uma escala argumentativa caso o locutor marque a existência de uma gradação de força entre os argumentos por considerar que um argumento é mais forte que outro ou outros em relação a uma determinada conclusão. Tomando o mesmo exemplo utilizado para a classe argumentativa, se, ao argumentar a favor da compra do livro, dissermos a nosso amigo: "O autor é muito bem conceituado, a narrativa é original, o texto é muito bem escrito e, inclusive, a crítica apresentou opiniões favoráveis à obra", estaremos estabelecendo um escala argumentativa na qual o argumento mais forte é a opinião favorável da crítica. Isso quer dizer que, conforme lembra Cabral (2010), ao construirmos uma escala argumentativa, estamos explicitando para o interlocutor um ponto de vista relativo à força dos argumentos que lhe apresentamos para sustentar a conclusão pretendida.

O mesmo texto de divulgação científica que vimos acima apresenta os seguintes argumentos contra as dietas muito restritivas em relação ao consumo de gordura:

Se isso não basta para dissuadir as mulheres de aderir a dietas que demonizam a gordura, os autores avisam: nenhuma dieta cumpre o que promete ou dá resultado definitivo. Pior: esse tipo de restrição alimentar costuma até aumentar o peso de quem a segue, segundo o livro (Reis, 2012).

Podemos depreender desse parágrafo três argumentos que constituem uma classe argumentativa, uma vez que eles vão em direção à mesma conclusão, *i.e.*, não se deve fazer dieta com forte restrição à gordura:
 (a) *nenhuma dieta cumpre o que promete*
 (b) *nenhuma dieta dá resultado definitivo*
 (c) *esse tipo de restrição alimentar costuma até aumentar o peso de quem a segue.*

O emprego do marcador *até* assinala que o locutor do texto considera o argumento (c) como sendo o mais forte dos três. Estabelece-se, assim, uma escala argumentativa.

É importante deixar claro que, conforme já ressaltamos, a escolha de uma classe argumentativa e a explicitação de uma escala argumentativa constituem decisões do locutor. As escalas argumentativas organizam os argumentos em termos de força, remetendo a uma avaliação do enunciador a respeito da decisão sobre argumentos que são mais fortes do que outros na determinação de uma mesma conclusão.

Os conceitos de classes e escalas argumentativas nos permitem encarar a argumentação como um fenômeno gradual. É preciso lembrar, no entanto, que o caráter gradual, como ressalta Cabral (2010), é explicitado na língua por elementos específicos, os operadores argumentativos, cuja função é sinalizar as intenções do locutor explicitando quais argumentos ele considera mais fortes ou mais fracos com respeito a determinada conclusão, de acordo com suas intenções frente ao interlocutor. A presença do interlocutor nos remete sempre ao outro e, por conseguinte, a mais um conceito desenvolvido por Ducrot: polifonia linguística.

4. O conceito de polifonia linguística

Conforme Ducrot *et al.* (1980a: 45), há um princípio geral que ultrapassa o quadro linguístico estrito, mas parece comandar o discurso e distingui-lo do raciocínio lógico: o pensamento do outro é constitutivo do meu e é impossível separá-los radicalmente. Não saberíamos de fato encarar uma opinião alheia sem lhe dar, por conta disso, certo grau de adesão, que não implica que tenhamos que aderir totalmente; ao contrário, é possível tomar ao mesmo tempo certa distância dela.

A presença do outro se encontra na base do conceito de polifonia, conceito que tem em Ducrot uma abordagem um pouco diversa de outros teóricos. A noção de polifonia, para Ducrot, diz respeito ao fato de que o locutor põe em cena no enunciado certo número de figuras discursivas, ou seja, enunciadores, com estatutos linguísticos e funções diferentes.

Para compreender a fundo a noção de polifonia desse ponto de vista teórico, é importante apreender a distinção que faz Ducrot (1984) de sujeito empírico, locutor e enunciador.

O sujeito empírico é o autor, o produtor do enunciado. Trata-se da pessoa que efetivamente produziu o texto do enunciado. Uma propaganda institucional, por exemplo, pode vir assinada pelo presidente da empresa, mas será que foi ele mesmo quem a escreveu? Essa, segundo Ducrot, não é uma questão linguística, e essa figura não interessa, portanto, à análise linguística do sentido.

O locutor é o responsável pela enunciação e pelo enunciado; é aquele que se inscreve no enunciado pelas marcas de primeira pessoa; é o sujeito que diz "eu". É importante ficar claro que o locutor não se confunde com o sujeito empírico. No caso da propaganda institucional assinada pelo presidente da empresa, o locutor é o presidente, mesmo que não tenha sido ele quem redigiu efetivamente o texto. O locutor é uma entidade linguística. Essa distinção é importante porque ela faculta que não apenas pessoas tomem a palavra, mas também objetos, animais.

No exemplo a seguir, o locutor do texto põe em cena um enunciador que não corresponde a uma pessoa, mas a uma obra, mostrando como objetos podem tomar a palavra:

> Mulheres precisam de gordura no corpo. É só comer o tipo certo desse nutriente e dá até para perder alguns quilos, defende o livro *Why Women Need Fat* ("Por que mulheres precisam de gordura", US$ 16,95 na Amazon) lançado recentemente no mercado americano (Reis, 2012).

O enunciador corresponde a pontos de vista relativos aos conteúdos expressos no enunciado. Segundo Ducrot (1984), o locutor, ao produzir um enunciado, compreendido como um segmento de discurso, põe em cena um ou vários enunciadores que realizam atos ilocutórios, aos quais o locutor pode ou não dar o seu assentimento. Os enunciadores não são pessoas. São, como lembram Negroni e Colado (2001), "pontos de perspectiva abstratos".

Segundo Anscombre e Ducrot (1997), o locutor pode assumir pelo menos duas atitudes diante dos enunciadores que põe em cena: ele pode identificar-se com algum deles ou manter distância em relação a eles, assimilando-os a pessoas distintas de si, pessoas que podem ser ou não determinadas.

Assim, tomando ainda as dietas de emagrecimento, é comum ouvirmos comentários do tipo: "Todo mundo pensa que basta parar de comer para emagrecer". O locutor desse enunciado põe em cena um enunciador não determinado (*todo mundo*) frente a cujo conteúdo ele mantém distância, ou seja, o locutor não dá sua concordância ao conteúdo assimilado ao enunciador. É como se o locutor enunciasse: "Todo mundo pensa que basta parar de comer para emagrecer, mas eu penso de forma diferente".

O exemplo que vimos acima, cujo enunciador corresponde a um livro, traz um enunciador determinado, isto é, o livro *Why Women Need Fat*. O próximo exemplo traz outro enunciador determinado, desta vez, uma instituição. Em comentário sobre o crime do qual foi vítima, um estudante universitário afirmou:

> A polícia costuma achar que são três as causas deste tipo de crime: mulher, drogas e dinheiro. Até hoje me pergunto qual o motivo. Nunca tinha visto os caras antes (Trindade, 2012).

O locutor do comentário põe em cena um enunciador determinado, do qual ele se distancia, a polícia. Ao dizer que a polícia costuma achar, o locutor marca sua discordância, deixando implícita a continuação do enunciado (mas eu não acho).

O texto sobre dieta de emagrecimento traz mais um exemplo de polifonia:

> Além de não funcionar a longo prazo, uma dieta pode engordar a pessoa. Se você emagrece muito, o hipotálamo acha que não há comida disponível e diz ao seu corpo para estocar mais gordura (Reis, 2012).

No exemplo acima, a polifonia está fundamentada em um enunciado negativo: "Além de não funcionar a longo prazo, uma dieta pode engordar a pessoa". Ao enunciar: "Além de não funcionar a longo prazo", o locutor põe em cena um enunciador não determinado de quem ele se distancia e que afirmaria que as dietas funcionam a longo prazo. Trata-se de um enunciado negativo de tipo polêmico, ou seja, que pressupõe a existência de um enunciado afirmativo que o antecede e com o qual ele dialoga, opondo-se a ele.

Os enunciados negativos de caráter polêmico constituem, portanto, exemplos nos quais ocorrem enunciadores dos quais o locutor se distancia. Segundo Ducrot (1984), o enunciado negativo pode trazer a existência de dois enunciadores, uma vez que o enunciado negativo traz a marca de uma afirmação que aparecerá no momento de sua interpretação. A negação polêmica, como a caracteriza Ducrot, põe em cena dois enunciadores antagônicos, um que diz sim e outro que diz não. Vejamos mais um exemplo de negação polêmica marcando a polifonia, agora em texto de horóscopo publicado na internet:

> Áries - Nem tudo pode ser compartilhado, mesmo com as pessoas mais próximas e íntimas há segredos que precisam ser mantidos, pois são informações que não seriam compreendidas e por isso provocariam mal-estar e discórdia.

O texto do horóscopo põe em cena dois enunciadores não determinados: um deles admite que tudo pode ser compartilhado; o outro adverte para o sentido oposto, que nem tudo pode ser compartilhado. O locutor do horóscopo dá seu assentimento ao segundo enunciador. Instaura-se assim a polifonia.

O exemplo que acabamos de ver mostra que nem sempre a polifonia instaura a discordância entre locutor e os enunciadores que ele põe em cena no discurso. O próximo exemplo corrobora esse fato por meio de um enunciador determinado representado por uma pessoa. Vejamos o comentário de uma amiga durante uma conversa:

> Aprendi desde pequena a lutar por meus objetivos. Minha mãe sempre dizia que *quem quer vai, quem não quer manda*. Eu sempre me virei sozinha.

O locutor desse texto põe em cena um enunciador determinado, *minha mãe*, a cujo discurso ele adere, utilizando-o para justificar sua atitude perante a vida. Vale ainda ressaltar que o discurso do enunciador *minha mãe* está fundado em um *topos* apoiado em um dito popular, segundo o qual as pessoas não devem contar com os outros para realizar as ações que consideram importantes: devem realizá-las pessoalmente. Podemos notar, por meio desse exemplo, como os fenômenos representados por conceitos teóricos não acontecem de forma isolada; ao contrário, eles se imbricam na realização de nossas práticas discursivas. A separação que fazemos deles usualmente tem caráter metodológico ou didático.

A breve explanação do conceito de polifonia tal como o postula Ducrot nos permite perceber a importância da dimensão linguística para os estudos do discurso. A abordagem de Ducrot nos conduz à compreensão das múltiplas possibilidades que a língua oferece para os mais variados usos de acordo com as intensões com que construímos nossos discursos.

Os conceitos que exploramos neste capítulo são frutos dos estudos que Ducrot iniciou nos anos 1960. Desde esse período, ele vem defendendo uma abordagem puramente linguística para o fenômeno da argumentação. O ponto de vista exclusivamente linguístico aparentemente não interessaria aos estudos do discurso. Entretanto, não podemos ignorar as contribuições que os conceitos explorados por esse teórico da linguagem oferecem à compreensão dos usos discursivos da língua.

Tendo em vista essa constatação, procuramos oferecer aos leitores interessados nos estudos do discurso alguns temas referentes à argumentação do ponto de vista linguístico, tal como o desenvolveu Ducrot, pai da semântica argumentativa, tentando mostrar a relação entre esses conceitos e esses estudos. Por isso, apresentamos a teoria da argumentação na língua e os principais conceitos decorrentes desse ponto de vista teórico, e abordamos os implícitos, especialmente o conceito de pressuposição, focalizando seu papel nos discursos argumentativos. Além disso, apresentamos a teoria dos *topoi*, ressaltando a importância do conceito de *topos* para a realização de argumentações coerentes dentro de determinada comunidade discursiva. Finalmente, tratamos do conceito de polifonia linguística postulado por Ducrot, procurando mostrar os efeitos de sentido que os enunciados polifônicos alcançam.

Os estudos de Ducrot dedicam-se às possibilidades que a língua oferece à argumentação, e as limitações que ela impõe. Para o estudioso do discurso, seus ensinamentos, ou seja, os conceitos por ele desenvolvidos servem de ferramentas que apoiam análises, permitem investigar os sentidos discursivos a partir dos dados de língua.

CAPÍTULO 8
PÊCHEUX
Sonia Sueli Berti Santos

Nascido em Tours em 1938 e falecido em Paris em 1983, fundador da Escola Francesa de Análise do Discurso, Pêcheux entende a linguagem como materializada na ideologia, ideologia que se manifesta na linguagem, como nos informa Orlandi (2005). O discurso é, então, entendido como um efeito de sentidos dentro da relação entre linguagem e ideologia. Pela análise do funcionamento discursivo, ele objetiva explicitar os mecanismos da determinação histórica dos processos de significação.

Em seu livro *A análise do discurso: três épocas,* Pêcheux sintetiza a análise do discurso (AD) que vislumbrara. Para melhor compreendermos essa síntese, precisamos abordar a reformulação/reconfiguração de sua teoria, analisando conceitos primordiais e os passos importantes para o desenvolvimento dessa disciplina. Trataremos de alguns aspectos discutidos em obras como *Reflexões sobre a situação teórica das ciências sociais, psicologia social, Observações para uma teoria geral das ideologias, Análise automática do discurso* e *A propósito da análise automática do discurso*, entre outras, para, então, analisar as suas concepções de sujeito, discurso e linguagem em *O discurso: estrutura ou acontecimento*.

Do século XIX até o final da década de 1950, são realizados muitos estudos sobre *langue, parole*, competência, variação etc. A partir daí, são introduzidos estudos enunciativos, pragmáticos, discursivos e textuais com vistas a analisar os diferentes usos linguísticos e seus aspectos teóricos. Mas é na década de 1970 que os estudos linguísticos ganham força no Brasil, com a diversidade de métodos e teorias que chegam até nós, dentre os quais podemos citar a linguística textual, a semiótica greimasiana, a análise do discurso anglo-saxã, a análise da conversação e os estudos da AD de orientação francesa. São estes que nos interessam aqui, os quais ganham espaço no Brasil na década de 1980 e difundem-se entre os pesquisadores, conforme mostra o breve percurso histórico desses estudos que a próxima seção traz para contextualizar Pêcheux e a AD.

1. Percurso histórico de Pêcheux e da AD

A AD surgiu na França, nos idos de 1960, e diverge da análise de conteúdos, que concebe o texto como projeção extradiscursiva, sem preocupações referentes às articulações linguísticas e textuais, muito em voga na área das ciências humanas, trabalhando com a ideia de o discurso ser entendido como seu objeto próprio. Desse modo, a AD passa a considerar "o modo de funcionamento linguístico-textual dos discursos, as diferentes modalidades do exercício da língua num determinado contexto histórico-social de produção" (Brandão, 1998: 19).

A análise do texto encontra, já nos formalistas russos no início do século XX, a possibilidade do que viria a ser denominado posteriormente de discurso. Ao entenderem haver no texto um encadeamento lógico de elementos transfrásticos, distanciaram-se da abordagem que a filologia dava aos estudos sobre a língua. Entretanto, essa postura, naquele momento um tanto inovadora, tem nos estruturalistas seu retrocesso, uma vez que eles propunham o estudo da estrutura do texto "em si mesmo e por si mesmo", excluindo de seu entendimento e estudo a exterioridade, observando apenas o que é imanente ao próprio texto.

Na década de 1950, ressurge a preocupação de os estudos dos enunciados (discursos) não se restringirem ao estudo da frase em si, mas de se seguirem os procedimentos da linguística distribucional americana, como nos trabalhos do linguista Zellig Harris (1952). E é por meio de seus estudos com o método distribucional que o autor aparta a análise do texto do teor meramente conteudista. Mas, para isso, o texto passa a ser reduzido a uma frase de grande extensão (Orlandi, 2001).

Embora os estudos de Jakobson e Benveniste sobre a enunciação tenham ajudado a AD a se configurar como apresentada hoje, foram, definitivamente, os estudos de Pêcheux, por meio de suas inquietações com o instrumento científico, que forneceram uma base teórico-metodológica para o desenvolvimento da AD.

Henry (1997 [1969]: 16-17), ao retomar a reflexão de Pêcheux sobre o instrumento científico, ressalta que Pêcheux entende que é através da interpretação dos instrumentos que as ciências colocam suas questões, "de tal maneira que o ajustamento de um discurso científico a si mesmo consiste, em última instância, na apropriação dos instrumentos pela teoria. É isto que faz da atividade científica uma prática". A apropriação, por sua vez, marca a dependência entre a teoria e seus instrumentos. Pêcheux insiste na necessidade de que haja "reinvenção" dos instrumentos por uma ciência, pois entende que os instrumentos não podem ser simplesmente tomados ou transferidos.

O mesmo acontece com a teoria, que não pode apenas reafirmar-se, mas que deve colocar seus limites constantemente em causa, uma vez que instrumentar uma teoria é dar-lhe mobilidade frente a seus conceitos (Lagazzy-Rodrigues, 2003).

Desse modo, Henry (1997 [1969]), retomando Pêcheux, afirma que cada vez que um instrumento é transferido de um ramo da ciência para outro, ou de uma ciência para outra, de algum modo esse instrumento é reinventado. Para exemplificar isso, Pêcheux cita o uso da balança como instrumento na prática técnica, antes de ser usada como instrumento na prática científica: as balanças foram usadas no comércio antes de se tornarem instrumentos científicos, o que vem ocorrer quando Galileu propõe a teoria das balanças, transformando-as em instrumentos científicos. Esses instrumentos são apropriações das ciências. Assim, ao ressignificar um instrumento, ao reinterpretá-lo, a teoria apropria-se dele.

A partir de noções de Saussure, a quem atribui a origem da ciência linguística, Pêcheux estrutura criticamente a noção de discurso que perseguiu durante sua vida. Para Saussure, há uma oposição entre língua e fala: se para o mestre genebrino a língua é entendida como sistêmica, objetiva, coletiva e o objeto dos estudos linguísticos, a fala é concreta, individual, variável, portanto, subjetiva e excluída desse campo de estudos.

Segundo Pêcheux (1997b: 62), a língua pensada como sistema "deixa de ser compreendida como tendo a função de exprimir sentido; ela se torna um objeto cujo funcionamento uma ciência pode descrever". A partir da dicotomia língua/fala, do ponto de vista saussuriano, e por entender que essa oposição em si não seria suficiente para dar conta da problemática do discurso, Pêcheux procura refletir sobre o discurso, entendendo-o como sendo um ponto intermediário entre linguagem e ideologia.

Já com os estudos da linguística da enunciação, evidencia-se o discurso, uma vez que se pensa a língua em funcionamento, não presa às estruturas. Benveniste, com formação estruturalista, foi um dos precursores da linguística da enunciação, dedicando-se a estudar a subjetividade na língua e distanciando-se de Saussure ao trazer a subjetividade para o cerne dos estudos linguísticos.

Se para Saussure a linguagem é entendida como instrumento de comunicação e de transmissão de informação, para a linguística da enunciação, na perspectiva de Benveniste (1989: 63), a língua é entendida como uma estrutura em funcionamento, sendo considerada essencialmente social, concebida no consenso coletivo, pois "somente a língua torna possível a sociedade. A língua constitui o que mantém juntos os homens, o fundamento de todas as relações que, por seu turno, fundamentam a sociedade". Benveniste vê a enunciação como instauração de funcionamento da língua por um ato individual de utilização. Ele define a enunciação como o ato de produção de um enunciado, e não o texto do enunciado. Desse modo, o sujeito é entendido em sua individualidade como *eu*, em relação a *tu* e a *ele*, reflexo de uma oposição linguística inerente ao discurso. Aquele que fala se refere sempre pelo mesmo indicador *eu* a si mesmo. É uma das formas da língua, um dado lexical como qualquer outro, mas que entra em ação no discurso, introduzindo nele a presença da pessoa sem a qual não existe linguagem possível. Entretanto, fora do discurso efetivo, o pronome é apenas uma forma vazia, que não se pode ligar nem a um objeto nem a um conceito.

Nesse contexto em que a subjetividade emerge, Pêcheux, em seu legado epistemológico, postula a AD como a articulação entre o materialismo histórico, entendido a partir da teoria das formações e transformações sociais, que compreende a teoria das ideologias; a linguística, como teoria que estuda, concomitantemente, a sintaxe e os processos de enunciação; e a teoria do discurso, que investiga a determinação histórica dos processos semânticos.

O contexto sociopolítico revolucionário na França do final dos anos de 1960, que culmina com Maio de 1968, é o cenário em que emergem as inquietudes e teorias de Pêcheux. O país vivencia momentos de insurreição popular, no qual acontecem greves gerais e rebeliões que atingem todas as camadas sociais e econômicas, ultrapassando barreiras culturais, étnicas, etárias. Elas começavam repentinamente com greves estudantis, alastravam-se pelas fábricas com mais de dez milhões de trabalhadores envolvidos e acabavam tão repentinamente quanto começavam, desencorajadas pelo Partido Comunista Francês, de orientação stalinista, sendo suprimidas pelo Governo. Nesse contexto político-social, De Gaulle convoca eleições e promete aumentos salariais. Retomando o controle, vence as eleições e encerra a crise. Esse movimento político-social reflete-se no trabalho intelectual de Pêcheux, bem como no dos outros autores seus interlocutores.

Apesar desse movimento político, a França daquela época era bem estruturada e definida em termos de ciências sociais. Naquele momento, teóricos e pensadores, principalmente os das ciências linguísticas, são marcados pelo estruturalismo e pelo gerativismo, e, paralelamente, "o marxismo althusseriano agita pensadores da ortodoxia, renova a reflexão sobre a instância ideológica e 'autoriza' a abertura em direção à psicanálise" (Maldidier, 2011: 40).

Nessa atmosfera, é possível pensar a AD como uma disciplina transversal. Afinal, os escritos de Pêcheux e a teoria da análise do discurso surgem em meio a questões sociais e políticas de seu momento, permeados pela história. Não por acaso, na primeira época da AD, pensada por Pêcheux, a temática centrava-se no discurso político, haja vista o contexto social em que se achava inserido. Naquele momento, entendiam as pessoas que havia uma crítica ideológica nas manifestações políticas, mas carregada de caráter científico e, portanto, objetiva.

Pêcheux começava a postular que, a partir da palavra e depois da sintaxe da língua, poderia desenvolver uma máquina capaz de realizar a "análise automática do discurso". Nesse primeiro momento, ainda sob o pseudônimo de Thomas Hebert, sofre a influência do materialismo histórico em seus artigos de 1966 a 1968. Em 1969, Pêcheux publica *L'analyse authomatique du discours*, entendido por muitos como um manifesto metodológico que divisava o que viria a ser a análise do discurso de linha francesa. Esse foi um período fértil em que estudiosos como Michel Plon, Denise Maldidier, Claudine Normand, Françoise Gadet e Régine Robin contribuíram para as reflexões sobre a AD, já pensadas na relação do discurso/linguística com a história, a filosofia e a sociologia (Dosse, 2007: 347).

Nesse momento, a preocupação científica de Pêcheux debruça-se sobre o campo das pesquisas linguísticas e redundará na formulação da teoria do discurso, tal como a conhecemos hoje.

Em 1963, Pêcheux conclui seus estudos de filosofia na Escola Normal Superior de Paris. Já em 1966, integra o Département de Psychologie do Centre National de Recherche Scientifique (CNRS). Sob o pseudônimo de Thomas Herbert, escreve "Reflexões sobre a situação teórica das ciências sociais e especialmente da psicologia social", publicado em *Les cahiers pour l'analyse*, em 1966. Nesse artigo, Pêcheux demonstra sua intenção de articular linguística, materialismo histórico e psicanálise, além de visar deslocar o campo das ciências sociais do lugar positivista em que se encontra: uma ciência descontextualizada dos fatos históricos e sociais nas relações dos estudos da linguagem e questões de práticas sociais relativas às formas de subjetivação do sujeito e desigualdades sociais e de classe. É a partir desse texto que, segundo Zandwais (2009b: 15-16), Pêcheux desaloja as ciências sociais de estatutos positivistas e as inscreve, "à luz de uma reflexão marxista, nos domínios humanísticos, onde questões sobre subjetividade, ideologia, confrontos e lutas de classe ocupam lugares essenciais".

Para Pêcheux, as ciências sociais seriam ideológicas e deveriam ser pensadas a partir de sua "provisoriedade constitutiva". Ele julgava importante pensar as ciências dotadas de instrumentos científicos que pudessem atender sua aplicabilidade específica, num movimento de dentro para fora. A análise do discurso, como instrumento do poder político, surge, pois, dessa relação entre as práticas políticas e essa concepção de ciências sociais (Dosse, 2007: 347).

Ao tentar estabelecer tipologias de práticas, pensadas para combater a abstração das ciências sociais, Pêcheux vai separá-las e isolá-las, principalmente as práticas ideológicas das demais, de modo a parecer que as práticas ideológicas não fossem constituintes de todas as outras, explica Zandwais (2009b). Ele se coloca frente a um paradoxo: ao criar uma tipologia de práticas, aproxima-se da ideologia alemã, "concepção idealista de influência hegeliana, que pensa a ideologia em oposição à ordem do real, como uma inversão deste último na consciência humana" (Zandwais, 2009b: 16). No entanto, isso o levaria de volta ao positivismo que ele tanto combatia.

Sob o pseudônimo de Thomas Herbert, em 1967, Pêcheux publica *Observações para uma teoria geral das ideologias*, em que propõe, preliminarmente, uma teoria pensada na relação entre sujeito, ideologia e sentido. Ele abandona essa ideia somente no percurso de suas pesquisas, uma vez que um problema se apresenta: "O das ligações entre o objeto de análise da teoria do discurso e o objeto da linguística" (Henry, 1997 [1969]: 35), denominado por Pêcheux como "o problema da apropriação dos instrumentos científicos", nesse caso, instrumentos linguísticos e da informática. Trata-se de uma problemática de natureza técnica e teórica.

Nesses estudos, Pêcheux apresenta uma distinção quanto à noção de ideologia em relação aos estudos anteriores, mas ainda há definições a serem reelaboradas. E é somente em 1969, quando se aproxima de Althusser, embora relativamente independente dele, ao elaborar uma "teoria materialista do discurso", que o teórico define as articulações que possibilitarão à AD ter certa independência da linguística.

A AD então se desenvolve e passa a ser concebida em três fases, que passaremos a explicitar.

2. Fases da AD

A primeira fase da AD é caracterizada pela influência althussero-lacaniana, observada ao longo do trabalho de Pêcheux, a qual adveio do fato de ele ter participado, no início da década de 1960, de um seminário ministrado por Althusser na Escola Normal Superior, da rua d'Ulm, em Paris, sobre "o jovem Marx". Nesse seminário, Pêcheux se encontra em um espaço dualista antitético: o de estar no "santuário da reprodução das elites" (Dosse, 2007: 325) e o de entrar em contato com a releitura do texto marxista. O discurso político era o tema da AD em sua origem, pois, nele, alguns observavam uma crítica ideológica objetiva e de cunho científico. Pêcheux acreditava, inicialmente, ser possível a criação de um dispositivo informático capaz de realizar a "análise automática do discurso", tomando como base, primeiramente a palavra e, posteriormente, a sintaxe da língua.

A influência do materialismo histórico fica evidenciada na sua obra desde o início, quando publicava sob o pseudônimo de Thomas Herbert. Em 1969, a tese que defendera no ano anterior, *L'analyse authomatique du discours*, foi publicada pela editora Dunod, considerada como o manifesto metodológico do qual emerge a AD francesa. Pêcheux já esboçava ali alguns conceitos primordiais que distanciavam a AD da linguística, criticando a noção de língua entendida como forma abstrata, presente na teoria de Saussure, e, ao mesmo tempo, debruçando-se sobre noções da linguística e de processos discursivos tentando evidenciar suas singularidades no que se refere à língua e ao discurso. Nesse pensar, a materialidade linguística é necessária para que a ideologia se realize em determinados lugares em que funciona e produz sentidos, dentro de determinada condição de produção, tomada de empréstimo do materialismo histórico. Assim, segundo Zandwais (2009b: 22), ele cria "as condições para inscrever, de modo concreto, a história na ordem do discurso e o discurso no campo da práxis. É, pois, nesse viés que Pêcheux começa a fragilizar as 'fronteiras' entre ciências sociais e humanas" e a esboçar a disciplina da AD. Em tal contexto, ainda preso a questões funcionalistas, descritivas e formalistas, ele pensa poder utilizar mecanismos, em parte, automáticos para depreender elementos discursivos e estruturais em suas análises, evidenciando um posicionamento marxista em seus estudos. "É pela construção de um dispositivo informático que começa a aventura do discurso!", como lembra Maldidier (2011: 43).

Ao articular, em 1975, o entremeio da linguística, do materialismo histórico e da psicanálise, Pêcheux demonstra ter grande clareza da sua posição, como analista e começa a conceber a AD com base no pressuposto materialista histórico de ciências humanas. O materialismo histórico, concebido como teoria das formações sociais e de suas transformações, compreendendo a teoria das ideologias, ganha, na teoria pecheuxtiana, um caráter global e um campo teórico específico, abrigando questões marxistas e ideológicas, no que se refere ao materialismo histórico e dialético. Em um processo de desconstrução das bases de teorias objetivistas e subjetivistas, Pêcheux busca estabelecer uma ligação entre ideologia, discurso e subjetividade, em que se entende o indivíduo como sujeito "capturado", ou seja, sujeito de uma formação social que se reconhece como sujeito por práticas no interior de formações ideológicas, referendadas por meio de formações discursivas. Assim, ao incorporarem-se os conceitos de formação discursiva e interdiscurso na AD, desloca-se o foco teórico, passando as máquinas discursivas estruturais a serem fonte de estudo.

E a segunda fase da AD está pautada exatamente nas formações discursivas (FDs), conceito que se mostra central para Pêcheux edificar a sua teoria. A partir dessa noção e de sua constante reconfiguração, o autor trabalha a margem estreita entre a regularidade e a instabilidade dos sentidos no discurso. Vale lembrar que Foucault define formação discursiva como "um conjunto de regras anônimas, históricas, sempre determinadas no tempo e no espaço, que definiram uma época dada, e para uma área social, econômica e geográfica ou linguística dada, as condições de exercício da função enunciativa" (Foucault, 2009a: 43-44). Muitos estudos de Pêcheux, em especial os desenvolvidos após a década de 1980, levam à discussão sobre o conceito de FD e sua consequente reformulação a partir do repensar a articulação entre memória, história e formação discursiva.

Um conceito relacionado ao de formações discursivas que vale a pena ser lembrado aqui é o de formações ideológicas (FIs). Para Haroche, Henry e Pêcheux (1971: 102-103), as FIs podem ser definidas como um "conjunto complexo de atitudes e de representações que não são nem individuais, nem universais e que se referem mais ou menos diretamente a posições de classes em conflito umas com as outras", que têm como parte constituinte de si uma ou mais formações discursivas que se inter-relacionam, determinando "aquilo que se pode e se deve dizer (articulado sob a forma de uma arenga, de um sermão, de um panfleto, de uma exposição, de um programa etc.) a partir de uma posição dada em uma conjuntura dada".

É o interdiscurso que caracteriza a terceira fase da AD. As FDs agrupam-se em complexos de FDs relacionadas, referidas como interdiscurso, cujos significados específicos estão determinados pela exterioridade em sua relação com o interdiscurso. Pêcheux define a noção de interdiscurso como memória discursiva, ou seja, um conjunto de já-ditos que sustenta todo dizer. Os sujeitos estão ligados a um saber discursivo que não pode ser apreendido, mas que deixa transparecer seus efeitos por meio do inconsciente e das ideologias que envolvem os sujeitos. Assim, o interdiscurso está articulado ao complexo de formações ideológicas: alguma coisa fala antes, em outro lugar, independentemente.

Segundo Pêcheux, o sentido existe em relação metafórica, de transferência, uma vez que o sentido da palavra não está ligado a sua literalidade: o sentido se estabelece nas formações discursivas que são seu lugar histórico provisório e, assim, o interdiscurso é também subordinado à lei de desigualdade-contradição-subordinação que "[...] caracteriza o complexo das formações ideológicas" (Pêcheux, 2009: 162). Nessa passagem, o interdiscurso, articulado ao complexo de formações ideológicas, ou seja, a falas oriundas de outros lugares de modo independente, é definido como memória discursiva: um conjunto de dizeres já expressos que dão base a todo dizer e em que os sujeitos não estão conscientes dessa determinação externa e, assim, não são fontes de significados, mas resultados desses significados, efeitos produzidos pela ideologia, pelo inconsciente e pela materialidade. Para ele, a memória discursiva seria

> aquilo que, face a um texto que surge como acontecimento a ser lido, vem restabelecer os 'implícitos' (quer dizer, mais tecnicamente, os pré-construídos, elementos citados e relatados, discursos transversos etc.) de que sua leitura necessita: a condição do legível em relação ao próprio legível (Pêcheux, 1999: 50).

Uma "memória é necessariamente um espaço móvel de divisões, disjunções, de deslocamentos e de retomadas, de conflitos de regularização... Um espaço de desdobramentos, réplicas, polêmicas e contradiscursos" (Pêcheux, 1999: 58).

Podemos citar como exemplo de memória discursiva o sentido que emana do seguinte enunciado, retirado de uma reportagem veiculada na página 8 da edição 2057 da revista *Veja*, publicada em 23 de abril de 2008, retirado de uma reportagem sobre o caso da menina Isabella, estrangulada pela madrasta e atirada pelo pai, ainda viva, pela janela: "Com a madrasta de Isabella, Nardoni sempre teve uma relação tumultuada [...]". A palavra *madrasta* empresta ao enunciado todo um significado que não está expresso, mas que o leitor traz consigo, um já-dito. São falas oriundas de outros lugares, que ele pode não saber de onde vêm, mas reconhece. Afinal, a figura da madrasta remonta aos contos de fada de origem europeia trazidos ao Brasil pelos colonizadores e que permeiam todo imaginário infantil. Nesses contos, a madrasta é sempre uma bruxa, feia, com verruga no nariz e muito má. Ao ler o enunciado, podemos perceber que a menina e seu pai são nomeados, menos a madrasta, que é referida apenas pela palavra que indica sua relação com a menina. Aparecem os nomes de Nardoni e Isabella, mas a madrasta continua sendo só madrasta, não aparece seu nome, ela é a representação do mal, da maldade. É a bruxa do nosso imaginário coletivo sobre a madrasta. E é o leitor, por meio de sua memória discursiva, que vai construir esse sentido, trazer para o entendimento do enunciado esses valores históricos e ideológicos, construindo o sentido.

Para Pêcheux, a FD não é uma máquina estrutural fechada, "na medida em que o dispositivo da FD está em relação paradoxal com seu 'exterior': uma FD não é um espaço estrutural fechado, pois é constitutivamente 'invadida' por elementos que vêm de outro lugar" (Pêcheux 1997a: 314). Maldidier considera não só o conceito de FD, mas o deslocamento das FDs como pontos importantes da teoria do discurso a partir do conceito de interdiscurso em sua relação com o pré-construído pensado por Henry e do conceito de intradiscurso. Segundo a autora, o conceito de interdiscurso "é uma formulação forjada na linguagem do marxismo-leninismo", em *Les vérités de La Palice*, pensado desde *Analyse automatique du discours* (Maldidier, 2011: 50). Como Pêcheux e Henry o definem, o interdiscurso é constituído a partir dos já-ditos de "isso fala" sempre "antes, em outro lugar e independentemente". O conceito de interdiscurso se estabelece na materialidade linguística, nas relações sintáticas que remetem a já-ditos esquecidos pelo enunciador. Desse modo, o pré-construído se torna o ponto de apreensão do interdiscurso. O intradiscurso seria a "reinscrição, sempre dissimulada, no intradiscurso dos elementos do interdiscurso", ou seja "a presença do 'não dito' que atravessa o 'dito', sem que haja uma fronteira identificável" (Maldidier, 2011: 53).

O intradiscurso pode ser entendido como o fio do discurso do sujeito falante, ou seja, um efeito do interdiscurso sobre si mesmo, uma interioridade (Pêcheux, 1997b). O intradiscurso marca o que se está dizendo, a relação do sujeito consigo, com as postulações anteriores e posteriores, passadas e futuras e que, dentro de determinada FD, permite que os sujeitos se identifiquem, produzindo discursos convenientes e coincidentes.

O interdiscurso refere-se ao já-dito, o que regula os deslocamentos das fronteiras das FDs, possibilitando apagamentos, esquecimentos, paráfrases, lembranças, degenerações, deturpações dos elementos que o possibilitam.

Orlandi (2001), refletindo sobre essa questão, aponta para uma imbricação entre o interdiscurso (o já-dito) e o intradiscurso (o que se está dizendo). Ela postula a representação em dois eixos que se cruzam: no eixo vertical, estaria o interdiscurso, representado por todos os já-ditos e esquecidos (o que está silenciado, mas latente), e no eixo horizontal ficaria o intradiscurso, o que estamos dizendo em dado momento, em dada circunstância. A intersecção dos dois eixos representaria, portanto, o dizível.

Com o conceito de FD, Pêcheux visa conferir à ideologia, além da materialidade das práticas institucionais, inerentes às formações ideológicas, a materialidade discursiva, com base linguística, estabelecendo, assim, "uma relação de complementaridade entre base linguística e processo discursivo": Pêcheux aprofunda, assim, a questão da linguagem, concebendo "o discurso como um dos aspectos materiais da ideologia" (Zandwais, 2009b: 28).

A questão da linguagem já havia sido pensada de modo genérico por Marx, na *Ideologia alemã* (publicado em 1846), o que leva Pêcheux a discutir essas questões já em *Les vérités de La Palice*. Essa questão também foi pensada por Bakhtin/Volóshinov, na medida em que esses teóricos pensaram a relação signo/ideologia como constituintes da noção de sentido, quando afirmam que "o domínio do ideológico coincide com o domínio dos signos", e da noção de consciência por estar "sempre impregnada de signos ideológicos e adquire forma e existência nas relações sociais e históricas" (Bakhtin/Volóshinov *apud* Zandwais, 2009b). Deve-se ressaltar que o conceito introduzido por Pêcheux não é idêntico ao conceito de intertextualidade discutido por Bakhtin e seu Círculo, pois Pêcheux entende que as FDs se desenvolvem em espaços ideológico-discursivos, em função das relações de dominação, subordinação e contradição em que se encontram.

Ocorre, assim, um deslocamento, uma vez que Pêcheux se distancia da perspectiva foucaultiana e a ideologia, então, não pode mais ser confundida com discurso, pois ele insere o objeto discursivo, a materialidade significante do discurso, na materialidade histórica, segundo Zandwais (2009b). O simbólico e o histórico carregam a linguagem com os "pesos" das diversas ideologias em seu interior, afastando-se da concepção de FD de Foucault, pois, para Pêcheux, a formação ideológica está também atrelada a uma subjetividade adjacente da e na história. Assim, se o sujeito de Foucault (2009a: 107) "é uma posição que pode ser ocupada por qualquer indivíduo, de modo alternado", nos diversos enunciados produzidos em situações diversas, o sujeito de Pêcheux, por sua vez, se constitui no processo de interpelação, sendo "capturado" "pelas determinações históricas que 'o falam' antes que ele fale de si mesmo" (Zandwais, 2009b: 30).

Pêcheux passa, então, a refletir sobre o funcionamento dos aparelhos ideológicos, repensando Althusser (1998), que, no texto "A propósito da reprodução das relações de produção", publicado em *Sobre a reprodução*, discute sobre "as condições através das quais ocorrem as relações de produção no interior dos aparelhos do Estado", nos informa Zandwais (2009b: 31). Segundo a autora, é nesse ponto que Pêcheux pode ser pensado em termos marxista-leninistas ao tratar da função da formação ideológica que desempenha, nas formações sociais, papéis desiguais que podem ao mesmo tempo transformar e reproduzir valores, e das FDs como mutáveis, podendo "fornecer elementos que se integram em novas formações discursivas, no interior de novas relações ideológicas" (Zandwais, 2009b: 32). Nesse ponto, Pêcheux começa a configurar os aparelhos de Estado, repensando e ressignificando seu mentor, Althusser.

O trabalho pecheuxtiano sofre influências de Althusser, autor que postula ser a ideologia relativamente autônoma de uma base econômica e de sua contribuição para a reprodução ou transformação das relações econômicas. Para Althusser, é por meio de formas materiais que a ideologia se constitui e constitui os indivíduos como sujeitos sociais, garantindo a eles a ilusão de serem livres, fixando-os em posições-sujeito.

Pêcheux retoma as postulações de Althusser sobre FI articulando-a à noção de FD para poder discutir como os aparelhos ideológicos são vistos no interior de uma sociedade de classes. Em outras palavras, como nos explica Zandwais (2009b: 32-33), ao tratar da função da FI, que é desempenhar papéis desiguais no seio das formações sociais, que podem reproduzir ou transformar esse desempenho, e das FDs como elementos instáveis e mutáveis, Pêcheux começa a pensar os aparelhos de Estado como "palcos", tanto para a perpetuação das relações de produção, quanto para as relações de transformação das FIs e das FDs. Ainda segundo Zandwais, é possível conceber um espaço de discussão das relações de ruptura no campo da prática política. Desse modo Pêcheux se distancia de e amplia os conceitos de Althusser, já que este limita o alcance da análise das FIs à prática da mera reprodução. A partir desse conceito e por entender que é no seio das instituições que esses processos, denominados por Althusser de elementos dos aparelhos ideológicos de Estado, ocorrem, é que passa a tratar das rupturas no campo político.

3. As reconfigurações em Pêcheux

Se na década de 1960, na França, complicações sociopolíticas desencadearam novos direcionamentos teóricos em relação aos estudos da linguagem, da língua, do discurso e da subjetividade, na década de 1970, uma nova crise se instaura, modificando o cenário de crescimento econômico com o início de uma recessão econômica mundial marcada principalmente por aumento da dívida externa, crise no setor petrolífero e redução do intercâmbio internacional. Resulta desse momento a formação de aparatos estatais de serviços e de proteção social, englobados sob a designação do *welfare state* ou do *Etat-providence*[1]. Visava-se à promoção da igualdade social por meio

---

[1]   Essas duas expressões significam "Estado de bem-estar social", no qual o Estado investe dinheiro público em setores como saúde e educação públicas.

de movimentos da luta contra as desigualdades. Foram implantadas políticas de combate à pobreza e programas de reforma social. Porém, os resultados nem sempre foram muito satisfatórios.

Nesse contexto de efervescência, de pouco desenvolvimento econômico e de modernização tecnológica, ocorre a transformação do perfil da população francesa. Num primeiro momento, a partir da ruptura do Programa Comum das Esquerdas, a desvalorização do setor político e a questão da globalização acabam por redesenhar as conjunturas teóricas em torno da década de 1980, em que a retração do setor privado e exaltação do sujeito se colocam como marcantes. Essas conjunturas socioeconômicas e político-sociais marcam, num segundo momento, o campo linguístico, pois as críticas aos formalistas permitem a ascensão de novas teorias. Também há, nesse campo do saber, reconstruções e ressignificações: dado aquele contexto, não se pode pensar em um sujeito assujeitado e o teórico é um sujeito desse momento.

Em tal conjuntura, Pêcheux já divisa o que viria a ser a desconstrução da máquina discursiva, inicialmente criada para analisar o discurso que, em *Les vérités de La Palice*, é apresentada como uma "máquina teórica que tenta de sustentar tudo", como nos lembra Orlandi (2001: 53). Começa, aí, um intenso processo de desconstrução e reconstrução teórica.

Inserido naquele ambiente social de transformações, Pêcheux vai postular a desconstrução da máquina discursiva em um trabalho coletivo, desenvolvido junto ao seu grupo de estudos, o Grupo de Pesquisa Cooperativa Programada do CNRS, *Analyse de discours e lecture d'archive*. Já em 1978, Pêcheux repensa seus postulados em um texto de "remorso téorico", intitulado *Il n'y a de cause que de ce qui cloche* (que pode ser traduzido como "Só há causa daquilo que falha"), que constituirá, em 1982, o Anexo III da tradução inglesa de *Les vérités de La Palice* (Maldidier, 2011: 55).

Ao entender que há um assujeitamento perfeito do sujeito e que a máquina não permite erros e que a subjetividade do sujeito encontra-

-se dali alijada, *Il n'y a de cause que de ce qui cloche* encerra em seu bojo um questionamento, um repensar teórico que obriga a uma ressignificação do conceito de discurso e de análise do discurso. Aos poucos, os conceitos formulados na constituição da AD são questionados, repensados e reorientados.

Nesse momento, a ideia de homogeneidade enunciativa é abandonada. Pêcheux evidencia, em suas formulações, o caráter não homogêneo, puro ou coeso das FDs, embora sejam consistentes. De modo concomitante, acontecem reprodução e transformação, o que significa não haver dominação sem resistência e não se poder pensar do lugar do outro. Conforme suas próprias palavras, "é preciso suportar o que venha a ser pensado, é preciso ousar pensar" (Pêcheux, 2009: 304).

Desse modo, em uma primeira leitura, ao se pensarem os aparelhos ideológicos do Estado no interior do movimento operário, é impossível escapar às injunções da ideologia dominante, entendidas por Pêcheux não como máquinas dominantes, mas como um sistema complexo de injunções — contradição-desigualdade-subordinação —, de modo que a contradição existente nas lutas de classe pode levar à transformação ou à reprodução de práticas, valores e saberes ideológicos, servindo de modo diferente a classes diferentes. Configura-se, assim, "a cena própria da luta ideológica de classes" (Pêcheux, 2009: 146). A outra leitura a que se propõe Pêcheux fica aqui evidenciada, balizada nas relações de antagonismo, que ocorrem no interior dos aparelhos ideológicos do Estado, e nas relações de contradição, que acontecem no interior de uma formação discursiva. É nas relações de antagonismo e de contradição que é possível voltar-se para a heterogeneidade das FDs e para o sujeito dividido e questionador de saberes das FDs, a partir das "perdas de referências" no interior das FDs.

É em *Les vérités de La Palice* que Pêcheux reformula o conceito em que propõe uma teoria materialista do discurso, ao discutir os processos discursivos inscritos na relação de contradição entre ideologia e classe social, tomando como base componentes linguísticos.

Os questionamentos sobre a materialidade do discurso e a reflexão sobre pressupostos de contradição e desigualdade levam Pêcheux a repensar o conceito de FD em 1971. Nesse sentido, a instabilidade e a heterogeneidade fazem com que se complexifique a análise do discurso, uma vez que "é preciso poder explicar o conjunto complexo, desigual e contraditório das formações discursivas em jogo numa situação dada, sob a dominação do conjunto das formações ideológicas, tal como a luta ideológica das classes determina" (Pêcheux, 1990: 254). Ao pensar na reconfiguração de conceitos sobre a instabilidade das FDs, ele discute a relação entre sentido e sua dependência em relação ao interdiscurso no interior das FDs, já que entende que "o próprio de toda FD é dissimular, na transparência do sentido que aí se forma [...] o fato de que isso 'fala' sempre, antes, fora, ou independentemente" (Pêcheux, 1990: 147).

Pêcheux também entende como primordial, para se entender a instabilidade das FDs, a relação entre intradiscurso e interdiscurso, uma vez que é nessa relação em que práticas discursivas se efetivam que os sujeitos produzem e reconhecem sentidos na e da história. Essa relação se mostra heterogênea, pois "as fronteiras entre o linguístico e o discursivo são constantemente deslocadas em toda prática discursiva, razão pela qual as 'sistematicidades' não funcionam sob a forma de um bloco homogêneo de regras organizadas sob a forma de uma máquina lógica" (Pêcheux, 2009: 3).

É na distinção entre língua e processos discursivos que se chega à noção de heterogeneidade em que se entende que os processos discursivos produzem os efeitos de sentido no discurso com base na materialidade da língua, esta tomada como relativamente autônoma. Essa tensão gera a instabilidade entre a autonomia da língua e a determinação das FDs, uma vez que todo discurso concreto é duplamente determinado:

(1) pelas formações ideológicas que remetem os discursos a formações definidas; e
(2) pela relativa autonomia da língua.

No entanto, *"não é possível traçar a priori* uma linha de demarcação entre o que é derivado de uma ou de outra dessas determinações", como sustenta Henry (1975: 94, grifos do autor).

Por considerar que a instabilidade das FDs se deve a essas diversas heterogeneidades, Pêcheux entende que, na AD, o objeto sejam "as invasões, os atravessamentos constitutivos" da "pluralidade contraditória, desigual e interiormente subordinada de formações discursivas" (Pêcheux *apud* Gregolin, 2012). A heterogeneidade passa a ser categoria conceitual e se coloca como *corpus*. Desse modo, busca-se a FD na dispersão de lugares enunciativos. Na constituição do *corpus*, a condição de produção passa a ser pensada como imbricações de um feixe de enunciações em que um enunciado se inscreve em um conjunto de formulações, como um "nó em uma rede".

Há uma aproximação entre as propostas de Pêcheux e as de Foucault com relação à noção de FD. Courtine (*apud* Gregolin, 2012), ao refletir sobre as FDs, propõe que sejam pensadas como sendo "fronteiras que se deslocam" e que são impulsionadas pela "memória discursiva", já que para o autor a ideia de que toda formação traz em seu bojo, em seu "domínio associado", outras formulações que podem ser transformadas, repelidas, refutadas, que acabam produzindo efeitos de memória. Assim, a memória é introduzida no conceito de FD por meio do silenciamento, retomada, esquecimento, lembrança, o que vem colocar a história no seio da FD por meio de uma relação dialética entre regularidade e dispersão. Instauradas nos acontecimentos discursivos, as FDs podem estabelecer polêmicas, identidades, continuidades e descontinuidades, sendo determinadas por uma relação espaçotemporal e regras específicas de determinadas práticas discursivas. Nesse imbricamento teórico, o enunciado se efetiva em um campo enunciativo no qual tem um lugar e um certo prestígio social, num determinado tempo (presente ou futuro), sendo ele determinado na e pela história.

Como lembra Gregolin (2012), em 1981, Pêcheux propõe ao CNRS o projeto de pesquisa *Lecture et mémoire: project de recherche*, que viria a ser publicado em 1990 e no qual sintetiza seus avanços em relação à AD e em que entende a "nova história" tratando do "estatuto social da memória como condição de seu funcionamento discursivo na produção e interpretação textual". Ainda segundo Gregolin (2012), Pêcheux e seu grupo entendem a memória como um "conjunto complexo, preexistente e exterior ao organismo, constituído por uma série de 'tecidos de índices legíveis', que constitui um corpo sócio-histórico de traços", sendo o "conjunto de traços e pistas" entendido por "ideologia" ou "universo de representações e de crenças". Para Gregolin (2012), novas postulações temáticas podem, então, ser feitas e, desse modo, há a associação entre a heterogeneidade e a ideia da alteridade, ou seja, a "presença do discurso do outro como discurso de um outro e/ou discurso do Outro", em que as relações entre intradiscurso e interdiscurso advêm de traços da memória discursiva.

Segundo Zandwais (2009b: 34), se num primeiro momento, com a exploração metodológica da noção de maquinaria discursiva estrutural, Pêcheux vê o sujeito como sendo apenas assujeitado, embora um sujeito que acredite ser o produtor de seu discurso, num segundo momento, o da segunda modalidade de subjetivação do sujeito, "por oposição à da aceitação livremente consentida, ou seja, do 'mau sujeito'", Pêcheux vê o sujeito da enunciação se voltar contra o sujeito universal, abrindo-se espaço para a diferença, para a contradição. Isso aponta para diferentes posições do sujeito no interior de uma mesma FD, conforme o que se concebe, atualmente, no quadro da teoria do discurso. Pêcheux passa a discutir as noções de sujeito e de forma-sujeito.

Para explicitar melhor a distinção entre sujeito e forma-sujeito, é preciso entender que para a AD o sujeito não é o ser real, o indivíduo, o sujeito empírico, mas o sujeito do discurso, carregado de marcas sócio-histórico-ideológicas que se imagina como fonte de sentido. Pêcheux (1997a) afirma que o lugar do sujeito não é vazio, mas é preenchido por aquilo que ele denomina de forma-sujeito, ou sujeito do saber de determinada FD.

Desse modo, é pela forma-sujeito que o sujeito do discurso se inscreve em determinada FD, com a qual ele se identifica, constituindo-o enquanto sujeito. Para Pêcheux, "a forma-sujeito tende a absorver-esquecer o interdiscurso no intradiscurso, isto é, ela simula o interdiscurso no intradiscurso, de modo que o interdiscurso aparece como o puro já-dito do intradiscurso, no qual ele se articula por correferência" (Pêcheux, 2009: 166).

A forma-sujeito é efeito por ser uma unidade imaginária que realiza a incorporação-dissimulação dos elementos do interdiscurso, apontando para o efeito de unidade/evidência do sujeito. A forma-sujeito é o sujeito do saber. Como exemplo, podemos citar um artista plástico que, como forma-sujeito, via interdiscurso, lugar em que os conhecimentos de tipos de tinta, escolas artísticas, noções de figura-fundo e outros saberes referentes à área circulam, procede a uma seleção, faz recortes e absorve o que seja de seu interesse. Desse modo, a forma-sujeito identifica-se com a FD do discurso artístico em que se insere, trazendo para a ordem intradiscursiva esses saberes, materializando e linearizando um discurso a ser transmitido aos apreciadores de arte. Esses movimentos nem sempre são realizados de modo consciente, pois o sujeito pode proceder a essas escolhas sem se dar conta disso. Assim, o sentido só é produzido na relação do sujeito com a forma-sujeito do saber e na identificação do sujeito com uma determinada FD.

Pêcheux afirma que a "terceira modalidade", ou o terceiro momento do sujeito, constitui um "processo subjetivo de apropriação dos conceitos científicos e de identificação com as organizações políticas de 'tipo novo'" (Pêcheux, 1995: 217). O sujeito rompe com a FD em que está inscrito e ao se inscrever em outra, identifica-se com ela e com sua respectiva forma-sujeito.

Ocorre a transformação/deslocamento da forma-sujeito e sua anulação, ou seja, ocorre o efeito de desidentificação. Essa modalidade de subjetivação constitui o "sujeito da prática política revolucionária e as formas como intervém sobre os universos logicamente estabilizados" (Zandwais, 2009b: 36). Ao refletir como a reprodução e a transformação convivem em permanente tensão, Pêcheux analisa como articular o materialismo histórico e o dialético, à medida que revê o conceito marxista-leninista de transformação.

Por esses questionamentos e reflexões sobre os processos de transformação, Pêcheux irá discutir criticamente questões colocadas em *Les vérités de La Palice*, na conferência proferida sob o título *Marxismo e interpretação da cultura*, na Universidade de Illinois Urbana-Champaign, em 1983, publicado na obra *Discurso: estrutura ou acontecimento?*

Com suas inquietações, reflexões sobre as modalidades de sujeito e, principalmente, com a discussão sobre o sujeito do discurso de ruptura, do desarranjo-rearranjo, Pêcheux reflete sobre o acontecimento como sendo algo não necessariamente marcado linguisticamente, mas dependente de uma relação espaçotemporal e de produção de sentidos no interior do discurso. Para exemplificar esse questionamento, o autor traz em *Discurso: estrutura ou acontecimento?* a discussão sobre o enunciado *On gagné* (que significa "Ganhamos" em português), relembrando o acontecimento histórico de maio de 1981, na França, quando Mitterrand ganha as eleições. Pêcheux mostra que o sentido não se estabelece por marcas linguísticas da materialidade discursiva, mas advém de uma memória discursiva a que o enunciado remete, de valores esportivos e políticos e retoma valores históricos discursivizados pelo acontecimento. Só a partir de uma materialidade discursiva se pode atribuir sentido a esse enunciado, uma vez que do ponto de vista semântico e linguístico trata-se de uma pronominalização dêitica sem complementos.

O sentido, então, emerge da materialidade discursiva em relação com a história e com o acontecimento, uma vez que a materialidade linguística em si não dá conta de seu sentido. Os acontecimentos históricos de 1936 remetem à vitória da Frente Popular, a partir de uma aliança entre o Partido Comunista Francês e o Partido Socialista. Há que se remeter a uma anterioridade e a uma exterioridade histórica, que Zandwais descreve como sendo uma "anáfora discursiva" (Zandwais, 2009b: 41). Ao se convocar o acontecimento e a história, deve-se "considerar o modo como ele se discursiviza, ou seja, a estrutura, o proferimento que permite ativar a memória da esquerda francesa" (Zandwais, 2009b: 40).

Em seu último texto, trabalhando a questão da instabilidade a partir da noção de deriva ou de desestruturação-reestruturação das redes e trajetos que permitem pensar que "todo discurso é um índice potencial de uma agitação nas filiações sócio-históricas", um "trabalho de deslocamento", Pêcheux (1990: 56-57) analisa, a partir do enunciado *On gagné*, um momento da história em que a "sociedade do espetáculo midiático" se instaura. Buscando respostas a seu questionamento téorico, ele o faz refletindo sobre questões políticas e, a partir da práxis, discute a própria teoria.

Para Pêcheux (1997a: 53), um fato muito relevante para a AD é que "todo enunciado é intrinsecamente capaz de tornar-se outro, diferente de si mesmo, se deslocar discursivamente para derivar para outro", uma vez que o sentido é histórico e não pode ser tomado como uma unidade fixa, podendo, por conseguinte, deslocar-se para um outro enunciado. Como no exemplo acima do enunciado *On gagné*, que é uma forma usada nos discursos esportivos, mas que ganha outros sentidos no momento da eleição de Mitterrand. Isso ocorre pelo deslocamento de um enunciado, típico das torcidas esportivas com seus "gritos de guerra", que passa a ser utilizado pelos eleitores adeptos de Mitterrand e divulgado pela mídia num dado momento histórico e político. Passa a ser cantado nas ruas como os hinos de torcida, divulgado e comentado na mídia pelos repórteres em inúmeras reportagens. Ao imbricar os valores políticos passados presentes na memória discursiva da população aos valores dos discursos esportivos, ocorre o deslocamento e a formulação do sentido desse enunciado. Ou seja, a expressão *On gagné* nasce no meio esportivo e se desloca para o contexto político. Ocorrem aqui a ruptura, o desarranjo e o deslocamento. O sujeito, ao romper com a FD em que estava inscrito, inscreve-se em outra, identificando-se com ela e sua respectiva forma-sujeito.

Encontramos, assim, em *Discurso: estrutura ou acontecimento?*, o filósofo em sua maturidade plena, numa articulação entre o materialismo histórico e o dialético, refletindo sobre o enunciado e sobre seu percurso teórico. Não mais se trata de pensar em máquinas discursivas, mas, sim, de construir máquinas paradoxais "que permitem, por meio de incessante movimento de produção de novos momentos de *corpus*, a formulação de novas hipóteses, a abertura de novos trajetos de descoberta das redes que constituem o enunciado" (Maldidier, 2011: 61).

Assim, a análise do discurso passa a ser entendida como uma disciplina interpretativa, não mais presa ao "narcisismo da estrutura", com procedimentos e etapas fixas. O discurso agora é entendido em uma iminência histórica e social, em que a linguagem é apreendida não como mera unidade significativa, passível de decodificações, mas como efeito de sentido entre sujeitos.

Pêcheux, no final de seu percurso teórico, aponta um lugar para o sujeito no discurso, mas "o discurso resiste à subjetivação" (Maldidier, 2011: 61). Em seu último proferimento, em julho de 1983, Pêcheux trata do sujeito e do discurso, colocando que, "em face das interpretações sem limite nas quais o intérprete coloca-se como ponto absoluto, sem outro nem real, trata-se para mim, de uma questão ética e política: uma questão de responsabilidade".

Pêcheux, em seu percurso teórico, deixa-nos, como legado, não um modelo fechado. Antes, deixa o terreno aberto, o percurso inacabado em que buscou estabelecer novas formas de entender a linguagem, em uma tensão entre a linguística e as ciências sociais e humanas, a partir de sua relação sujeito/sentido/ideologia. A AD, portanto, apresenta-se como uma disciplina em constante processo de desconstrução-reconfiguração-experimentação.

CAPÍTULO 9
CHARAUDEAU
José Otacilio da Silva

Patrick Charaudeau, professor da Universidade de Paris-Nord e fundador do Centro de Análise do Discurso, é uma expressiva autoridade mundial em análise do discurso. Trazemos sua contribuição para os estudos do discurso a partir de duas de suas obras: *Linguagem e discurso* (Charaudeau, 2008a) e *Discurso político* (Charaudeau, 2008b). A primeira é lembrada aqui por ter sido feita especialmente para o público brasileiro, embora não tenha a mesma qualidade e o mesmo vigor da segunda, que traz contribuições extremamente relevantes para quem se interessa pela análise do discurso político.

A discussão que aqui se inicia mostrará, em um primeiro momento, como Charaudeau constrói o discurso como objeto de estudo e, em seguida, como ele adapta seu modelo de análise do discurso à análise do discurso político. Trata-se, portanto, de trazer à tona os conceitos centrais da teoria do discurso elaborada por Charaudeau que são úteis para todos aqueles que se interessam em analisar o discurso em geral e, em particular, o discurso político. Entre esses conceitos, destacam-se os conceitos de *contrato de comunicação, instância política e instância cidadã, estratégias discursivas (ethos, pathos e logos).*

1. Contrato de comunicação e estratégias discursivas

Para abordar o pensamento de Charaudeau, é necessário, de imediato, deixar um ponto teórico bem claro: ele constrói o discurso como objeto central de seus estudos afastando-se de uma concepção reducionista da linguagem. Em outras palavras, ele recusa a visão teórica que reduz a língua ao manejo de regras gramaticais e ao léxico — uma redução que a escola e o senso comum fazem crer ser natural. Afinal, mais que manejo de regras gramaticais, mais que processos de codificação ou de decodificação de signos linguísticos, a linguagem é o mecanismo ou o instrumento que permite às pessoas não só pensar e agir, mas também interagir com seus semelhantes e, consequentemente, viver em sociedade.

Nesses termos, pode-se considerar a linguagem como uma manifestação de um poder humano, um poder construído e reconstruído pelos homens ao longo da história e que se efetiva nas interações linguísticas cotidianas. Cada ato de linguagem ocorre conforme certas condições de enunciação e conforme os conhecimentos que os agentes sociais, locutores e interlocutores, possuem não só para codificar ou decodificar signos linguísticos, mas principalmente para compreender a situação do ato da linguagem, para organizar a encenação desse ato, para construir sentidos por meio dos recursos gramaticais e lexicais disponíveis.

Ora, o discurso é exatamente o ato de linguagem em que locutores e interlocutores constroem os sentidos dos enunciados nas condições oferecidas pelo complexo cenário das relações que se estabelecem entre elementos linguísticos, sociais, históricos, culturais. Charaudeau e Maingueneau (2004: 169) resumem isso de uma forma simples: o discurso não é outra coisa senão o "texto situado em seu contexto", ou seja, em suas "condições de produção e de reprodução". Percebe-se aí o pressuposto de que os sentidos dos atos de linguagem são produzidos no processo de interlocução que ocorre entre o falante e o ouvinte (e entre o escritor e o leitor), histórica e socialmente situados.

Vale observar que a noção de discurso, bem como a proposta de análise do discurso elaborada por Charaudeau, traz à tona uma discussão do antigo dilema da determinação dos sentidos das ações humanas. As diversas ciências humanas e sociais se perguntam se são as estruturas objetivas, isto é, as estruturas sociais, econômicas, políticas e culturais, que determinam o sentido do comportamento dos indivíduos, ou se são os próprios indivíduos que definem os sentidos de suas ações. Já a linguística e a análise do discurso se perguntam sobre os condicionantes do comportamento linguístico, isto é, sobre os sentidos dos enunciados ou dos atos de linguagem dos indivíduos. O dilema, então, se resume a uma questão: são as condições sociais, históricas e culturais que determinam os sentidos dos enunciados ou é o próprio usuário da língua que, subjetivamente, imprime os sentidos a seus atos de linguagem?

Nogueira (2010), em um texto sobre o método de análise do discurso de Charaudeau, avalia que cada vez mais "busca-se compreender a ponte, a mediação entre o plano do sujeito, com suas intenções, preferências e estratégias mais ou menos conscientes, e o plano das estruturas sociais, das coletividades, dos constrangimentos externos", em vez de se fixar em uma dessas posições teóricas extremas do dilema. É assim que, depois de analisar como essas duas posições teóricas definem o objeto, o método e a problemática do conhecimento, Charaudeau vai propor dois conceitos teóricos numa tentativa de elaborar uma teoria do discurso que concilie as estruturas objetivas e a subjetividade do falante-ouvinte nas práticas discursivas: contrato de comunicação e estratégia discursiva. Mas, antes de abordarmos esses conceitos, explicitemos as duas posições teóricas extremas que provocam aquele dilema.

Charaudeau (2008a: 16-17) avalia que uma dessas posições teóricas concebe o ato da linguagem como um evento que envolve um emissor e um receptor ideais, em uma circunstância de comunicação neutra. Nesse caso, a linguagem seria concebida como um objeto transparente. Isso implica que o receptor, automaticamente, compreenderia o sentido da palavra, da frase ou do texto produzido pelo emissor. Assim, as palavras, as frases ou os textos trariam significados em si mesmos, independentemente da interferência de fatores extralinguísticos, como os conhecimentos prévios e crenças do leitor ou ouvinte. A teoria gerativista, por exemplo, se situa nessa posição. No outro extremo, há a posição teórica que considera o contexto sócio-histórico como condicionante do ato da linguagem, ou seja, consideram que os sentidos das palavras, das frases ou dos textos são construídos no contexto de sua emissão. Nesse caso, a linguagem seria um objeto não transparente, pois, além da intencionalidade do emissor, pode haver a interferência de outros fatores na construção dos sentidos do ato de comunicação, como, novamente, os conhecimentos prévios do leitor ou do ouvinte. A teoria dialógica de Bakhtin, por exemplo, ocupa essa posição teórica. Similarmente, para Charaudeau (2008a: 17), "o ato de linguagem não esgota sua significação em sua forma explícita. Este explícito significa outra coisa além de seu próprio significado, algo relativo ao contexto sócio-histórico". O ato da linguagem é, assim, considerado um "objeto duplo, constituído de um explícito (o que é manifesto) e de um implícito (lugar de sentidos múltiplos que dependem das circunstâncias da comunicação)". Isso atesta claramente o estatuto teórico do significado literal, tão execrado por teóricos pós-estruturalistas.

Essas duas posições teóricas também se opõem quanto ao método utilizado em suas análises: uma adota como prática metodológica aquilo que Charaudeau denomina de atividade de abstração e a outra adota como prática metodológica aquilo que ele denomina de atividade de elucidação. No primeiro caso, por meio da atividade de abstração, busca-se "distinguir níveis de organização da estrutura linguageira cada vez mais gerais e, portanto, cada vez mais abstratos" (Charaudeau, 2008a: 17). Trata-se, na verdade, da busca pelos universais linguísticos. No segundo caso, por meio da atividade de elucidação, ao invés de se buscarem princípios ou leis universais, busca-se elucidar as eventuais relações existentes entre os elementos linguísticos, a intencionalidade do emissor e os elementos extralinguísticos, que formam o contexto sócio-histórico. Espera-se que, nesse processo de confrontação de elementos linguísticos e extralinguísticos, surjam "conjuntos significantes, testemunhos da relação do ato da linguagem com suas condições de produção-interpretação" (Charaudeau, 2008a: 18).

Por fim, as duas posições teóricas também se distinguem quanto à problemática do conhecimento. Para os teóricos que concebem a linguagem como um objeto transparente, ela é um fenômeno imanente e representativo da organização do mundo: o que importa é saber do que ela fala, é saber qual o mundo que se encontra já formado por trás dela. Para os teóricos que a concebem como um objeto não transparente, a linguagem só se dá nas circunstâncias específicas que a produzem, não apenas testemunhando o mundo, mas principalmente presidindo as condições da construção do mundo, buscando saber sobre como ela nos fala. Esses teóricos, portanto, consideram a linguagem como constitutiva e colocam o sujeito no centro dela.

No entendimento de Charaudeau, longe de serem excludentes, essas duas posições teóricas podem ser complementares, de modo a formar uma concepção mais consistente para a interpretação e explicação dos atos de linguagem. É aí que entram os dois conceitos que ele propõe para tentar mediar essa duas posições: contrato de comunicação e estratégias discursivas. Com esses conceitos mediadores, Charaudeau acabou fundando uma teoria do discurso que concebe o ato de linguagem como um fenômeno condicionado não só por elementos linguísticos, mas também por fatores extralinguísticos e que, por isso, o concebe também como um fenômeno social e historicamente condicionado.

Com a noção de contrato de comunicação, Charaudeau (2004: 132) designa o "conjunto de condições nas quais se realiza qualquer ato de comunicação (qualquer que seja sua forma, oral ou escrita, monolocutiva ou interlocutiva)". Trata-se de um contrato tacitamente firmado entre os parceiros envolvidos na interação linguística que lhes possibilita o seguinte: reconhecerem-se como sujeitos nesse ato de linguagem; reconhecerem o objetivo e o objeto temático do ato da linguagem; considerarem a influência das circunstâncias nesse ato. É por causa do contrato de comunicação que nós não falamos qualquer coisa para qualquer pessoa em qualquer lugar. Há limites para o que podemos e devemos falar, impostos por esse contrato.

A interação discursiva que ocorre entre o garçom e o cliente do bar é utilizada por Charaudeau para ilustrar o conceito de contrato de comunicação. Quando o cliente diz: "Por favor, eu quero uma caipirinha", o garçom jamais vai lhe trazer uma moça da roça, pois sabe o que o cliente quer dizer com a palavra *caipirinha*. Tacitamente, entre eles está convencionado que, no ambiente de um bar, *caipirinha* significa essencialmente uma bebida feita com cachaça, açúcar e limão. Quer dizer, elaborar os enunciados sob a coerção do contrato de comunicação é uma condição necessária para que o locutor, no caso, o cliente do bar, alcance seu objetivo, que é receber a bebida que solicitou.

Vale notar que, embora Charaudeau não faça menção a Paul Grice, a influência desse filósofo da linguagem na construção do conceito de contrato de comunicação é inegável. Grice estudou a comunicação humana e percebeu que há um acordo tácito entre os participantes de um ato comunicativo no sentido de cooperarem para o ato ser realizado com sucesso. Ele chamou esse acordo tácito de princípio da cooperação e apresentou máximas conversacionais que levam a cabo esse princípio e que orientam os produtores textuais a serem sinceros, a dizerem apenas as informações necessárias e relevantes para o receptor de maneira objetiva, clara, precisa e direta (*apud* Oliveira, 2010). Obviamente, essas máximas podem e são violadas constantemente, provocando efeitos de sentido importantes nos encontros comunicativos. Infelizmente, não há espaço aqui para aprofundar as ideias de Grice, mas fica clara a sua influência no pensamento de Charaudeau, na construção do seu conceito de contrato de comunicação.

Como um conjunto de conhecimentos tacitamente acordados entre os participantes do ato de linguagem e presentes na memória dos interlocutores, o contrato de comunicação permite ao sujeito comunicante se expressar nas entrelinhas e, ainda assim, ser entendido por seu interlocutor ou sujeito interpretante. Charaudeau comenta a importância desse contrato:

> A noção de contrato pressupõe que os indivíduos pertencentes a um mesmo corpo de práticas sociais estejam suscetíveis a chegar a um acordo sobre as representações linguageiras dessas práticas sociais. Em decorrência disso, o sujeito comunicante sempre pode supor que o outro possui uma competência linguageira de reconhecimento análoga à sua. Nessa perspectiva, o ato de linguagem torna-se uma proposição que o EU faz ao TU e da qual ele espera uma contrapartida de conivência (Charaudeau, 2008a: 56).

A noção de contrato de comunicação é, enfim, o conceito encontrado por Charaudeau para designar certos condicionantes da construção do sentido nos atos de linguagem. Mais do que isso, contrato de comunicação é um conceito que dá conta do caráter relacional da interação linguística, ou seja, da interação dialética que ocorre entre o sujeito comunicante e o sujeito interpretante na produção de sentidos do ato de linguagem. Nas palavras de Charaudeau e Maingueneau (2008: 130), o contrato de comunicação "é a condição para os parceiros de um ato de linguagem se compreenderem minimamente e poderem interagir, coconstruindo o sentido, que é a meta essencial de qualquer ato de comunicação".

Outro conceito importante para a teoria do discurso de Charaudeau é o de estratégia discursiva. Com essa noção, ele quer indicar outros aspectos da interação discursiva que a noção de contrato de comunicação não permite vislumbrar. No ato discursivo, o sujeito comunicante não quer simplesmente ser bem entendido pelo sujeito interpretante: ele quer também seduzir ou persuadir seu interlocutor a aderir a seus propósitos. Não há como não pensar aqui na célebre frase de Barthes (2002: 11): "O texto que o senhor me escreve tem de me dar provas de que ele me deseja". Como diz Charaudeau (2008a: 56-7), a noção de estratégia discursiva repousa na hipótese de que o sujeito comunicante concebe, organiza e encena suas intenções de forma a produzir determinados efeitos, "de persuasão e de sedução", sobre o sujeito interpretante.

A noção de estratégia discursiva, entendida como "possíveis escolhas que os sujeitos podem fazer da encenação do ato de linguagem" (Charaudeau; Maingueneau, 2008: 219), constitui o segundo conceito utilizado por Charaudeau para fazer a mediação entre as estruturas objetivas e a subjetividade do sujeito comunicante, ou seja, entre os condicionantes do ato discursivo e a relativa liberdade do sujeito na produção de seus enunciados. Assim, embora o cliente tenha sido constrangido pelo contrato de comunicação a utilizar as convenções da língua portuguesa ao dizer: "Por favor, quero uma caipirinha", ele pôde escolher a palavra *caipirinha* ao invés da expressão *batida de limão* por entender que, dessa forma, seu enunciado seria mais bem interpretado pelo garçom. Além disso, ele utilizou a expressão *por favor* em seu enunciado como uma estratégia para persuadir o garçom a servir-lhe a bebida com boa vontade, pois, se não a utilizasse, a primeira pessoa do indicativo em *quero* poderia ser interpretada como uma ordem, e o garçom poderia não gostar disso, a depender do tom de voz que fosse usado.

Ao utilizar a noção de estratégia discursiva em sua teoria do discurso, Charaudeau parte do pressuposto de que a produção dos enunciados é, a um só tempo, uma expedição e uma aventura. A ideia de produção do discurso como expedição pressupõe que o sujeito comunicante, intencionalmente, construa um projeto global de comunicação na esperança de que seus enunciados sejam interpretados pelo destinatário de modo que seus objetivos sejam alcançados. É preciso notar, entretanto, que tais objetivos comunicativos só serão alcançados na medida em que o destinatário produza os sentidos que o sujeito comunicante deseja que ele produza. Assim, com o propósito de ter sucesso em seu projeto de comunicação, o sujeito comunicante faz uso não só de um contrato de comunicação, mas também de estratégias discursivas.

Com a noção de estratégias, Charaudeau (2008a: 56-57) sugere que o sujeito comunicante procura "organizar e encenar suas intenções de forma a produzir determinados efeitos — de persuasão e de sedução — sobre o sujeito interpretante para levá-lo a identificar-se — de modo consciente ou não — com o sujeito destinatário ideal" por ele construído. Com esse propósito, o sujeito comunicante pode utilizar duas estratégias distintas:

(1) a utilização de contratos de reconhecimento, isto é, a oferta de informações ao destinatário que, por suposto, fazem parte do imaginário do destinatário e que funcionam como filtros construtores de sentidos; e

(2) a utilização da construção de imagens.

Essas imagens podem ser reais, vistas como lugares de uma verdade que é exterior ao sujeito e que, por isso, teriam a força de lei, ou podem ser fictícias, vistas como lugares de identificação do sujeito com o outro e que são, por isso, lugares de projeção desse sujeito. Enfim, com a utilização de contratos de reconhecimento e construções de imagens, reais e de ficção, o sujeito comunicante espera que tais contratos e tais imagens sejam percebidos pelo sujeito destinatário e que, dessa forma, tenha alcançado os efeitos de sentido por ele desejados.

Mas a produção do discurso como uma expedição, ou seja, a encenação intencional, elaborada pelo sujeito comunicante no ato discursivo, corre o risco de não ser interpretada pelo destinatário da maneira que o sujeito comunicante deseja. E é exatamente por essa razão que Charaudeau entende a produção do discurso não apenas como uma expedição, mas também como uma aventura. Isso significa dizer que todo ato de linguagem possui certa margem de imprevisibilidade em termos da obtenção dos efeitos de sentido esperados pelo sujeito comunicante. Os efeitos de sentido podem não ser alcançados por várias razões, principalmente pela possibilidade de o sujeito interpretante não ter total conhecimento do contexto sócio-histórico que originou o ato comunicativo. É exatamente aí que residem os limites do contrato de comunicação. Um garçom inexperiente que não soubesse interpretar o significado da palavra *caipirinha* no contexto de um bar e que tivesse apenas a moça da roça como referente dessa palavra, provavelmente diria a seu cliente: "Não, senhor. Este estabelecimento é um lugar de respeito. Nós não servimos isso aqui não".

Essa imprevisibilidade reforça a posição teórica que afirma ser a língua como um objeto não transparente. Contudo, isso não significa que as estruturas sintáticas e os elementos lexicais devam ser ignorados nos estudos do discurso. Afinal, ao aproximar a posição teórica que concebe a língua como um fenômeno transparente, e que privilegia essas estruturas, da posição teórica que concebe a língua como um fenômeno opaco, e que privilegia o contexto sócio-histórico da produção do discurso e os sujeitos envolvidos nessa produção, Charaudeau pavimentou o caminho teórico em direção a sua contribuição para os estudos do discurso político. É dele que trata a próxima seção.

2. Instância política e instância cidadã

O discurso político, aos olhos de Charaudeau (2008b: 8), "é por excelência o lugar de um jogo de máscaras", o que significa dizer que, particularmente no campo político, "toda palavra [...] deve ser tomada ao mesmo tempo pelo que ela diz e não diz. Jamais deve ser tomada ao pé da letra, numa transparência ingênua, mas como resultado de uma estratégia cujo enunciador nem sempre é soberano". Em outras palavras, no encontro discursivo que se dá no espaço político, os sujeitos agem em função daquilo que um imagina do outro, da imagem que um cria do outro. Dessa forma, a identidade dos sujeitos envolvidos no ato discursivo é, como diz Charaudeau (2008a: 58), "a imagem coconstruída que resulta desse encontro": trata-se de um jogo de máscaras, de "um jogo polêmico que utiliza constantemente contratos e estratégias para convencer e seduzir o outro".

Ora, o discurso político, assim como qualquer ato de linguagem, envolve dois componentes básicos da interação social: de um lado, o sujeito que enuncia e, de outro lado, em relação recíproca, o sujeito interpretante do enunciado que lhe é dirigido. Nessa relação, o sujeito que enuncia sempre tem a intenção de trazer para si o sujeito interpretante, de influenciá-lo a pensar, falar ou agir segundo suas intenções. Entretanto, essa relação entre linguagem e ação não é de mão única, pois pode ocorrer que o sujeito destinatário tenha o poder necessário para exercer uma influência recíproca. Nesse caso, ambos são levados à realização de uma negociação dos sentidos, mostrando que todo ato discursivo pressupõe alteridade, influência, regulação e relações de força.

Podemos perceber que linguagem e ação política estão estreitamente inter-relacionadas. Se, por um lado, é a ação política que, de certa forma, determina a vida social tendo em vista o bem comum e que permite à comunidade tomar decisões coletivas para atingir o objetivo comum, por outro lado, é a linguagem que, ao propiciar a interação entre os sujeitos, possibilita as tomadas de decisões coletivas. Afinal, é por meio da linguagem que:

(a) os objetivos políticos a serem alcançados são estabelecidos, *e.g.*, o programa de governo de um determinado partido;
(b) os responsáveis pelas tomadas de decisões são indicados, *e.g.*, o anúncio dos ocupantes dos cargos do primeiro escalão;
(c) as ações são planejadas, *e.g.*, elaboração do orçamento;
(d) os meios a serem empregados são escolhidos, *e.g.*, medidas provisórias, plebiscitos ou outros gêneros discursivos;

(e) os resultados das ações são avaliados, *e.g.*, pesquisas de opinião sobre a satisfação dos cidadãos;
(f) a eficácia da representação política é avaliada, *e.g.*, pesquisas de opinião sobre o Congresso, e assim por diante.

Para Charaudeau (2008b: 18), todas as discussões e ações políticas supõem, portanto, um espaço de discussão onde "a linguagem não está ausente do desenrolar da ação política". Segundo ele, o espaço de discussão, onde ocorre a interação linguística e social, é dividido em duas instâncias específicas: a instância política e a instância cidadã. A instância política é a instância delegada, o espaço onde atuam os representantes do poder público. A instância cidadã, por sua vez, é o espaço onde os representados atuam na escolha de seus representantes. Aliás, Bourdieu (1989) diria que a instância política é o espaço do campo político onde atuam os políticos profissionais, ou seja, políticos que desfrutam do poder delegado e, portanto, do capital político necessário para produzir os bens políticos: problemas, conceitos, programas, enfim, discursos políticos. A instância cidadã seria o espaço da vida social onde atuam os cidadãos comuns, eleitores desprovidos de capital político e, portanto, alijados do processo de produção direta dos discursos políticos.

Charaudeau aponta uma contradição que se instaura na instância política. Enquanto ela, que chega ao poder por uma vontade cidadã, torna-se conhecedora dos negócios do Estado, do seu funcionamento e das condições de realização da ação política, a instância cidadã desconhece tais propriedades da instância política. Daí o difícil exercício do poder político. Eis a contradição: "A instância política, que é de decisão, deve, portanto, agir em função do *possível*, sendo que a instância cidadã a elegeu para realizar o *desejável*" (Charaudeau, 2008b: 19, grifos do autor). Ao mesmo tempo em que a instância política deve ditar e sancionar as leis, ela precisa assegurar o consentimento da instância cidadã. Se ela pode, como último recurso, exercer o poder por meio da ameaça do uso da força física, sua legitimação só pode ser obtida por meio da comunicação, isto é, da persuasão. Nesse ponto, não há como não ouvir os sussurros de Gramsci sobre a sociedade civil e a sociedade política, conforme abordado no primeiro capítulo deste livro.

Fica clara, assim, a importância da palavra no campo político: seu uso é condição necessária não só para que o político possa buscar, por meio da persuasão e da sedução, o apoio do eleitorado em suas pretensões de representá-lo na instância política, mas também para que, já investido de poder, ele possa obter a necessária legitimidade de suas ações administrativas e, consequentemente, a continuidade na representação da instância cidadã. São esses atos de persuasão que levam Charaudeau (2008b: 21) a considerar o campo político como o governo da palavra:

> O governo da palavra não é tudo na política, mas a política não pode agir sem a palavra: a palavra intervém no *espaço de discussão* para que sejam definidos o ideal dos fins e os meios da ação política; a palavra intervém no *espaço de ação* para que sejam organizadas e coordenadas a distribuição das tarefas e a promulgação das leis, regras e decisões de todas as ordens; a palavra intervém no *espaço de persuasão* para que a instância política possa convencer a instância cidadã dos fundamentos de seu programa e das decisões que ela toma ao gerar os conflitos de opinião em seu proveito (Charaudeau, 2008b: 21, grifos do autor).

É por reconhecer a importância da palavra na política que Charaudeau concebe o poder político como resultado da relação dialética que ocorre entre os dois componentes básicos do espaço político. De um lado, o lugar de debate de ideias no vasto campo do espaço político onde as pessoas emitem suas opiniões e, de outro lado, o lugar do fazer político, isto é, o espaço onde os políticos empreendem suas tomadas de decisões e onde, portanto, os atos se instituem. Trata-se de dois lugares que se definem conforme as relações de força que se manifestam entre eles. No espaço de debates de ideias, a linguagem se sobrepõe à ação: é o lugar da luta discursiva pela busca da legitimidade, onde a manipulação, o proselitismo, as ameaças e as promessas são permitidas, como se vê nos comícios. No espaço do fazer político, domina a ação: é o lugar onde o poder de agir se exerce entre a instância política e a instância cidadã de modo soberano, com uma autoridade garantida pelas regulamentações e sanções, como ocorre no Palácio do Planalto. Nessa relação entre linguagem e poder, a palavra política oscila entre "uma verdade da ação que se manifesta por meio de uma palavra de decisão e uma verdade de discussão que se manifesta mediante uma palavra de persuasão (ordem da razão) e/ou de sedução (ordem da paixão)", conforme aponta Charaudeau (2008b: 23).

Enfim, considerando-se que a palavra política circula na complexidade das relações entre instância política e instância cidadã, a definição do discurso político só pode ser elaborada no ato da linguagem. Assim como não se pode compreender, por exemplo, a natureza dos discursos jurídico, religioso e educacional fora do contexto ou das condições de suas produções, a natureza do discurso político se manifesta apenas quando observadas as condições em que é produzido.

Em suma, não existe um discurso inerentemente político (ou inerentemente religioso, jurídico, racista, homofóbico etc.). O discurso político, como qualquer outro tipo de discurso, é produzido em um determinado campo do espaço social, *i.e.*, o campo político, com finalidades específicas, por sujeitos comunicantes específicos e dirigido a destinatários que, supostamente, possuem expectativas específicas. Como diz Charaudeau (2008: 32), falar de discurso político "é tentar definir uma forma de organização da linguagem em seu uso e em seus efeitos psicológicos e sociais no interior de determinado campo de práticas".

A necessidade de definir o lugar onde o discurso político é produzido e difundido em busca de adesão levou Charaudeau a conceber o espaço social como um espaço multidimensional constituído de diversos subespaços ou campos, entre os quais estaria incluído o campo político. Mas, como distinguir um suposto campo político do espaço social geral se a política é inseparável da vida social, se o discurso político, além de ser produzido em estreita relação com a vida social, com as aspirações dos cidadãos, é a eles direcionado visando à adesão? Como diferenciar um espaço político de um espaço público? Essa diferenciação encontra extrema dificuldade se considerarmos o fato de que, particularmente no mundo contemporâneo, a mídia inevitavelmente exerce sua influência não só na produção, mas também na difusão do discurso político.

Charaudeau (2008b: 25) reconhece as dificuldades que se colocam para as suas pretensões teóricas: não há "decisão nem ação possível no campo político sem a consideração da opinião para cuja fabricação as mídias intervêm". Na verdade, política, opinião e mídia se encontram permanentemente sob influências mútuas. Por isso, ele avalia que cabe à análise do discurso político estudar as condições de produção e os mecanismos sob os quais é produzido esse gênero discursivo. Diferentemente da filosofia política que, a seu ver, estaria preocupada em estudar os fundamentos do poder político; diferentemente da ciência política, que estaria ocupada com estudos sobre a ação política em relação às suas finalidades pragmáticas e seus efeitos; diferentemente da história, que tem a preocupação em reconstruir os acontecimentos políticos do passado; a análise do discurso deve direcionar seu foco de análise para o discurso político. Embora pareça óbvia, essa explicitação é necessária para não deixar dúvidas quanto ao recorte teórico feito pelo analista do discurso político. Aliás, não custa nada reproduzir as palavras de Charaudeau (2008: 37), para quem a análise do discurso político

> [...] não se questiona sobre a legitimidade da racionalidade política, nem sobre os mecanismos que produzem esse ou aquele comportamento político, nem sobre as explicações causais, mas sobre os discursos que tornam possíveis tanto a emergência de uma racionalidade política quanto a regulação dos fatos políticos (Charaudeau, 2008: 37).

É preciso notar, ainda, que, no entendimento de Charaudeau (2008: 40), há três formas distintas de discurso político. A primeira é o discurso político como forma de pensamento, cujo objetivo é fundar um ideal político, com base em determinados princípios, o qual ajude a construir opiniões e posicionamentos. Isso é o que ocorre, por exemplo, nas assembleias realizadas pelos partidos políticos para seus militantes e afiliados. A segunda é o discurso político como ato de comunicação, o qual se refere diretamente aos sujeitos envolvidos na cena política para, influenciando as opiniões, obter adesões, rejeições ou consensos. É o que ocorre, por exemplo, com a propaganda eleitoral veiculada no rádio e na TV. Nesse caso, o discurso político se dedica à construção de imagens dos atores e ao uso de estratégias de persuasão e de sedução por meio de diversos procedimentos retóricos. A terceira forma de discurso político, por fim, se refere ao discurso como comentário. Sob essa forma, o discurso político não está voltado, necessariamente, para um fim político. Trata-se de um comentário político que se encontra fora do campo da ação política, sendo um discurso que é feito sobre o fenômeno político, mas sem risco político. É o caso, por exemplo, das colunas de analistas políticos nos diversos jornais em circulação pelo país.

Fica clara a complexidade da tarefa que o analista do discurso político tem em mãos. Por isso, o conceito de contrato de comunicação ou de enunciação política e o conceito de estratégias do discurso político, que serão discutidos adiante, são elaborados e utilizados por Charaudeau para explicar os processos de construção dos sentidos no discurso político. Com esses conceitos, ele espera fazer mediações entre a relativa liberdade do ator político na construção do sentido do discurso político e as normas e convenções da linguagem partilhadas pelos membros de determinado agrupamento social e que, portanto, lhes exercem certas coerções em seus atos discursivos.

Subjacente a esses conceitos, há o pressuposto de que os homens são, ao mesmo tempo, seres individuais e coletivos, sendo que o coletivo e o individual se condicionam reciprocamente. Nesse sentido,

Charaudeau (2008b: 51) afirma: "Quando falamos, somos, ao mesmo tempo, constrangidos pelas normas e convenções da linguagem que partilhamos com o grupo, e livres — ainda que relativamente — para proceder a um uso discursivo que nos caracteriza de forma exclusiva, permitindo nossa individualização". Novamente, vale lembrar: não se fala o que se quer a qualquer pessoa em qualquer situação... A não ser que se esteja pronto a pagar um preço bem alto.

A representação do campo político como um teatro permite uma demonstração de como os conceitos de contrato político e de estratégias do discurso político permitem a compreensão da relativa autonomia dos atores políticos na produção de sentidos nos discursos políticos. O campo político, subespaço do espaço social onde ocorre a encenação discursiva, é o cenário onde as relações de poder se representam "segundo os lugares, os papéis e os textos previstos por essa dramaturgia e segundo a relativa margem de manobra de que dispõe os atores" (Charaudeau, 2008b: 52). Isso significa dizer que, se, de um lado, o cenário do campo político, ou seja, os lugares e as posições dos atores políticos, bem como os regulamentos e as normas das atividades políticas, determinam o que pode ou não ser dito nos atos discursivos, de outro lado, o ator político, segundo sua competência discursiva, possui certa margem de manobra para obter certos efeitos de sentido por ele esperados. Dessa forma, compreender a produção do discurso político é compreender, em primeiro lugar, como se dão as restrições estruturais da comunicação, ou seja, como se dá o contrato de comunicação e, em seguida, como os atores políticos utilizam estratégias discursivas que se encontram ao seu dispor.

O contrato de comunicação política é o resultado das relações das forças simbólicas de que os agentes políticos são portadores e das possibilidades de enunciação colocadas pelo campo político. Conforme variam as relações de forças simbólicas e os usos das possibilidades de enunciação em determinado cenário político, varia a natureza do contrato de comunicação e, assim, variam as possibilidades de enunciação de que dispõem o sujeito político. Em outras palavras, a construção ou reconstrução do discurso político depende da natureza do contrato de comunicação em vigor e da posição que o sujeito político ocupa nesse contrato. Assim, longe de ser resultado de uma simples aplicação de esquemas de pensamento pré-construídos, ou seja, de expressões ou de ideologias políticas, as significações e os efeitos de um discurso político "resultam de um jogo complexo de circulação e de entrecruzamento dos saberes e das crenças que são construídos por uns e reconstruídos por outros", conforme enfatiza Charaudeau (2008b: 52).

O contrato de comunicação tem por base aquilo que Charaudeau designa como dispositivo de interação. Trata-se, no caso do campo político, de um conjunto de instâncias políticas que "estrutura a situação na qual se desenvolvem as trocas linguageiras ao organizá-las de acordo com os lugares ocupados pelos parceiros da troca, a natureza de sua identidade, as relações que se instauram entre eles, em função de certa finalidade" (Charaudeau, 2008b: 53). Ao considerar o dispositivo de interação em seu aparato conceitual, Charaudeau tem em vista evitar as explicações psicológicas da produção do discurso político, bem como evitar a vinculação direta entre ideologias e discursos políticos.

Considerar o dispositivo de interação com suas diversas instâncias como elemento condicionante da produção de sentidos do discurso político é considerar a complexidade da estruturação do campo político onde se entrecruzam não somente os diferentes setores da prática social, mas também as diferentes situações de comunicação. Com esses propósitos analíticos, Charaudeau distingue três lugares onde os discursos políticos são produzidos e as instâncias de comunicação correspondentes:

(1) o lugar de governança, onde se encontra a instância política e a instância adversária;

(2) o lugar de opinião, onde se encontra a instância cidadã; e

(3) o lugar de mediação, onde se encontra a instância midiática.

O lugar de governança é o espaço onde os atores têm um poder de fazer e um poder de fazer pensar, isto é, um poder de decisão e de ação e um poder de manipulação. Nesse lugar, os atores políticos dedicam-se à construção de programas políticos, ou seja, de discursos políticos para serem apresentados aos eleitores, à justificação de decisões e ações buscando a legitimidade e à crítica dos adversários quando têm que reforçar suas próprias posições. A instância política, em direta dependência da instância cidadã, a ela se dirige em busca de legitimidade.

Conforme variam as pretensões da instância política, variam as relações que ela mantém com a instância cidadã. Quando se trata de justificar suas ações em busca de legitimidade, a instância política dirige-se a um público heterogêneo por meio da mídia; quando se trata de fazer promessas eleitorais dirige-se a um público cidadão que tem certa opinião formada; e quando se trata de mobilizar filiados ou militantes, dirige-se a um público que tem certa orientação ideológica. Nesse mesmo lugar de governança, encontra-se a instância adversária movida pela mesma motivação da instância política: busca da adesão do cidadão-eleitor. Assim como a instância política, a instância adversária deve construir um projeto de sociedade para a apreciação dos eleitores, buscar legitimidade e produzir um discurso crítico contra a instância política, ou seja, contra aqueles que se encontram investidos de poder político.

O lugar de opinião é o espaço onde a opinião se constrói fora do governo, onde os cidadãos buscam um saber não só para julgar os programas apresentados a sua apreciação, mas também para julgar as ações políticas que afetam suas vidas e para escolher ou julgar seus representantes. Trata-se, enfim, de um lugar onde a instância cidadã questiona a legitimidade e a credibilidade da instância política. Note-se que, na instância cidadã, Charaudeau (2008b: 60) distingue dois subconjuntos de indivíduos conforme suas predisposições para participar da vida política: de um lado, a sociedade civil; de outro, a sociedade cidadã. A sociedade civil é o lugar de pura opinião sobre a vida social e privada. É uma sociedade onde seus membros se reconhecem pelo simples fato de estarem juntos. A sociedade cidadã, ao contrário, é o lugar onde os indivíduos têm consciência da importância de seu papel na organização da vida social e se unem em nome de um projeto de sociedade, como ocorre, por exemplo, com a associação de moradores de um bairro, a qual realiza ações reivindicatórias junto à prefeitura da sua cidade.

O lugar de mediação, também localizado fora do governo, é onde se encontra o elo que liga a instância política à instância cidadã: a instância midiática. Os atores dessa instância, os publicitários e as agências de publicidade, têm o papel de informar a instância cidadã sobre os acontecimentos em geral, inclusive sobre os acontecimentos políticos. Em seu papel informativo, a instância midiática deve ser democrática, na medida em que busca não só a credibilidade dos cidadãos e dos políticos, mas também porque deve captar o maior número de adeptos, ou seja, de ouvintes ou leitores. Diante desses papéis, as ações da instância midiática se inscrevem na lógica da sedução comercial. De acordo com Charaudeau (2008b: 63), a instância midiática se encontra em duplo dispositivo: em um dispositivo de exibição que corresponde à sua busca de credibilidade e um dispositivo de espetáculo que corresponde à busca de cooptação.

Os sujeitos atuantes na produção do discurso político, embora estejam constrangidos por contratos de comunicação, devem recorrer a certas estratégias discursivas, de modo a alcançar seus objetivos políticos. Em outros termos, a despeito dos constrangimentos que o contrato de comunicação impõe aos produtores de discurso político, a lógica de funcionamento do campo político (*i.e.*, a necessidade da obtenção da legitimidade e da credibilidade junto ao maior número possível de eleitores ou de adeptos não só para a conquista do poder político, mas também para o exercício desse poder), em especial, na democracia representativa, exige que os políticos, profissionais que atuam na instância política, recorram a estratégias discursivas para a construção dos sentidos de seus enunciados políticos.

Na democracia representativa, o poder do político advém de uma delegação que tem um caráter sagrado, na medida em que essa delegação é oriunda da vontade do povo. Para exercer esse papel, o político deve não só estar sob a guarda da legitimidade, mas também construir sua credibilidade diante do povo para que, investindo-se do poder político, possa conquistar o direito de representá-lo. Nos regimes democráticos, é a credibilidade, além da legitimidade, que possibilita a ascensão do político ao poder político e que, de certa forma, garante sua manutenção no poder, tendo em vista a missão de realizar a vontade coletiva. É esse vínculo de dependência e de compromisso com a instância cidadã que leva o político a lançar mão de certas estratégias discursivas, de modo a obter a credibilidade necessária para suas pretensões de representar o povo e de gerir a coisa pública.

Afinal, a legitimidade dos políticos, bem como a das instituições políticas, não basta para o funcionamento do campo político. Além dessa legitimidade, Charaudeau (2008b: 79) avalia que "o sujeito deve também se mostrar crível e persuadir o maior número de indivíduos de que ele partilha certos valores". É por meio da persuasão e da sedução que o político pode obter a credibilidade necessária para desempenhar o papel de representar o povo e de promotor do bem comum. Por essa razão, os governantes costumam gastar uma grande parte do dinheiro público com propagandas sobre suas ações.

Utilizando-se de estratégias discursivas persuasivas ou sedutoras, o político deve "construir para si uma dupla identidade discursiva: uma que corresponda ao conceito político, enquanto lugar de constituição de um pensamento sobre a vida dos homens em sociedade, outra que corresponda à prática política, lugar de estratégias da gestão do poder" (Charaudeau, 2008b: 79). Trata-se, no primeiro caso, do posicionamento ideológico do sujeito e, no segundo caso, de sua posição no processo comunicativo.

As estratégias discursivas utilizadas pelo político na busca de credibilidade diante dos membros da instância cidadã dependem de vários fatores. Entre esses fatores que podem gerar a eficácia das estratégias discursivas na busca de credibilidade, Charaudeau destaca a identidade social do político, a maneira como ele percebe a opinião pública, o caminho que ele faz para chegar até ela, a posição dos outros atores políticos no campo político, quer sejam parceiros ou adversários, enfim, o que o político julgar necessário defender ou atacar: as pessoas, as ideias ou as ações. Dito de outra maneira, Charaudeau (2008b: 84) considera que "o político deve fazer uso de todas as estratégias disponíveis para fazer com que o maior número de cidadãos adira a suas ideias, a seu programa e a sua pessoa". Seguindo os ensinamentos de Aristóteles e de seus seguidores, Charaudeau classifica as estratégias discursivas utilizadas pelos políticos no campo político em três grupos básicos: *ethos*, *pathos* e *logos*. É o que abordaremos a seguir.

3. *Ethos*, *pathos* e *logos*

A noção de *ethos* faz referência à construção da imagem de si. Por meio das palavras, o político procura construir uma imagem de si na tentativa de conquistar os imaginários sociais e, dessa forma, o apoio da instância cidadã para seus projetos políticos. Trata-se, portanto, da utilização da estratégia de *ethos* tendo em vista a busca da credibilidade política. Nessa construção da imagem de si, como diz Charaudeau (2008b: 87), o político deve "mergulhar nos imaginários populares mais amplamente partilhados, uma vez que deve atingir o maior número em nome de uma espécie de contrato de reconhecimento implícito". Quanto menor o nível de correspondência entre a imagem de si construída pelo político e os imaginários sociais, menor a eficácia da estratégia de *ethos*. Em outras palavras, para que a estratégia de *ethos* tenha eficácia, é necessário haver correspondência ou encontro entre a imagem que o político faz de si com o intuito de ganhar adesões e a imagem que a instância cidadã faz do político ideal.

Em 2001, Luiz Inácio Lula da Silva concorria à presidência da República pela quarta vez. Na campanha eleitoral, seus opositores radicais construíram, contra ele, a imagem de um homem que iria complicar a vida dos ricos, *i.e.*, dos empresários e banqueiros. Para obter sucesso no pleito eleitoral daquele ano, Lula precisava construir uma nova imagem perante as elites. E o fez de uma forma surpreendente: costurou um acordo para ter na vice-presidência um empresário muito rico e muito respeitado: José Alencar. Lula conseguiu a tão sonhada adesão dos empresários e banqueiros, levando inclusive e surpreendentemente a Federação das Indústrias do Estado de São Paulo e a Federação Brasileira dos Bancos a participarem das suas propagandas eleitorais na TV. A imagem de radical perigoso para as elites econômicas caiu por terra e Lula construiu uma nova imagem perante tais classes: a imagem de um homem que tolera e respeita as classes detentoras do capital. Naquele pleito eleitoral, essa nova imagem pode ter contribuído significativamente para sua vitória nas eleições presidenciais.

Quase seis meses após sua posse, na sua *Carta ao povo brasileiro*, divulgada no dia 22 de junho de 2002, Lula teve o cuidado de reforçar o seu novo *ethos* perante empresários e banqueiros:

> A crescente adesão à nossa candidatura assume cada vez mais o caráter de um movimento em defesa do Brasil, de nossos direitos e anseios fundamentais enquanto nação independente. Lideranças populares, intelectuais, artistas e religiosos dos mais variados matizes ideológicos declaram espontaneamente seu apoio a um projeto de mudança do Brasil. Prefeitos e parlamentares de partidos não coligados com o PT anunciam seu apoio. Parcelas significativas do empresariado vêm somar-se ao nosso projeto. Trata-se de uma vasta coalizão, em muitos aspectos suprapartidária, que busca abrir novos horizontes para o país (Silva, 2011a).

"Parcelas significativas do empresariado" são exatamente os empresários e banqueiros que, junto com Lula, tendo José Alencar como seu fiador político, realizaram um "vasta coalizão, em muitos aspectos suprapartidária". Lula reforçava, assim, o *ethos* moderado que substituiu o *ethos* radical pré-2001.

Mas nem só de imagens vivem os políticos: paixões, sentimentos e emoções são muito importantes também. É a esses aspectos presentes nos atos discursivos que a noção de *pathos* faz referência. Nesses termos, falar de estratégias de *pathos* é falar do uso que o político faz dos sentimentos, paixões e emoções para seduzir os membros da instância cidadã a apoiarem suas pretensões e projetos políticos. O político lança mão das emoções, paixões e afetos para tentar seduzir, ameaçar, aterrorizar, enfim, atrair um interlocutor ou o público em geral.

Entretanto, é preciso notar, o recurso à estratégia de *pathos* nem sempre produz emoções no interlocutor. Como diz Charaudeau (2008b), um discurso pode produzir um efeito emocional conforme a natureza do universo de crença do público a que é destinado, conforme a natureza da encenação discursiva e conforme o posicionamento do interlocutor ou do público em relação ao universo de crenças convocado.

Estratégias de *pathos* podem ser observadas no discurso do candidato, Lula, à reeleição à Presidência da República, em 2006. Nesse discurso, Lula, dirigindo-se nominalmente a um representante desses segmentos sociais, diz aos eleitores das classes populares:

> Meu caro Arnaldo Pereira: melhor do que ninguém, eu posso medir a sua alegria e de sua família quando o programa Luz para Todos levou energia elétrica para a propriedade de vocês, lá no Vale do Ribeira, em São Paulo. Em boa parte da minha infância, Arnaldo, eu não tive luz em casa. Era difícil para minha mãe cozinhar e costurar com a luz de candeeiro. Sabe por que, Arnaldo? Entre outras coisas, para poder ouvir histórias como a de uma companheira nossa, lá do sertão do Ceará, que nos primeiros dias em que a energia chegou à sua casa, ficou acendendo a luz do quarto a noite inteira. O marido perguntou por que ela estava fazendo aquilo. E ela respondeu: "É porque eu nunca tinha visto a cara do meu filho dormindo de noite" (Silva, 2011b).

Nesse fragmento do discurso, além de mostrar que, na gestão que terminava, foi sensível aos problemas socioeconômicos que afligem os pobres, Lula procurou tocar nas emoções de seus possíveis eleitores mostrando-lhes que compartilha com eles a "alegria" de terem luz na casa onde sempre enfrentaram a escuridão, que ele também "não teve luz em casa" e que compartilha com a mãe a emoção de poder acender a luz para "ver a cara do (seu) filho dormindo de noite".

A noção de *logos* se refere à argumentação. Falar em estratégia de *logos* é referir-se ao uso que o político faz da argumentação para persuadir os cidadãos a aderir aos seus projetos ou às suas propostas e práticas políticas. Para Charaudeau (2008b: 101), "não se trata tanto de desenvolver um raciocínio lógico com abordagem explicativa ou demonstrativa que tende a elucidar ou fazer existir uma verdade, mas de mostrar a força da razão". Por isso, ele complementa, o político que argumenta procura "propor um argumento simples, apoiando-se em crenças fortes supostamente partilhadas por todos e de reforçá-las apresentando argumentos destinados a produzir um efeito de provas".

No mesmo discurso do candidato Lula à reeleição à presidência da República, pode-se observar a maneira como estratégias de *logos* foram utilizadas por ele para persuadir os eleitores a apoiá-lo em seus empreendimentos políticos:

> Sou outra vez candidato não por ambição, mas porque o projeto de mudança do Brasil tem que continuar. Volto a ser candidato porque o Brasil, hoje, está melhor do que o Brasil que encontrei três anos e meio atrás, mas pode — e precisa — melhorar muito mais. [...] Volto a ser candidato porque os pobres estão menos pobres e poderão continuar melhorando de vida, caso sejam mantidos — e aprofundados — os programas sociais que implantamos. [...] Volto a ser candidato porque amo o Brasil, amo meu povo e não tenho ódio no peito. Porque tenho feito e continuarei a fazer um governo capaz de unir os brasileiros (Silva, 2011b).

Nesses termos, Lula argumenta que merece o voto e o apoio do eleitor porque o desejo de continuar no poder não é uma "ambição" pessoal; porque "o projeto de mudança do Brasil (que iniciou em seu governo) tem que continuar"; porque o Brasil "pode — e precisa — melhorar muito mais"; porque os pobres precisam "continuar melhorando de vida"; porque ele "ama o Brasil"; porque ele "ama (o seu) povo"; porque ele "não tem ódio no peito"; porque ele é "capaz de unir os brasileiros".

Note-se que, ao tratar das estratégias discursivas utilizadas pelos políticos para persuadir ou seduzir os cidadãos-eleitores, Charaudeau acaba revelando os mecanismos que lhes proporcionam a relativa autonomia na produção do discurso. Isso significa dizer que, mesmo sobre as restrições do contrato de comunicação, o agente político usufrui de certa autonomia para escolher as estratégias que, a seu ver, contribuem para obter a credibilidade e a legitimidade entre os membros da instância cidadã.

Enfim, em sua teoria do discurso, Charaudeau utiliza os conceitos de contrato de comunicação e de estratégias discursivas para a compreensão e explicação das interações discursivas que ocorrem entre os homens em sua vida social. Como se pôde observar ao longo das discussões neste capítulo, o conceito de contrato de comunicação e de estratégias discursivas, aliados aos conceitos de campo político, instância política e instância cidadã, bem como aos conceitos de *ethos, pathos e logos*, constituem um instrumental teórico-metodológico capaz de esclarecer muitos aspectos da complexidade dos fenômenos discursivos que ocorrem no campo político.

CAPÍTULO 10
MAINGUENEAU

Alexandre Ferrari Soares, Aparecida Feola Sella e Terezinha Costa-Hübes

Falar de Dominique Maingueneau é sempre uma satisfação, considerando-se suas inúmeras obras traduzidas ou comentadas por pesquisadores envolvidos não somente com a análise do discurso, mas também com a linguagem de forma geral. O interesse por seu pensamento é fácil de explicar: Maingueneau promove reflexões que transcendem um espaço único de discussão. Essa postura, acreditamos, é devida ao compromisso de lidar com o funcionamento efetivo da linguagem, em seus mais variados acontecimentos.

Optamos por averiguar categorias da análise do discurso de linha francesa (AD) descritas e usadas pelo autor e por pesquisadores brasileiros que nele se inspiram. Assim, discutimos conceitos diretamente relacionados com a possibilidade de construir uma análise de enunciados vinculados a determinado campo discursivo. A ideia aqui é descrever a maneira com que Maingueneau aplica conceitos e lida com materialidades.

As noções, os conceitos e os exemplos aqui apresentados vinculam-se à noção de campo discursivo. Essa vinculação serve para demonstrar as contribuições advindas do trabalho que Maingueneau desenvolve com relação a materialidades distintas e a conceitos não propriamente pertencentes à AD, mas apresentados pelo autor como a ela relacionados. Mas, antes, apresentamos um breve histórico da AD para situarmos esse teórico.

1. Análise do discurso: breve trajetória

A AD nasceu no final da década de 1960, no contexto da hegemonia do estruturalismo, no encontro de uma conjuntura intelectual e de uma prática escolar, como tentativa de explicar textos em sua materialidade discursiva, ou seja, em sua natureza constitutivamente pluridimensional (linguística, ideológica, subjetiva, histórica e social). Afinal, conforme Orlandi (1999), a língua (materializada nos textos) não é estrutura, mas acontecimento revelado por um sujeito afetado pela história.

Linguistas, historiadores e mesmo psicanalistas renderam-se a esse movimento intelectual que acenava para uma nova abordagem discursiva atrelada à ideologia. Oposta à rigidez do estruturalismo, a AD tenta abrir campo para outros conceitos de língua, além de trazer o sujeito para o centro do novo cenário, uma vez que havia sido excluído dos estudos da linguagem ao longo do percurso do estruturalismo.

No Brasil, a AD prolifera no final da década de 1970, travando, desde o início, embate com a linguística, que a acusava de não se importar com a língua, fixando-se exclusivamente no campo político.

De fato, a AD não pretende trabalhar com a mesma língua focada pela linguística, pois o que lhe importa é "a língua da ordem material, da opacidade, da possibilidade [...], da marca da historicidade inscrita na língua" (Ferreira, 2003: 42).

Com o objetivo de aprofundar críticas feitas pela sociolinguística, pela teoria da enunciação e pela pragmática, a AD tem como proposta considerar como essencial a relação da linguagem com a exterioridade. Entenda-se por exterioridade em AD as chamadas condições de produção: o falante, o ouvinte, o contexto da comunicação e o contexto sócio-histórico, este representado por formações imaginárias, ou seja, a imagem que o falante faz de si, a que tem do seu ouvinte, a imagem que o ouvinte faz de si e a imagem que faz do seu interlocutor. Maingueneau (2005) comenta, inclusive, que os sujeitos enunciadores, seus presumíveis destinatários e os gêneros de discurso utilizados formam um todo inseparável, imerso em instituições das mais variadas ordens, constituindo o tom ideológico dos discursos.

De forma geral, a tentativa de superar os limites da linguística formal faz com que a AD se volte para a apreensão da linguagem enquanto atividade essencialmente interativa, produto da ação de sujeitos. Nesse novo enfoque teórico, desloca-se a própria noção de comunicação, antes concebida como transmissão de informação, para aquela concepção que reconhece o processo de interação verbal conforme definido por outros componentes enunciativos como o enunciador, o interlocutor e suas relações com outras enunciações reais ou virtuais, condicionadoras da organização estrutural da língua. Não por acaso, Pêcheux (1990) faz uma crítica ao esquema elementar da comunicação, afirmando que o discurso, mais do que transmissão de informação (entendida aqui como uma mensagem), é efeito de sentido entre interlocutores.

A AD rompe com a análise do conteúdo, que, segundo Petri (2006: 3), consiste em "tomar o conteúdo de um texto como objeto de análise com o propósito de chegar à compreensão, o que era radicalmente criticado por Pêcheux, pois ele acreditava que o objeto de estudo das ciências da linguagem seria a língua, numa larga referência a Saussure, e não o texto". Essa ruptura se dá tanto pela crítica da leitura baseada em categorias temáticas quanto pela maneira como se atribuíam sentidos ao texto. Em lugar da informação, a AD introduz a noção de efeito de sentido entre interlocutores. A própria denominação da disciplina já aponta para outro objeto: o discurso. Por discurso entendemos, seguindo Pêcheux, o efeito de sentido entre os interlocutores. Todavia, essa concepção recebeu, do próprio autor, novas incorporações na década de 1980, quando adotou a ordem da estrutura e do acontecimento para o discurso:

> Não se trata de pretender aqui que todo discurso seria como um aerólito miraculoso, independente das redes de memória e dos trajetos sociais nos quais ele irrompe, mas de sublinhar que, só por sua existência, todo discurso marca a possibilidade de uma desestruturação-reestruturação dessas redes e trajetos: todo discurso é um índice potencial de uma agitação nas filiações sócio-históricas de identificação [...] (Pêcheux, 1990: 56).

Maingueneau (1996) distingue discurso de enunciado: o enunciado concerniria ao caráter de unidade linguística e o discurso, a uma unidade de comunicação associada a condições de produção devidas. Neste último caso, há uma dependência em relação a um gênero do discurso determinado: debate televisionado, artigo de jornal, romance etc. Assim, nessa perspectiva, enunciado e discurso remetem a dois pontos de vista diferentes. O autor cita Guespin (2011), para quem um olhar lançado sobre o texto do ponto de vista de sua estrutura na língua faz dele um enunciado e um olhar lançado sobre as condições de produção desse texto fará dele um discurso.

Ao contrário do que propunha o estruturalismo saussuriano, que mantinha o pressuposto de que a língua pode significar por si mesma, a ideia aqui é a de que, no deslocamento do centro de atenção para as condições de produção, considera-se não só o enunciado (ou produto), mas a enunciação (ou processo). Dessa forma, enunciados decorrentes, por exemplo, do Programa de Educação Ambiental, no âmbito do Estado brasileiro, que promovem a institucionalização da educação ambiental nas diferentes instâncias estatais, servem para a avaliação dos deslocamentos do termo *capitalismo*, que hoje pode ser considerado em várias frentes de debate, sendo que uma delas aponta para dada concepção de crise ambiental, que reclama a expressão *capitalismo humanizado*.

As regularidades depreendidas de enunciados decorrentes dessa concepção caracterizam, então, uma formação discursiva (FD), compreendida, conforme Foucault (2009a), como um conjunto de enunciados em que ocorre certa regularidade ou ordem discursiva, conjunto tido como convencionado. "Sempre que se puder descrever, entre um certo número de enunciados, semelhante sistema de dispersão e se puder definir uma regularidade (uma ordem, correlações, posições, funcionamentos, transformações) entre os objetos, os tipos de enunciação, os conceitos, as escolhas temáticas, teremos uma formação discursiva" (Foucault, 2009a: 43).

Tomando a FD no interior desse entroncamento, ela não remete mais a lugares enunciativos pensados como um exterior ideológico e passa a ser buscada na dispersão dos lugares enunciativos. A inscrição dos enunciados em um conjunto de formulações — como um "nó em uma rede" — torna mais complexa a noção de "condições de produção", pensada agora como articulação de um feixe de enunciações.

Um exemplo de FD evidencia-se em falas como: "Ela tem vocação para ser professora". A palavra *vocação*, originada do verbo latino *vocare*, significa "chamado" e está estreitamente vinculada ao âmbito religioso no sentido de Deus chamar o cristão para alguma missão. Por isso, ao relacionar profissão a vocação, além de resgatar uma cultura que extravasa o espaço escolar e que se associa ao sistema patriarcal defendido pelo discurso religioso, recupera-se também parte da história da profissão docente que, antes de ser assumida pelo Estado, esteve sob a hegemonia da Igreja.

Existem regras históricas que são condições para que dadas formações existam ou desapareçam. Consequentemente, são as FDs que determinam o sentido que as palavras adquirem a partir de uma posição dada em uma conjuntura, isto é, numa certa relação de lugares no interior de um aparelho ideológico, e inscrita numa relação de classes.

Novos sentidos sempre podem caracterizar, portanto, outra FD. Tomemos o sentido repassado ao aspeamento do termo *brincadeiras*, atualmente utilizado para indicar *bullying*. Esse aspeamento, verificado em textos colhidos do vestibular da Universidade Estadual do Oeste do Paraná de 2010, retrata uma nova configuração lexical gerada pelo contexto histórico, inclusive convencionado no âmbito do jurídico, justamente a partir do direcionamento dado a questões relativas ao preconceito. Nesse espaço histórico e contingente, o termo aciona uma voz pública que o relaciona à ideia de agressão, e essa voz é repassada para diversas esferas sociais, nas quais determinada relação de poder é exercida em função da desqualificação, no caso, da criança. Com relação a aceitar certas verbalizações no âmbito da escola como a agressão, por exemplo, o aspeamento do termo *brincadeiras* ou mesmo a voz que indica tal efeito de sentido, não seria possível aceitar tal demanda lexical antes de um acordo social.

A análise da materialidade da linguagem é o que permite a compreensão dos sentidos que derivam da inscrição da língua na história. Nesse processo discursivo, depreende-se o que se chama de naturalização dos sentidos produzida pela ideologia, que coloca o homem na relação imaginária com suas condições materiais de existência, de forma não apenas a afetar o sujeito, mas também a constituí-lo. Temos um exemplo disso quando, na década de 1980, a mídia assimilava o homossexual à Síndrome da Imunodeficiência Adquirida — AIDS (quase que de forma causal) ou ainda, quando um discurso religioso afirmava, na mesma década, que o fato de homossexuais serem portadores do vírus HIV era uma espécie de "vingança" da natureza (porque o sujeito homossexual havia, nessa visão religiosa, desnaturalizado as relações sexuais). Esses discursos naturalizavam o suposto vínculo entre a homossexualidade e a AIDS, como se tal relação não fosse uma construção ideológica, mas natural. E esses discursos, inclusive para o sujeito homossexual, nas páginas de algumas revistas semanais, produziam sentido de verdade (Soares, 2006).

Essa naturalização dos sentidos, por constituir o sujeito, interfere decisivamente nas condições de produção do discurso. Maingueneau (1996: 30) observa que Pêcheux utiliza o termo *condições de produção do discurso* "para designar não somente o meio ambiente material e institucional do discurso, mas ainda as representações imaginárias que os interactantes fazem de sua própria identidade, assim como do referente de seus discursos". Sendo assim, deve-se concluir que as condições de produção caracterizam o discurso e o constituem na medida em que remetem a

> [...] lugares determinados na estrutura de uma formação social, lugares dos quais a sociologia pode descrever o feixe de traços objetivos característicos: assim, por exemplo, no interior da esfera da produção econômica, os lugares do "patrão" (diretor, chefe da empresa *etc*.), do funcionário de repartição, do contramestre, do operário, são marcados por propriedades diferenciais determináveis (Pêcheux, 1997b: 82).

Deve-se, então, levar em conta alguma coisa do exterior da língua para se compreender o que nela é dito. A descrição da língua não é suficiente para explicar determinados fenômenos nos quais a língua está envolvida. As condições de produção são constitutivas da significação de um discurso. Como o discurso é considerado, por Maingueneau (1996), como linguagem em interação, vinculada às suas condições de produção, os sistemas de signos são tomados no jogo das formações discursivas. Diversamente do que ocorre na linguística saussuriana, no que diz respeito ao estudo da significação ou do sentido que, condicionado ao aspecto estrutural/formal das palavras, só entende o significado a partir de uma forma preexistente, na AD, os aspectos estruturais e formais da língua só interessam à medida que são determinados pelo sentido, pela direção semântica que as diversas situações concretas de uso da linguagem lhes emprestam. Por exemplo, quando Saussure, ao construir o conceito de valor, ou seja, a capacidade de um signo se opor a todos os demais signos, atribui um significado a um significante, ele cola o sentido a um significante, como se esse sentido fosse dado previamente. A AD, por sua vez, desloca o sentido literal. Para essa vertente, não há um sentido que se cola a um significante, mas um sentido que lhe é dado a partir de uma formação discursiva.

A AD não aceita que um enunciado possua apenas um sentido, mas considera que os sentidos das palavras, das expressões ou dos textos são plurais, na medida em que cada um advém de um discurso. O sentido é um efeito de sentido, de maneira que a existência de determinada forma não garante a ocorrência de um funcionamento do discurso específico, mas possibilidades de várias leituras, explícitas ou não. O efeito de sentido dependerá da ocorrência de material verbal em condições de produção definidas:

> Um discurso é sempre pronunciado a partir de condições de produção dadas: por exemplo, o deputado pertence a um partido político que participa do governo ou a um partido da oposição; é porta-voz de tal ou tal grupo que representa tal ou tal interesse, ou então está "isolado" *etc.* Ele está, pois, bem ou mal, situado no interior da relação de forças existentes entre os elementos antagonistas de um campo político dado: o que diz, o que anuncia, promete ou denuncia não tem o mesmo estatuto conforme o lugar que ele ocupa; a mesma declaração pode ser uma arma temível ou uma comédia ridícula segundo a posição do orador e do que ele representa, em relação ao que diz (Pêcheux, 1993: 77).

A AD não concebe que, dada uma palavra, seu sentido seja óbvio, como se estabelecido por convenção. A mesma palavra ou o mesmo enunciado podem ter sentidos diversos se pertencerem a formações discursivas diferentes. Tomemos como exemplo a sentença: "O salário mínimo sofrerá reajuste em março". Para qualquer falante da língua portuguesa, a palavra *reajuste* significa "aumento". Contudo, essa palavra assumirá sentidos distintos para o Ministro da Previdência, para os aposentados, para os empresários etc., pois cada um ocupa um lugar diferente no campo político-econômico, o que faz com que o(s) sentido(s) seja(m) reconfigurado(s) conforme a posição que ocupa(m) e conforme as condições de produção. Como diz Bakhtin:

> Na realidade, toda palavra comporta *duas faces*. Ela é determinada tanto pelo fato de que procede de alguém, como pelo fato de que se dirige a alguém. Ela constitui justamente *o produto da interação do locutor e do ouvinte*. Toda palavra serve de expressão *a um em relação ao outro*. Através da palavra, defino-me em relação ao outro, isto é, em última análise, em relação à coletividade. A palavra é uma espécie de ponte lançada entre mim e os outros. Se ela se apoia sobre mim numa extremidade, na outra apoia-se sobre o meu interlocutor. A palavra é o território comum do locutor e do interlocutor (Bakhtin/Volóshinov, [1929] 2004: 113, grifos do autor).

Dessa forma, o sentido da palavra é determinado pelo lugar ocupado pelo sujeito, determinando sua filiação a uma ou a outra formação discursiva. Afinal, nem tudo pode ser dito nem qualquer um pode dizer o que quer. São essas condições de produção que permitem ou não que algo possa ser falado e, consequentemente, fazer o devido sentido para alguém em um determinado momento histórico.

Maingueneau (2000) explica que "todo ato de enunciação é fundamentalmente assimétrico", pois o contexto em que é produzido o ato de enunciação não se encontra simplesmente ao redor de um enunciado. Isso se deve ao fato de, no processo de interpretação, residir a reconstrução de sentidos, feita

[...] a partir de indicações presentes no enunciado produzido, mas nada garante que o que ela reconstrói coincida com as representações do enunciador. Compreender um enunciado não é somente referir-se a uma gramática e a um dicionário, é mobilizar saberes muito diversos, fazer hipóteses, raciocinar, construindo um contexto que não é um dado preestabelecido e estável (Maingueneau, 2000: 21).

Para Maingueneau, os enunciados comportam intencionalidades subjacentes e podem produzir efeitos de sentido sequer previstos por seus produtores. Similarmente, também é imprevisível o modo particular como cada um significa aquilo que lhe é veiculado em cada formação discursiva, uma vez que todo sujeito se encontra inscrito na história e é a partir dessa historicidade (singular) que ele constitui os sentidos. Assim, compreender um enunciado não é somente referir-se à gramática e ao dicionário: é também construir hipóteses, raciocinar, perceber a ideologia, relacionar os fatos com o período histórico e construir um contexto que não é um dado pre-estabelecido e estável.

Considerando tais pressupostos, é fundamental destacar que os enunciados são produzidos em situações de interlocução constituídas pela história. Consequentemente, o sentido não é de nenhum interlocutor, mas produzido, enquanto efeito, no discurso que se constitui pelos/nos interlocutores em interação. O "dizer a alguém" é uma prática social que funciona pelo imaginário: é o jogo de imagens que se estabelece a partir dos lugares de onde se fala e que precisa ser observado no processo histórico da produção de enunciados e de sentidos.

Sendo assim, podemos dizer que as noções de discurso, de texto, de condições de produção e de formação discursiva regulam o trabalho do analista do discurso. E uma das grandes contribuições de Maingueneau estaria justamente em avaliar a forma como o analista deve proceder para lidar com determinado *corpus*, o que requisita uma discussão sobre outros conceitos.

2. Categorias e mobilidade: uma reflexão em Maingueneau

Maingueneau (2000) alerta que a noção de texto no interior da AD relaciona-se à noção de uma "totalidade coerente", vinculada a produções orais e escritas, estruturadas de forma estável e, por isso, passíveis de circularem longe "de seu contexto original", ou seja, distante de seu autor, momento e lugar de produção. Para ele, o texto é mais que materialidade linguística. Afinal, o texto faz parte da própria discursividade, na medida em que um discurso, em decorrência de sua semântica global, parece preferir certos gêneros a outros. Por exemplo: para o leitor de uma revista emitir sua opinião sobre uma reportagem publicada na edição anterior, seu discurso se moldará ao gênero artigo de opinião e não ao gênero artigo científico, já que a forma de organizá-lo e as preferências lexicais concernem mais àquele do que a este gênero. No entanto, o leitor pode se valer, por exemplo, do discurso científico para embasar sua carta. Os textos orais, por exemplo, além de comportarem signos linguísticos e icônicos, "podem conter diversificação das técnicas de gravação e de reprodução da imagem e do som, o que traça nova forma de conceber a representação tradicional do texto" (Maingueneau, 2000: 57).

Maingueneau (2006) considera que os textos escritos, em geral, são enunciações destinadas a um leitor com a intenção de fazer com que ele acredite e passe a seguir, em sua vida, aquilo que leu. Assim, o autor do texto é responsável por causar boa impressão por meio da construção de seu discurso, apresentando uma imagem de si que seja digna da confiança de seu leitor.

Considerando que a AD tem o texto como uma unidade significativa, ou seja, que, para a AD, o texto apresenta relação consigo mesmo e também com a exterioridade, fica patente que não são as palavras que significam, mas o texto. Tomemos, como exemplo, a palavra *pare*. Se analisada apenas quanto aos seus aspectos fonéticos e morfológicos, ela não significa. É apenas forma. Todavia, quando inserida num contexto, como em uma placa de trânsito, ela adquire um discurso que se sustenta naquela situação de uso da linguagem: o PARE indica uma ordem, uma orientação que serve tanto aos pedestres quanto aos motoristas que circulam por determinado local. A palavra, nesse sentido, se torna um texto, uma vez que carrega um discurso, direcionado a possíveis interlocutores, numa dada situação de interação.

Se texto e discurso se mesclam, é importante deixar bem claro o que é discurso. Para Maingueneau (2005), discurso deve ser compreendido como algo que ultrapassa o nível puramente gramatical, linguístico, levando em conta também (e sobretudo) os interlocutores (com suas crenças, valores) e a situação (lugar e tempo geográfico, histórico) em que ele é produzido. O discurso é contextualizado, isto é, todo enunciado só tem sentido no contexto em que é produzido: há um sujeito, um EU que se coloca como o responsável pelo que se diz e é em torno desse sujeito que se organizam as referências de tempo e de espaço. O discurso é interativo, pois é uma atividade que se desenvolve, no mínimo, entre dois parceiros (marcados linguisticamente pelo binômio Eu-Você). É uma forma de atuar, de agir sobre o outro.

Sendo assim, importa ao analista como a língua funciona, como enunciados concretos, falas/escritas realmente produzidas (e não idealizadas, abstratas, como as frases das gramáticas normativas) servem para descrever dado dialogismo. Por causa desse caráter dialógico da linguagem, dizemos que o discurso tem um efeito polifônico: determinado discurso dialoga com outros discursos, outras vozes nele estão presentes, vozes com as quais é possível concordar, discordar, total ou parcialmente. Tem-se, nessa mescla de vozes, um movimento heterogêneo (polifônico) porque o discurso é sempre atravessado, habitado por várias outras vozes. Ele é construído numa rede de outros discursos ou, em outras palavras, numa rede interdiscursiva. Nenhum discurso é único, singular, mas está em constante interação com os discursos que já foram produzidos e estão sendo produzidos.

Em suma, os textos podem ser constituídos por interdiscursos. Para Maingueneau (2005), a interdiscursividade se estabelece na relação do discurso com seu Outro, ou seja, na interação entre discursos. Podemos pensar, por exemplo, quando, na década de 1980, os homossexuais são construídos, nas revistas semanais *Veja* e *Istoé*, como portadores em potencial do vírus da AIDS: esse discurso traz ecos do discurso médico que construía o homossexual como um doente, como um anormal (Soares, 2006).

Para chegar a essa proposição acerca da interdiscursividade, Maingueneau retoma as reflexões de Pêcheux sobre a análise automática do discurso e as análises desenvolvidas por Courtine. A partir dessas releituras, Maingueneau (2005: 113) assume que analisar a interação entre discursos implica considerar a interdiscursividade como "um processo de reconfiguração incessante no qual uma formação discursiva é levada a incorporar elementos pré-construídos, produzidos fora dela, com eles provocando sua redefinição e redirecionamento".

Para explicitar melhor o conceito de interdiscursividade, Maingueneau recorre a três outros conceitos complementares: universo discursivo, campo discursivo e espaço discursivo. Por universo discursivo devemos entender o conjunto de discursos que coexistem na estrutura social, ou seja, os discursos que interagem em determinada conjuntura, sendo que este "conjunto é necessariamente finito, mas irrepresentável, jamais concebível em sua totalidade" (Maingueneau, 2005: 116). Pela sua amplitude, é quase impossível analisá-lo em sua globalidade. Por isso, ele propõe recortá-lo, conforme explica Brunelli (2008), em domínios suscetíveis de serem estudados, denominados de campos discursivos.

Os campos discursivos são definidos "como um conjunto de formações discursivas que se encontram em relação de concorrência, em sentido amplo, e se delimitam, pois, por uma posição enunciativa em dada região" (Maingueneau, 2005: 116). Em outras palavras, trata-se de discursos divergentes que, embora apresentem a mesma função social, estabelecem fronteiras (abstratas) que possibilitam o recorte de tais domínios discursivos em, por exemplo, campo político, campo religioso, campo filosófico e campo literário. Pelo limite efêmero entre um campo e outro, o autor adverte sobre o cuidado que o analista deve ter para estabelecer fronteiras entre eles, pois é mais importante para a AD considerar os múltiplos parâmetros para construir campos pertinentes do que definir cada campo.

Essa constituição dos campos discursivos se destaca pelo interesse dos analistas em vasculhar o seu interior, lugar onde os discursos se constituem. Por isso, cria-se a necessidade de delimitar, no seu interior, um espaço discursivo. Por espaço discursivo entendemos os subconjuntos do campo discursivo, que unem, pelo menos, duas formações discursivas, entre as quais se mantêm relações privilegiadas, consideradas cruciais para a compreensão dos discursos em análise. Quem vai definir esse espaço é o analista em função de seus objetivos e hipóteses de pesquisa, fundamentados num saber histórico. Conforme explica Maingueneau (2007), são os analistas quem devem isolar, no campo, os espaços discursivos que julgarem relevantes para seu propósito.

Um exemplo de campo discursivo é aquele que pode ser formado pela noção de família na perspectiva religiosa do mundo ocidental, de base judeu-cristã, que prevê a união heterossexual, e pelos deslocamentos que a palavra *família* sofre em relação a suas condições de produção. Não por acaso, atualmente concebe-se a união entre homossexuais e se vê a mulher, muitas vezes, tomar o estatuto de provedora do lar. Portanto, o termo *família* evoca outras formas de concepção que transcendem o patamar puramente linguístico e residem nas relações sociais interpostas, ditadas por adesões ou não a um comportamento já convencionado.

Em outras palavras, num universo discursivo determinado, essas concepções estão em concorrência. O analista do discurso pode estabelecer como espaço discursivo, por exemplo, as vozes que revelam adesão ou não aos sentidos, evocados pela palavra *família* destoantes daquele conduzido, por exemplo, por segmentos religiosos de tradição no mundo ocidental.

Portanto, para que uma palavra tenha sentido, é preciso que ela já faça sentido (efeito do já-dito, do interdiscurso, do Outro). A isso é que chamamos de historicidade na AD. Chamamos de efeito pré-construído, a impressão do sentido que deriva do já-dito, do interdiscurso, e que faz com que, ao dizer, já haja um efeito de já-dito sustentando todo o dizer.

3. Conceitos em análise: seguindo o que propõe Maingueneau

Nesta parte, examinamos e descrevemos FDs inscritas no Manual do Fundo de Manutenção e Desenvolvimento da Educação Básica (FUNDEB) que produzem efeitos de sentido materializados em expressões que revelam posicionamento ideológico do Estado. Fiorese (2006), em seu estudo sobre o Estado brasileiro e a política de financiamento à educação, menciona que, em 2006, "o FUNDEF, completará uma década de existência. Também em 2006, conforme o estabelecido em Lei, estava previsto seu término, e o FUNDEB será o novo modelo de financiamento" (Fiorese, 2006: 275).

Esse fundo diz respeito a recursos financeiros distribuídos com base no número de alunos matriculados e que visam à ampliação do atendimento e à melhoria qualitativa do ensino oferecido pelo Estado. Segundo o que consta na seção "Apresentação do Manual", o foco a ser atingido é "o ensino fundamental público, como o mais representativo segmento da educação básica oferecida pelos Estados e Municípios brasileiros". Nas orientações do documento, encontramos, entre outros objetivos, a manutenção de alunos nas redes públicas estaduais e municipais, a melhoria da remuneração do magistério e a orientação básica acerca da operacionalização das verbas em tela. Este último objetivo, aparentemente secundário, é regido por um tom regulador propício, o que é possível mensurar por meio de verbos *dever* e *poder* e ainda estruturas com teor de condicionalidade.

No texto do Manual, o diálogo traçado requisita determinada postura do leitor diretamente envolvido, pois não se trata de mera retórica, mas, sim, da devida atenção às regras para que se possa utilizar aporte financeiro no plano do "legal". Assim, no esteio das representações, dos papéis sociais, cabe ao leitor caminhar pelas regras postas. Isso significa a possibilidade de avaliar o tipo de leitor/usuário a que se destina o Manual do FUNDEB.

Nesse caso, a relação dialética entre texto e contexto demarca-se pelo tom de obrigação com relação ao homem público que deve executar as orientações do manual. Percebem-se, no Manual do FUNDEB, reiterados direcionamentos em que a conjugação do material linguístico e do caráter sociocognitivo traduz-se como manifestação dos objetivos dos falantes, os quais retiram da língua mecanismos que dão suporte à interação. Os sentidos, de forma geral, vão se formando entre o restrito, o permitido e o possível. Essa perspectiva revela, portanto, o perfil de um leitor com pouca mobilidade para interagir com o texto. Ela retrata formas de lidar com a verba pública, cujas orientações, digamos, caso não sejam seguidas, rendem consequências. Como afirma Maingueneau

> [...] o fato de que um enunciado supõe um enunciador, um destinatário, uma relação com outras enunciações reais ou virtuais, que esteja atravessado pelo implícito etc.; tudo isto não é uma dimensão que se acrescentaria posteriormente a uma estrutura linguística, mas algo que condiciona radicalmente a organização da língua (Maingueneau, 2005: 20-21).

Dessa forma, enunciadores e destinatários formam um estatuto inseparável dos gêneros do discurso utilizados, o que nos leva a outro conceito: comunidade discursiva. Tomemos esse conceito conforme um dos domínios propostos por Maingueneau (2000): enunciadores de um mesmo tipo de discurso (jornalístico, científico...), que partilham um certo número de modos de vida, de normas etc.

Se estiver correta nossa leitura, há certos tipos de enunciadores e destinatários que interagem com o Manual de forma mais direta, ou seja, que compartilham a mesma comunidade discursiva. Podemos, de forma geral, dizer que se trata do homem público que legisla, executa e controla os gastos referidos no Manual do FUNDEB. Sendo assim, o enunciador do nosso *corpus* é o Estado e o destinatário é o homem público. Em termos interdiscursivos, podem ser medidas vozes, decorrentes de enunciações reais ou virtuais, que podem ser reconhecidas em outros textos, como aqueles presentes no Estatuto da Criança e do Adolescente e no Código Civil Brasileiro, por exemplo.

A entrada, ou seja, a forma como o analista do discurso toma seu objeto de análise, pode se dar de diversas formas. Expressões condicionais, como aquelas formadas pela conjunção *desde que*, recorrente no Manual do FUNDEB, indicam a voz do Estado que regula o gasto, o que, portanto, regula os sentidos possíveis do enunciado. O Manual é o suporte textual do qual foram recortadas sequências discursivas que servem para ilustrar como o Estado concebe o gerenciamento do dinheiro público em documento oficial. Segundo Eni Orlandi (1999), o "recorte" é um fragmento de um todo discursivo, por meio do qual se pode chegar à representação das relações textuais referidas às condições em que foram produzidas. Fragmento é uma unidade discursiva, cuja dimensão se dá em função dos objetivos do analista do discurso.

O Estado, como gestor do dinheiro público, regula procedimentos, manifestos em FDs, presentes em vários recortes que aparecem no Manual, em função desse posicionamento. Seriam FDs resultantes de dada formação ideológica (FI) que se traduz, digamos, diversas formas, dentre as quais selecionamos aquelas que servem para interpor o proibitivo.

Expressões de valor condicional permeiam meandros específicos dessa linguagem oficial reguladora. Considerando a orientação de Maingueneau (2007), quando ele observa que o analista do discurso precisa ser cuidadoso na seleção da entrada, verificamos que expressões que imprimem teor de obrigação, como ocorre com as condicionais, e mesmo operadores argumentativos, dente outros, servem para avaliar como o discurso regulativo do Estado orienta o interdiscurso presente no texto. Vale notar que a conjunção *desde que* toma efeito de concessão, mas o tom é de proibição, pois se trata de repassar a FD de controle do Estado de forma específica, dirigida ao homem público que lida com a gestão do dinheiro público[1].

O trecho abaixo sinaliza que um ato de obrigação se deixa realizar por meio de expressões que demarcam um condicionante e uma possibilidade, o que é posto para ser considerado pelo leitor/usuário. Esses sentidos marcam a relação entre uma obrigação e seu vínculo com uma exceção, uma ressalva ou mesmo uma possibilidade diante de uma diretiva. No trecho abaixo, a porção em negrito serve de exemplo de uma entrada tomada no seu aspecto lexical, como uma opção pela estrutura iniciada pela conjunção *desde que*, a qual imprime essa posição ideológica assumida pelo Estado.

> Quando no município houver Conselho Municipal de Educação e Conselho Tutelar, 1 (um) representante de cada deve ser indicado por seus pares, para compor o Conselho do Fundeb. Além desse mínimo exigido, outras representações poderão ter assento no Conselho do Fundeb, **desde que a lei de criação do colegiado preveja outras representações**.

Carvalho (2006) comenta que o sistema jurídico assume função de calibrador da ordem social, o que gera mensagens que são essencialmente ordens. Para o autor, que estuda os atos de fala desse tipo de sistema, toda norma "tem força e finalidade ilocucionárias diretivas, pois visam regular a conduta humana" (Carvalho, 2006: 28). Considerando-se essa explicação, tomamos como FD essa fala que

---

[1] Observe-se que, logo na parte introdutória do Manual, há menção a uma diretiva: o objetivo de garantia da educação básica pública é o argumento que vem apresentado como "um dos grandes desafios a ser enfrentados no contexto da política de inclusão social que norteia as ações do governo federal", em primeiro plano, e, nesse sentido, a criação do FUNDEB retrata a necessidade de se ter um "mecanismo de ampla redistribuição de recursos vinculados à educação no país".

regula as ações do homem público e medimos como as expressões condicionais indicam representações de controle do Estado. Seria a instância do legal/burocrático.

O trecho em negrito destacado acima estabelece ressalva no plano de uma condição posta, pois se toma o homem público que precisa de regras, de obrigações, o que retrata manobras recorrentes no Manual do FUNDEB, vinculadas ao sentido tecido por várias entradas de teor lexical ou mesmo sintático. A título de ilustração, a FD "o Estado controla" pode ser medida por meio da relação posta nos verbos *dever* e *poder*. O primeiro carreia a noção bastante evidente do lugar, da representação social, das relações interpostas e ainda da possibilidade quase inexistente de se contrapor a regras.

Nesse espaço de interlocução, o leitor diretamente envolvido com o Manual tem pouca mobilidade para agir, o que pode ser medido pelas expressões de teor regulativo, assumidas pela instância que assume a posição de controle do dinheiro público.

As reflexões de Maingueneau aqui brevemente discutidas servem para que se perceba a importância de questões que reacendem a problemática da constituição do discurso, mas principalmente quanto à postura que o analista assume diante de sua pesquisa.

Formações ideológicas orientam ações num espaço de interação, e isso pode ser verificado por meio de entradas definidas diante dos objetivos do analista do discurso. Essas entradas representam formas de dizer e de não dizer, e, portanto, significam espaços de interlocução. Diante das orientações de Maingueneau, percebemos como as expressões lexicais podem indicar relações de sentido mais seguramente medidas e inibidoras de um processo interpretativo inicial do analista do discurso. Em outras palavras, por meio de itens lexicais, o analista pode avaliar como o discurso referenda posturas ou mesmo marca ressignificações, pois a materialidade registra formas autorizadas, utilizadas em espaços definidos que referendam um dizer e mesmo um silenciamento.

CAPÍTULO 11
FAIRCLOUGH

Luciano Amaral Oliveira e Marco Antonio Batista Carvalho

Nesta segunda década do século XXI, quando se fala em estudos do discurso nos cursos de Letras no Brasil, ainda há uma tendência a se pensar automaticamente em análise do discurso de linha francesa. Contudo, um importante campo dos estudos do discurso começou a tomar corpo na segunda metade da década de 1980 na Inglaterra, ganhando impulso na década seguinte, quando começou a se solidificar, embora timidamente, no Brasil: a análise crítica do discurso (ACD). Em um livro como este, que se propõe introduzir arcabouços teóricos essenciais para os estudos do discurso, não poderíamos deixar de fora as ideias de Norman Fairclough, um dos principais proponentes da vertente crítica dos estudos do discurso.

O trabalho de Fairclough é permeado por três questões básicas:
(1) as relações dialéticas entre discurso e práticas sociais;
(2) o grau de conscientização que as pessoas têm (ou, o mais provável para ele, não têm) acerca dessas relações; e
(3) o papel essencial do discurso nas mudanças sociais.

Norteado por essas três questões, seu trabalho oferece não apenas reflexões importantes para quem se interessa pelos estudos do discurso, mas também um modelo tridimensional de análise do discurso. Assim, nosso objetivo, neste capítulo, é apresentar a contribuição de Fairclough para esses estudos sob a perspectiva crítica.

1. Discurso e práticas sociais: relações dialéticas

As relações entre língua e sociedade nunca escaparam ao escrutínio de filósofos, religiosos e políticos. Na Antiguidade, 360 anos antes da era cristã, por exemplo, Platão escreveu um diálogo entre Crátilo, Sócrates e Hermógenes, no qual expressa suas ideias sobre as relações entre as palavras, os significados e os objetos do mundo. Ali já ficava claro que os fenômenos linguísticos são resultantes de convenções sociais, sendo os significados das palavras e dos textos o exemplo mais emblemático disso.

O *Antigo Testamento* nos informa que Deus criou as coisas do mundo por meio das palavras, revelando, assim, o poder criador da língua. No *Gênesis*, encontramos evidências dessa força criadora, como, por exemplo, a informação apresentada nos versículos 26 e 27 do primeiro capítulo:

> 1:26 E disse Deus: Façamos o homem à nossa imagem, conforme a nossa semelhança; e domine sobre os peixes do mar, e sobre as aves dos céus, e sobre o gado, e sobre toda a terra, e sobre todo o réptil que se move sobre a terra.
> 1:27 E criou Deus o homem à sua imagem; à imagem de Deus o criou; homem e mulher os criou.

Contudo, é no livro de Provérbios, no versículo 21 do capítulo 18, que encontramos uma afirmação explícita do poder criador da língua, revelando a consciência que já se tinha acerca do caráter constitutivo da linguagem: "A morte e a vida estão no poder da língua".

Na Alemanha nazista, Goebbels, Ministro da Propaganda, foi determinante para que a população alemã fosse manipulada a ponto de aderir ao discurso em favor da ideia da supremacia ariana vislumbrada por Hitler — ideias contrárias não alcançavam o espaço público. Em outros estados totalitários, como a União Soviética stalinista e o Brasil, violentado pelos militares no período de 1964-1985, a censura e o controle rígido do acesso ao discurso público foram essenciais para que os ditadores atingissem seus objetivos ideológicos, que dependiam do que se podia e não se podia falar e escrever para o público. Não por acaso o sonho de todos os políticos brasileiros é possuir uma estação de rádio, uma rede de televisão e um jornal para terem pleno acesso ao discurso público.

Enfim, as relações existentes entre língua e sociedade são inegáveis. Fairclough chama a nossa atenção para os efeitos constitutivos do discurso, que contribuem para a construção de identidades sociais, posições de sujeito, relações sociais, sistemas de conhecimento e crenças. Por outro lado, ele ressalta que "a constituição discursiva da sociedade não emana de um livre jogo de ideias nas cabeças das pessoas, mas de uma prática social firmemente enraizada em estruturas sociais materiais concretas, orientando-se para elas" (Fairclough, 2008: 93).

Percebe-se, nessas palavras, a influência do materialismo histórico[1] no pensamento de Fairclough. Por isso, uma pergunta que surge é a seguinte: são as práticas sociais que constituem o discurso ou é o discurso que constitui as práticas sociais? Fairclough adota uma posição dialética para explicar essas relações: o discurso constitui as

---

[1] Para revisitar o conceito de materialismo histórico, veja o primeiro capítulo, *Gramsci*, nesta coletânea.

práticas sociais que, por sua vez, constituem o discurso. Isso significa que "o uso da linguagem dá sua própria contribuição à reprodução e/ou à transformação da sociedade e da cultura, incluindo-se as relações de poder. É aí que reside o poder do discurso; e é por isso que vale a pena lutar por ele" (Fairclough e Wodak, 2005: 390). Daí a importância de pensarmos nas questões discursivas tendo em mente não apenas os contextos situacionais imediatos e institucionais, mas também as relações que os usuários da língua mantêm entre si no momento do evento discursivo.

Vejamos a definição que ele confere a discurso e a prática social. Fairclough (2005) considera dois sentidos distintos para o termo *discurso*. Em um nível abstrato, ele concebe discurso como uma categoria que designa os elementos semióticos na sua totalidade multimodal, abrangendo, assim, não apenas os signos linguísticos, mas também os signos não linguísticos, como imagens, cores, sons e gestos. Em um sentido mais restrito, ele usa o termo *discurso* para designar modos particulares de representações específicas da vida social. Nesse segundo sentido, que é o que vai nos interessar aqui, podemos entender os discursos como as formas distintas de conceber e verbalizar um fenômeno social.

Para exemplificar esse segundo sentido de *discurso*, podemos citar o caso das pesquisas com células-tronco no Brasil, que, oficialmente, é um Estado laico. O discurso dos cientistas constrói essas pesquisas de uma forma diferente daquela construída pelo discurso de religiosos cristãos. Em outras palavras, cientistas e religiosos representam esse fenômeno, *i.e.*, as pesquisas com células-tronco, de maneiras totalmente diferentes, com escolhas lexicais e sintáticas distintas, condicionadas por suas ideologias.

Os juízes do Supremo Tribunal Federal, ao votarem pela legalidade ou ilegalidade das pesquisas com células-tronco em 2008, foram influenciados por um ou por outro discurso. O ministro Carlos Alberto Menezes Direito, por exemplo, influenciado pelo discurso religioso, votou contra as pesquisas afirmando que "o embrião é, desde a fecundação, mais presentemente, desde a união dos núcleos do óvulo e do espermatozoide, um indivíduo, um representante da espécie humana, que terá a mesma carga genética de um feto, de uma criança, de um adulto, de um velho" (*Folha Online*, 2011). O ministro Joaquim Barbosa, influenciado pelo discurso científico, votou a favor das pesquisas e afirmou que proibi-las "significa fechar os olhos para o desenvolvimento científico e os benefícios que dele podem advir" (Folha.com, 2011). O ministro Celso de Mello resumiu, com um só golpe, o ponto fulcral dos debates de forma simples e lúcida: "Nesta república laica, o Estado não se submete a religiões" (Globo.com, 2011).

Quanto à prática social, Fairclough a entende como sendo uma forma estabilizada de atividade social e oferece como exemplos as aulas no contexto escolar, as notícias de TV, as refeições em família e as consultas médicas. Cada prática é uma articulação de elementos sociais diversos dentro de uma configuração relativamente estável. Fairclough (2001) sugere que cada prática social inclui os seguintes elementos:

(a) atividades;
(b) sujeitos e suas relações sociais;
(c) instrumentos;
(d) objetos;
(e) tempo e lugar;
(f) formas de consciência;
(g) valores;
(h) discurso.

Fairclough acaba incluindo o discurso no conjunto de elementos configuradores das práticas sociais, o que faz sentido, pois, sem o discurso, não há práticas sociais. Afinal, o motorista de ônibus, a garçonete, o cozinheiro, a médica, o professor, a jogadora de basquete e o juiz não poderiam realizar suas atividades profissionais sem discurso. Da mesma forma, as competições esportivas, os julgamentos em tribunais, as operações de compra e venda de ações, os rituais religiosos e os crimes de corrupção não acontecem sem discurso.

Mas, o que significa dizer que esses elementos estão dialeticamente relacionados entre si? Para Fairclough, isso significa que esses elementos, embora distintos uns dos outros, não são elementos discretos, completamente separados uns dos outros. É como se cada um desses elementos internalizasse os outros, mas sem ser redutível a eles. Por exemplo, alunos são distintos de professores, mas é impossível pensar a existência de alunos sem professores e vice-versa. Além disso, sem alunos nem professores, não existem aulas. E são os discursos que se materializam em gêneros textuais que licenciam uma pessoa a ocupar a posição de professor ou de aluno, constituindo-os como sujeitos de uma prática social como a aula.

A imbricação entre discurso e práticas sociais é tão profunda, a complexidade das relações dialéticas que discurso e práticas sociais estabelecem entre si é tão grande, que Fairclough chega a afirmar que o discurso é a língua concebida como uma forma de prática social — daí o discurso ser um dos elementos constitutivos dessa prática. Ora, não é difícil perceber essa imbricação. Por exemplo, pensemos no caso da aula numa universidade pública. Naquele contexto institucional, o sujeito que ocupa a posição de professor tem poder sobre os sujeitos que ocupam a posição de aluno: o professor controla os turnos conversacionais, decide que assuntos são importantes e estabelece o que é certo ou errado em termos de comportamento na sala de aula. Além disso, seu discurso é pressupostamente considerado verdadeiro.

Note-se que o poder discursivo do qual a posição de professor está investida é legitimado pela sociedade por meio do poder que ela confere à instituição escolar, considerada o lugar natural para a educação ocorrer. Ao mesmo tempo, o discurso que circula na sociedade sobre a importância do papel da escola e do professor na formação dos futuros cidadãos, *i.e.*, dos sujeitos que ocupam a posição de aluno, ajuda a construir, na mente das pessoas, a ideia de que o professor é uma autoridade a ser respeitada e na qual os alunos têm de acreditar. E essa ideia é compartilhada socialmente pelos membros de comunidades discursivas como as que encontramos no Brasil.

Considere-se uma aula como tradicionalmente concebida numa escola pública na sociedade brasileira. Se a analisarmos com base nos elementos sugeridos por Fairclough, os quais compõem uma prática social, teremos a configuração apresentada no quadro 1. Vale observar que esses elementos claramente se relacionam uns com os outros, constituindo-se e constituindo os outros.

ATIVIDADE	aula
SUJEITOS	professor e alunos
RELAÇÕES SOCIAIS	o professor é a autoridade na sala de aula e os alunos devem obediência ao professor
INSTRUMENTOS	recursos audiovisuais e materiais didáticos
OBJETOS	mesa, cadeira do professor e carteiras dos alunos
TEMPO	período da aula no ano letivo
LUGAR	sala de aula de uma instituição educacional
FORMAS DE CONSCIÊNCIA	o professor e o aluno têm consciência da posição que ocupam e dos papéis que devem desempenhar na escola, mas eles podem não estar conscientes de por que seus papéis são aqueles e de por que as relações de poder entre eles são do jeito que são
VALORES	o professor é o detentor da verdade e do conhecimento; os alunos devem aprender com ele e acreditar nele
DISCURSO	o discurso é produzido pelo Estado, reproduzido pelo livro didático e, se aceito, reproduzido pela direção da escola e pelo professor, que podem recusá-lo e produzirem um discurso de resistência; o aluno aceita o discurso desses sujeitos e o reproduz ou o recusa e resiste, produzindo seu próprio discurso

Quadro 1: Elementos da prática social "aula tradicional" em escolas públicas.

Um ponto que chama a atenção no quadro 1 é o que escrevemos acerca dos valores e das formas de consciência que caracterizam as práticas sociais e, consequentemente, a produção e a recepção do discurso numa aula no contexto escolar: afirmamos que professor e aluno, e, por extensão, todos os sujeitos que participam de qualquer encontro discursivo, podem estar conscientes ou inconscientes acerca das relações de poder estabelecidas entre eles e acerca do porquê de seus papéis na sala de aula serem o que são. E aqui estamos seguindo Fairclough. Além disso, os valores que marcam os encontros discursivos entre professor e aluno, e, por extensão, os encontros dos quais participam os usuários da língua, revelam que eles possuem crenças internalizadas sobre questões como quem tem mais poder em relação a quem, quem supostamente fala a verdade, quem controla os turnos conversacionais, e assim por diante. Em suma, eles têm consciência de quem é quem, de quem pode o quê e de quem não pode o quê. Contudo, terão eles consciência da razão pela qual as coisas são desse jeito? Ou eles simplesmente acham que as coisas são assim porque são assim mesmo? Será que eles acham essas coisas naturais? Retomaremos esse ponto mais adiante.

Foi com base na lógica discursiva que permeia as relações entre professor e aluno que o Ministério da Educação lançou uma campanha publicitária, no primeiro semestre de 2011, para legitimar os livros didáticos a serem utilizados nas escolas públicas brasileiras[2]. Essa campanha enfatiza a forma como é realizada a escolha do material didático. Após uma explicação sobre o processo de elaboração do material, a peça publicitária reserva a metade do seu espaço para depoimentos de professores de diferentes áreas do conhecimento e também de diferentes áreas geográficas do país para legitimarem a importância dos livros didáticos. A escolha da figura do professor para essa peça publicitária não foi gratuita: a posição de professor é investida do poder de falar sobre questões escolares, como, no caso, os livros didáticos.

---

2   O vídeo da campanha está disponível na internet no seguinte endereço: <http://www.youtube.com/watch?v=EI05IHt3uf0>, acesso em agosto de 2011.

As relações que ocorrem entre os usuários da língua nas diversas práticas sociais são permeadas por um elemento muito importante para os estudos do discurso: o poder, que existe em diferentes formas, desde a modalidade da força física bruta até o poder simbólico, considerado por Bourdieu (1989: 174) como o "poder de fazer ver e de fazer crer" e, portanto, de obter a obediência voluntária. Por isso, para Fairclough:

> Talvez seja útil fazer uma distinção entre o exercício do poder por meio de vários tipos de *coerção*, incluindo a violência física, e o exercício do *consentimento*, ou pelo menos aquiescência, ao poder. As relações de poder dependem de ambos os tipos, embora em proporções variáveis. A ideologia é o meio principal de fabricação do consentimento (Fairclough, 1989: 3-4, grifos do autor).

Esse ponto traz à tona um elemento de suma importância para os estudos do discurso que Fairclough realiza: a ideologia, que ele define como "pressuposições do senso comum implícitas nas convenções de acordo com as quais as pessoas interagem linguisticamente e das quais as pessoas geralmente não estão conscientes" (Fairclough, 1989: 1). Daí sua proposta de análise crítica, pois usar o termo *crítica* "implica mostrar conexões e causas ocultas; implica também intervenções — por exemplo, fornecendo recursos por meio da mudança para aqueles que possam encontrar-se em desvantagem" (Fairclough, 2008: 28).

Podemos agora retomar as questões que levantamos mais acima: terão os indivíduos consciência da razão pela qual as coisas são do jeito que são? Ou eles simplesmente acham que as coisas são assim porque são assim mesmo? Será que eles acham essas coisas naturais?

Refletir sobre essas questões implica, por exemplo, questionar a importância de o professor dominar conscientemente a atividade que executa. Segundo Brandão:

> [...] pensando às vezes que age por si próprio, livre e em nome de todos, o educador imagina que serve ao saber e a quem ensina, mas, na

verdade, ele pode estar servindo a quem o constituiu professor, a fim de usá-lo, e ao seu trabalho, para os usos escusos que ocultam também na educação — nas suas agências, suas práticas e nas ideias que ela professa — interesses políticos impostos sobre ela e, através de seu exercício, à sociedade que habita (Brandão, 1995: 11).

De fato, ao prepararem suas aulas e ao trabalharem didaticamente com textos, mesmo apregoando uma ação pedagógica progressista, crítica e com potencialidade transformadora, alguns professores podem estar contribuindo, de forma negativa, para a formação do leitor. Não por acaso, Fairclough afirma que "não se deve pressupor que as pessoas têm consciência das dimensões ideológicas de sua própria prática" (Fairclough, 2008: 120). E é exatamente por acreditar na possibilidade de as pessoas participarem de eventos discursivos reproduzindo inconscientemente valores ideológicos que Fairclough abre caminho para ser criticado, conforme abordaremos na última seção.

Bem, uma questão importante relacionada à assimetria das relações de poder é o fato de haver uma crença generalizada de que todos os que vivem numa sociedade democrática têm liberdade de expressão. Tal crença contribui para mascarar a falta de acesso ao discurso público da maioria arrasadora das pessoas, o que intensifica a assimetria das relações de poder. Discurso público é entendido aqui como o discurso veiculado na TV, no rádio, nos jornais e nas revistas semanais. As elites, que controlam o acesso ao discurso público, podem influenciar fortemente a construção de crenças e valores de uma sociedade[3]. Vale lembrar, leitora e leitor, que a crença na liberdade de expressão vem de mãos dadas com a crença na liberdade de pensamento. E "a primeira etapa de toda manipulação consiste justamente em fazer o interlocutor crer que é livre", conforme nos alerta Breton (1999: 16).

---

[3] Não há como não enxergar aí a ideia althusseriana dos aparelhos ideológicos de Estado. Confira, a esse respeito, o capítulo 3 deste livro.

Ora, essas duas crenças são fundamentais para o trabalho ideológico realizado pelas instituições e pelos sujeitos a serviço das elites dominantes. Afinal, a "ideologia é mais eficaz quando seu funcionamento é o menos visível possível", nos ensina Fairclough (1989: 85). Mas, como essa invisibilidade pode ser atingida? É o teórico britânico que explica:

> A invisibilidade é alcançada quando as ideologias são trazidas para o discurso não como elementos explícitos do texto, mas, sim, como pressuposições de pano de fundo que, por um lado, levam o produtor do texto a 'textualizar' o mundo de maneira específica e, por outro lado, levam o receptor textual a interpretar o texto de uma maneira específica. Como regra geral, os textos não exibem ideologias na sua superfície. Eles posicionam seu receptor por meio das pistas de uma maneira que ele traz ideologias para a interpretação dos textos — e as reproduz nesse processo! (Fairclough, 1989: 85)

O que fazer diante disso? Como podemos contribuir para que os efeitos de sentido provocados pelas ideologias que subjazem aos textos sejam explicitados e, assim, as pessoas se tornem (mais) conscientes das operações ideológicas processadas por produtores e receptores textuais? Conforme veremos na próxima seção, Fairclough oferece um modelo de análise do discurso para responder essa última pergunta.

2. Modelo tridimensional de análise do discurso

A relação dialética entre discurso e sociedade é um processo bastante complexo. Diante dessa complexidade, Fairclough propõe um modelo de análise baseado naquilo que ficou conhecido como sua concepção tridimensional do discurso. A figura 1 traz uma adaptação do diagrama proposto por Fairclough (2008) para apresentar essa concepção:

```
┌─────────────────────────────────────┐
│  ┌───────────────────────────────┐  │
│  │  ┌─────────────────────────┐  │  │
│  │  │         TEXTO           │  │  │
│  │  └─────────────────────────┘  │  │
│  │                               │  │
│  │      PRÁTICA DISCURSIVA       │  │
│  └───────────────────────────────┘  │
│                                     │
│          PRÁTICA SOCIAL             │
└─────────────────────────────────────┘
```

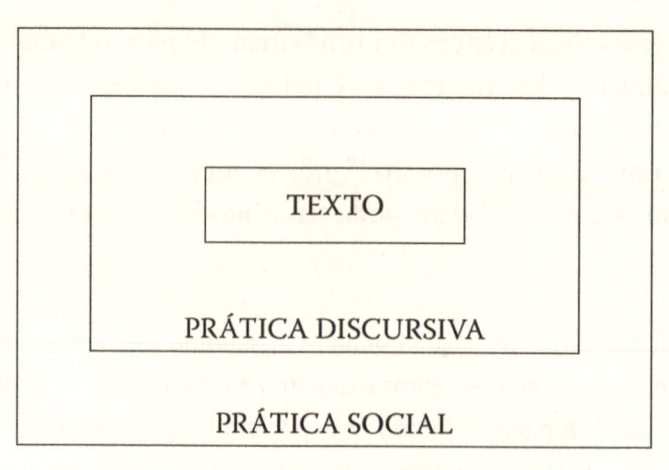

Figura 1: Modelo tridimensional de análise.

A figura 1 nos mostra que essas três dimensões estão inter-relacionadas, sendo a prática discursiva aquilo que faz a mediação entre o texto e a prática social. O autor justifica essa concepção afirmando que "qualquer 'evento' discursivo (isto é, qualquer exemplo de discurso) é considerado como simultaneamente um texto, um exemplo de prática discursiva e um exemplo de prática social" (Fairclough, 2008: 22). Afinal, o texto é a manifestação linguística da prática discursiva, que, por sua vez, é uma forma de prática social. Vejamos o que a análise de cada uma dessas dimensões envolve.

A análise da dimensão textual é a descrição das propriedades formais do texto e dos significados dessas propriedades. Essa é uma tarefa aparentemente simples. Aparentemente. A simplicidade fica só na aparência porque o estabelecimento de relações entre formas e significados está estreitamente vinculado aos processos cognitivos do analista, que, em tese, precisa estar consciente de tais processos. (E aqui já vamos dando pistas para uma das críticas à ACD que abordaremos na última seção.)

Para realizar a análise da dimensão textual, o analista deve levar em conta quatro itens: o vocabulário, a gramática, a coesão e a estrutura textual. Fairclough (2008: 103) comenta que esses itens estão inter-relacionados em uma escala ascendente:

(1) as palavras, elementos do vocabulário, combinam-se para formar frases e orações, elementos da gramática;
(2) os elementos gramaticais mantêm ligações entre si, estabelecendo a coesão textual;
(3) esses dois grupos de elementos contribuem para organizar e estruturar o texto.

O vocabulário, obviamente, diz respeito às palavras e a seus significados. As escolhas lexicais feitas pelos produtores textuais são fundamentais para a análise do texto. Afinal, elas apontam, dão pistas para questões ideológicas importantes. Por exemplo, a escolha da palavra *ocupação* em vez da palavra *invasão* para se referir àquilo que os Estados Unidos fizeram no Iraque após os ataques de 11 de setembro de 2001 revela uma posição favorável ao ato belicista estadunidense, como é o caso da mídia corporativa burguesa no Brasil.

Outro exemplo de que a utilização de certas palavras carrega valores ideológicos em determinado contexto social foi fornecido por Paulo Freire ao argumentar sobre a substituição da palavra *professora* pela palavra *tia* na escola básica. Para Freire,

> a tentativa de reduzir a professora à condição de tia é uma "inocente" armadilha ideológica em que, tentando-se dar a ilusão de adoçicar a vida da professora, o que se tenta é amaciar a sua capacidade de luta ou entretê-la no exercício de tarefas fundamentais (Freire, 1997: 25, grifo do autor).

Ele adverte ainda:

> Quanto mais você reduz a profissionalização a uma amorosidade parental, tanto menos a professora terá condições de brigar. Pelo menos é o que a ideologia espera. Digo também que ela pode gostar de ser tia e pode preferir continuar a ser chamada de tia. Nada contra isso. Mas é preciso que saiba o que há de manha ideológica quando chamam você de tia (Freire, 1993: 11).

A gramática diz respeito às palavras combinadas, formando orações e frases. As relações estabelecidas entre estruturas gramaticais e posicionamentos ideológicos não são óbvias e requerem atenção por parte do analista. Dois mecanismos gramaticais importantes para a análise textual são a nominalização e as vozes verbais, ambas relacionadas com a questão da agência, *i.e.*, com a questão dos autores das ações expressas pelos verbos.

Fairclough define nominalização como sendo a conversão de uma oração em um nome. Para exemplificar o uso da nominalização, voltemos no tempo um pouco. Durante a crise financeira mundial de 2008, que abalou a economia de vários países, o governo estadunidense injetou dinheiro público nas empresas privadas que cambaleavam e que foram, elas próprias, as principais responsáveis pelo caos em que o mundo capitalista se encontrava. Entretanto, nem o governo nem a mídia corporativa a ele submissa usavam uma oração para se referir ao gesto da Casa Branca. Eles não falavam que "o governo dos Estados Unidos socorreu as empresas privadas usando dinheiro público": eles diziam que houve "socorro financeiro" para as empresas. Nesse movimento de nominalização, eles acabaram retirando o governo de foco, retirando-o da posição de agente de uma ação questionável por ser estatizante e que segue na direção totalmente contrária à do capitalismo neoliberal, marca registrada das grandes potências econômicas ocidentais. Vale notar também o uso do eufemismo *socorro financeiro* em vez da palavra *estatização*, considerada palavrão pelos neoliberais de plantão.

Similarmente, as escolhas que os produtores textuais fazem entre a voz passiva e a voz ativa podem estar relacionadas a questões ideológicas curiosas. Fairclough comenta o seguinte a esse respeito:

> Ativa é a escolha não marcada, a forma selecionada quando não há razões específicas para escolher a passiva. E as motivações para escolher a voz passiva são várias. Uma é que ela permite a omissão do agente, embora isso possa ser motivado pelo fato de que o agente é eviden-

te em si mesmo, irrelevante ou desconhecido. Outra razão política ou ideológica para uma passiva sem agente pode ser a de ofuscar a agência e, portanto, a causalidade e a responsabilidade (compare "a polícia atirou em cem manifestantes" com "cem manifestantes foram mortos") (Fairclough, 2008: 226).

No dia 1º de abril de 2009, o jornal *Folha.com* publicou uma matéria, sem autoria individual, sobre um protesto feito contra a reunião do G20, o grupo composto pelos países mais ricos e pelos principais países emergentes. Nessa matéria, podemos ler o seguinte trecho:

> Manifestantes, muitos deles usando máscaras, quebraram nesta quarta-feira as vidraças de uma agência do Royal Bank of Scotland (RBS), no centro de Londres, antes de uma manifestação contra o G20 (grupo dos países ricos e principais emergentes), programada para ocorrer nesta quinta-feira no leste da capital britânica. Ao menos 4.000 anarquistas, anticapitalistas e ativistas participaram da ação. Ao menos oito pessoas foram presas, mas ninguém foi ferido gravemente (*Folha.com*, 2011).

Note-se o uso da voz ativa no primeiro período, mostrando claramente o agente do ato de quebrar as vidraças da agência do banco: os manifestantes, que são vagamente identificados no período seguinte como sendo anarquistas, anticapitalistas e ativistas. No último período, o uso da voz passiva omite o agente responsável pelos atos de prender e de ferir os manifestantes, *i.e.*, os policiais. A matéria informa ainda que "os jovens atiraram frutas e ovos contra os policiais". Novamente, a voz ativa é usada para explicitar o agente da ação de atirar frutas e ovos contra os policiais, *i.e.*, os jovens manifestantes. Isso evidencia que, em situações em que ocorrem ações supostamente negativas, a voz ativa costuma ser usada por jornais para explicitar o agente dessas ações quando ele é oriundo de classes sem poder, não representativas das elites. Contudo, se o agente de ações negativas for alguém oriundo das classes dominantes ou de instituições a serviço dessas classes, os jornais costumam usar a voz passiva e omitir o agente, não expondo esse membro das elites ou dessas instituições.

A coesão trata das ligações existentes entre orações e frases. Um mecanismo coesivo importante para a análise textual é o conector lógico, como, por exemplo, as conjunções adversativas. Podemos observar o uso discursivo dessas conjunções em afirmações preconceituosas como, por exemplo: "Joana é pobre, mas é limpinha". O preconceito fica implícito nessas palavras por conta do uso da conjunção *mas*, pois ela estabelece uma relação de contradição que não ocorre entre as duas orações que constituem o período, mas, isto sim, entre as ideias veiculadas pela ocorrência conjunta dessas duas orações. São ideias não ditas, mas recuperáveis, que nos remetem a um silogismo implícito:

(a) Toda pessoa pobre é suja.
(b) Joana é pobre.
(c) Joana é suja.

Ora, seguindo esse silogismo preconceituoso, se ela é pobre, a conclusão é a de que é suja. A proposição "ela é limpinha" provoca uma contradição lógica no âmbito desse silogismo, o que exige uma conjunção adversativa para estabelecer a coordenação entre "ela é pobre" e "ela é limpinha". Fica claro, assim, que a contradição, explicitada pela conjunção *mas*, se estabelece entre proposições discursivas implícitas, não entre orações[4].

A estrutura textual trata das propriedades organizacionais do texto. O analista sabe que um gênero textual possui uma estrutura formal prototípica. Logo, se ele observa que o texto encontra-se numa forma híbrida de gêneros, *i.e.*, se ele observa que o texto é apresentado como um gênero, mas contém características de outro gênero, ele precisa construir o sentido que essa decisão estrutural do produtor

---

[4] A respeito das considerações de Ducrot sobre o uso discursivo do conector *mas*, confira o capítulo 7 desta obra.

do texto produz. Por exemplo, se o paraninfo de uma formatura faz seu discurso em forma de cordel, uma interpretação possível dessa hibridização é a resistência desse paraninfo ao gênero discurso de formatura, que acaba sendo criticado pela hibridização realizada.

Duas questões relacionadas à estrutura textual são a tomada de turnos e o controle de tópicos, que têm sido foco de analistas da conversação. Tomada de turnos é a passagem da vez de falar de um participante para outro em um diálogo. A natureza do sistema de tomada de turnos "depende das (e é parte das) relações de poder entre os participantes de um diálogo", afirma Fairclough (1989: 135). Isso procede. E o mesmo pode ser dito acerca do controle do tópico. Afinal, nos diálogos entre pessoas que ocupam posições diferentes de poder, os direitos de tomada de turno e os poderes de controle de tópico são desiguais. Por exemplo, consideremos os diálogos entre um sujeito A e um sujeito B. Agora, imaginemos que cada uma dessas posições esteja ocupada pelos seguintes interlocutores:

A	médico	professor	policial	juiz	pai	patrão
B	paciente	aluno	suspeito de um crime	réu	filho	empregado

Nesses pares de interlocutores, é o sujeito A que tem o poder sobre a tomada de turnos e sobre o controle do tópico. Note-se que uma pessoa que ocupa a posição de sujeito A em determinado diálogo pode ocupar uma posição de sujeito B em outro diálogo, *e.g.*, um médico que é suspeito de um crime e que conversa com um policial na delegacia assume a posição de sujeito B em relação ao policial.

Bem, vale lembrar que a teoria linguística que influenciou Fairclough na sua proposta de análise textual foi a gramática sistêmico-funcional proposta por Michael Halliday, o que não surpreende porque, ao abrirmos o livro de Halliday (2004 [1985]), cujo título *An Introduction to Functional Grammar* podemos traduzir como *Uma introdução à gramática funcional*, vemos que a primeira seção do primeiro capítulo é intitulada "Texto e gramática". Já esse fato surpreende porque é raro vermos um livro de gramática de meados dos anos 1980 abordar, de imediato, questões relacionadas a texto. Esse gramático explica sua escolha: "Para um gramático, o texto é um fenômeno rico, multifacetado, que 'significa' em muitas diferentes maneiras" (Halliday, 2004 [1985]: 3). Percebemos que Halliday não concebe a gramática de maneira estruturalista, imanentista, o que justifica a escolha de Fairclough pela gramática sistêmico-funcional.

Comentemos agora a análise da prática discursiva, que se refere à interpretação da produção, da distribuição e do consumo do texto. No que diz respeito à produção, por exemplo, o analista pode considerar os procedimentos editoriais na produção de textos da mídia (Fairclough, 1989). Nesse caso, se o objeto da análise for um texto publicado num jornal impresso, o analista observa o espaço destinado ao texto: em que página e em que seção ele foi inserido, qual o tamanho do texto, a presença ou a ausência de imagens no texto.

A distribuição do texto, obviamente, diz respeito às maneiras como ele é posto socialmente em circulação. Elas vão desde a aparentemente simples transmissão televisiva e a distribuição de panfletos na rua até a publicação e a circulação de um texto feita pelo Governo Federal, o que envolve questões controversas, como a cartilha *Escola sem homofobia*, posta em circulação em 2011 e logo retirada de circulação por conta das reações contrárias, principalmente da bancada evangélica no Congresso Nacional.

Quanto ao consumo do texto, comenta Fairclough (1989), o analista observa se o texto é consumido individualmente, como no caso de uma carta de amor, ou coletivamente, como um aviso afixado em um mural de uma universidade ou uma carta aberta publicada numa revista semanal. Isso tem um impacto direto nas escolhas lexicais e sintáticas feitas pelo produtor textual. Ele observa também se o texto é consumido de forma passiva, como nas rotinas domésticas de se assistir à TV, ou de forma contraditória, que pode constituir-se em mecanismos de resistência, como nas leituras que as exegetas feministas propõem para os textos bíblicos.

A análise da prática social, que também é de natureza interpretativa, se ocupa das condições sociais do contexto em que a prática discursiva ocorre. De uma perspectiva ampla, o analista deve prestar atenção aos aspectos institucionais em que o texto é produzido e consumido. De uma perspectiva mais estrita, o analista observa os aspectos do contexto imediato, *e.g.*, quem são os sujeitos envolvidos na produção e na recepção do texto, quando e onde o texto é consumido.

Em ambas as perspectivas, o que é relevante é a questão da ideologia e a questão da hegemonia presentes na prática social. Os teóricos que claramente influenciaram o pensamento de Fairclough acerca dessas duas questões foram Gramsci e Althusser. No que diz respeito à ideologia, Fairclough propõe a seguinte definição:

> [...] as ideologias são significações/construções da realidade (o mundo físico, as relações sociais, as identidades sociais) que são construídas em várias dimensões das formas/sentidos das práticas discursivas e que contribuem para a produção, a reprodução ou a transformação das relações de dominação (Fairclough, 2008: 117).

Esse conceito de ideologia aponta para o imbricamento das ideologias com as práticas discursivas, cujo corolário é um fenômeno que merece a atenção dos analistas: a naturalização do discurso, algo extremamente perigoso porque de levar os indivíduos a reproduzirem ideologias que não são interessantes para eles ou que são prejudiciais a outros. Por exemplo, no Brasil muitas pessoas contrárias à união civil entre pessoas do mesmo sexo alegam que a união de dois homens ou de duas mulheres não é natural. Ora, na verdade, nada que envolva comportamentos humanos socializados é natural: tudo é convencional. Contudo, o forte entranhamento da ideologia religiosa cristã nas práticas discursivas que se realizam na escola e nos meios de comunicação de massa faz com que as pessoas acreditem piamente que a união entre pessoas do mesmo sexo não é natural. Outro exemplo são as piadas sobre nordestinos, índios, negros, mulheres e homossexuais, as quais reforçam preconceitos e são defendidas por quem as conta da seguinte forma: "Ah, que besteira. É apenas uma piada". Em discursos que envolvem questões de gênero, etnia, sexo e origem social e geográfica, nada é "apenas". Por isso, Fairclough comenta:

> As ideologias embutidas nas práticas discursivas são muito eficazes quando se tornam naturalizadas e atingem o *status* de "senso comum"; mas essa propriedade estável e estabelecida das ideologias não deve ser muito enfatizada, porque minha referência a "transformação" aponta a luta ideológica como dimensão da prática discursiva, uma luta para remoldar as práticas discursivas e as ideologias nelas construídas no contexto da reestruturação ou da transformação das relações de dominação. Quando são encontradas práticas discursivas contrastantes em um domínio particular ou instituição, há probabilidade de que parte desse contraste seja ideológica (Fairclough, 2008: 117).

É a possibilidade de mudanças oferecida pelas práticas discursivas de resistência, pelas práticas discursivas contrastantes, que leva Fairclough a rejeitar a ideia althusseriana de assujeitamento do sujeito. Com essa ideia, Althusser quis sugerir que a ideologia dominante, por meio dos aparelhos ideológicos de Estado, entre eles a escola, sempre se impõe aos indivíduos determinando o sentido de suas ações ou, como diria Pêcheux, o sentido dos enunciados. Quer dizer, para Althusser a ideologia tem a função de interpelar o indivíduo em sujeito e, dessa forma, criar o consenso entre os homens, cimentar a vida social. Para Fairclough, "nem todo discurso é irremediavelmente ideológico" e, por isso, ele não aceita a concepção de Althusser "de 'ideologia em geral' como forma de cimento social que é inseparável da própria sociedade" (Fairclough, 2008: 121). De fato, ao superestimar o papel da ideologia como elemento gerador do consenso, Althusser esquece que, entre os indivíduos a serem interpelados pela ideologia, há aqueles que resistem a essa interpelação.

Essa possibilidade de mudança, de resistência, está em consonância com a visão dialética que Fairclough tem acerca das relações entre discurso e práticas sociais, a qual é comentada na primeira seção. Ela é reforçada pelo conceito gramsciano de hegemonia, conceito multifacetado e assim apreendido por Fairclough:

> Hegemonia é liderança tanto quanto dominação nos domínios econômico, político, cultural e ideológico de uma sociedade. [...] Hegemonia é a construção de alianças e a integração muito mais do que simplesmente a dominação de classes subalternas, mediante concessões ou meios ideológicos para ganhar seu consentimento. Hegemonia é um foco constante de luta sobre pontos de maior instabilidade entre classes e blocos para construir, manter ou romper alianças e relações de dominação/subordinação que assume formas econômicas, políticas e ideológicas (Fairclough, 2008: 122).

Se pensarmos no caso do Brasil contemporâneo, poderemos notar as lutas hegemônicas travadas entre a igreja católica, de um lado, e os cientistas do outro; entre as igrejas evangélicas, de um lado, e os grupos de resistência homossexual do outro. Essas lutas afetam profundamente as práticas discursivas. Um exemplo disso foi o julgamento da legalidade das pesquisas com células-tronco no Supremo Tribunal Federal, comentado na primeira seção: o embate pela hegemonia se materializou nos discursos dos juízes. Outro exemplo de luta hegemônica foi a polêmica que ocorreu no Brasil, também no primeiro semestre de 2011, envolvendo a cartilha divulgada pelo Governo Federal intitulada *Escola sem homofobia*. A bancada evangélica do Congresso deste país supostamente laico (um elemento da prática social) conseguiu interferir na distribuição (uma prática discursiva) da cartilha, conforme relata Éboli, em matéria publicada na versão *online* do jornal *O Globo*:

> O *kit* de material educativo "Escola sem homofobia", que provocou polêmica entre religiosos no Congresso e levou a presidente Dilma

Rousseff a vetar sua distribuição, tinha como público-alvo não só alunos do ensino médio, como informava o Ministério da Educação. O material também foi preparado para ser apresentado a alunos a partir dos 11 anos de idade que cursam o ensino fundamental do 6º ao 9º ano (Éboli, 2011).

Enfim, para Fairclough (2008: 123), a concepção gramsciana de luta hegemônica está em harmonia com sua "concepção dialética da relação entre estruturas e eventos discursivos". É isso que deixa margens para possibilidades de mudanças sociais.

O conceito tridimensional de discurso é uma ideia interessante. Contudo, ele não passou incólume pela academia: ele se tornou objeto de análise crítica por parte de teóricos da análise do discurso e da linguística aplicada. Esse será o foco da próxima seção.

3. Críticas à ACD proposta por Fairclough

A abordagem tridimensional do discurso proposta por Fairclough baseia-se em um arcabouço teórico que tem sido alvo de críticas que acabam sendo dirigidas também à ACD. Afinal, conforme observa Haig (2011), "quando os críticos falam sobre a ACD e realmente *querem dizer* ACD, o que eles geralmente parecem ter em mente é o trabalho de Norman Fairclough"[5].

O próprio Fairclough reconhece que a ACD é alvo de questionamentos:

> A teoria crítica e a análise crítica estão, no momento, sob ataque de vários grupos teóricos, e muitos analistas estão hesitando, cada vez mais, em usar conceitos teóricos básicos, como, por exemplo, poder, ideologia, classe e até verdade/falsidade (Fairclough, 1995: 15).

---

[5] Haig diz "realmente *querem dizer* ACD" porque há críticos que falam em ACD quando, na verdade, estão falando de linguística crítica.

Ele entende que isso é um reflexo da perda de espaço que a esquerda vem sofrendo, nos últimos anos, para uma nova e agressiva direita: como esses conceitos estão historicamente vinculados à esquerda marxista, eles também estariam perdendo espaço no universo acadêmico. Por essa razão, Fairclough afirma:

> Minha visão é a de que os abusos e contradições da sociedade capitalista que fizeram surgir a teoria crítica não diminuíram, assim como não diminuíram as características da prática discursiva dentro da sociedade capitalista que fizeram surgir a análise crítica do discurso. Por isso, há uma razão para se sustentar o empreendimento crítico contra seus críticos (Fairclough, 1995: 16).

Bem, essa posição de Fairclough procede. No entanto, não é suficiente para rebater algumas críticas mais contundentes. Vamos aqui comentar algumas delas.

Comecemos com o conceito de ideologia, essencial para as reflexões de Fairclough e que já provocou debates intermináveis. Aliás, até hoje, esse conceito dá muito pano pra manga. Muita tinta já foi derramada por causa da ideologia. A falta de consenso em torno desse conceito é tão grande que provavelmente há quem queira jogá-lo fora, como lembram Charaudeau e Maingueneau (2008). Não por acaso, Žižek comenta que a palavra *ideologia*:

> [...] pode designar qualquer coisa, desde uma atitude contemplativa que desconhece sua dependência em relação à realidade social, até um conjunto de crenças voltado para a ação; desde o meio essencial em que os indivíduos vivenciam suas relações com uma estrutura social até as ideias falsas que legitimam um poder político dominante (Žižek, 1996: 9).

A discussão em torno do conceito de ideologia começou a tomar corpo a partir das leituras que os marxistas ocidentais fizeram da obra de Marx e atingiu seu auge com a chamada crítica da ideologia. Muitas dessas leituras foram equivocadas, segundo Barrett (1991), pois atribuíram a Marx o atrelamento da noção de falsa consciência à noção crítica de ideologia. O problema é que Marx nunca usou a expressão *falsa consciência*. Outra noção de ideologia é a descritiva, associada à ideia de classe e popularizada por Lênin e Lukács, vinculando ideologia à realidade econômica.

E o que isso tem a ver com a ACD proposta por Fairclough? Ora, ele lança mão do termo *ideologia*. Isso fez alguns críticos afirmarem que a ACD é reducionista por atribuir as questões de poder às estruturas econômicas marcadas pelas relações de classe. Pennycook (2001: 89) deixa sua crítica explícita: "Fairclough nos leva de volta a uma construção materialista das relações de poder na qual o socioeconômico determina o discursivo". Pedro rebate essa crítica afirmando ser fato inegável que "as desigualdades socioeconômicas e materiais são marcadas pelas relações de classe e são expressas em termos de uma hierarquia dominador/dominado, em que o papel da aceitação da dominação, por parte dos dominados, é decisivo para o exercício de poder e controle" (Pedro, 1997: 37). Ela lembra ainda que o projeto teórico da análise crítica do discurso não se reduz à dimensão econômica, pois esse projeto leva em consideração, por exemplo, as relações de gênero, as relações étnicas e os aspectos de natureza institucional. A defesa da teórica portuguesa procede.

Entretanto, o uso do conceito "ideologia", feito por Fairclough, abriu espaço para outra crítica, relacionada à questão da verdade e da falsidade, não apenas devido à noção crítica de ideologia associada por alguns ao uso que ele faz do conceito de ideologia, mas também por conta de algumas de suas afirmações polêmicas. Por exemplo, ele afirma que,

> ao produzirem seu mundo, as práticas dos membros são moldadas, de forma inconsciente, por estruturas sociais, relações de poder e pela natureza da prática social em que estão envolvidos, cujos marcos delimitadores vão sempre além da produção de sentidos (Fairclough, 2008: 100).

Para ele, os eventos discursivos operam ideologicamente, muitas vezes levando os sujeitos que deles participam a reproduzirem inconscientemente relações de poder e, por isso, "não se deve pressupor que as pessoas têm consciência das dimensões ideológicas de sua própria prática" (Fairclough, 2008: 120).

Continuando nessa linha de raciocínio, Fairclough faz a seguinte afirmação:

> E assim como uma pessoa pode estar tipicamente inconsciente das suas maneiras de falar, a menos que, por alguma razão, elas sejam submetidas a um escrutínio consciente, essa pessoa pode estar tipicamente inconsciente de quais maneiras de ver ou de quais representações ideológicas subjazem à sua fala (Fairclough, 2008: 120).

Estaria implícita, nessas passagens, a ideia de ideologia como falsa consciência, cuja função seria encobrir a verdade, levando as pessoas desprovidas de poder a tomar como seus os interesses que são, na verdade, dos grupos e indivíduos detentores de poder? Se a resposta a essa pergunta for "sim", então, seriam os analistas críticos do discurso, para usarmos uma expressão de Eco (1993), "seguidores do véu", ou seja, analistas que buscam sempre um sentido oculto nos textos da mesma forma que os leitores de textos esotéricos o fazem? Seriam eles iniciados que possuem a chave para encontrar a verdade oculta nas entrelinhas dos textos? Deveriam os analistas críticos evitar falar em verdade ou em consciência? Não estariam eles, também, inconscientes dos mecanismos ideológicos que condicionam seus próprios discursos e suas análises?

Fairclough defende o uso do conceito de ideologia da seguinte forma:

> Ao afirmar-se que um evento discursivo opera ideologicamente, não se está afirmando, em primeira instância, que ele é falso e nem se está reivindicando uma posição privilegiada da qual julgamentos de verdade ou

de falsidade possam ser feitos. Está-se afirmando que ele contribui para a reprodução de relações de poder. A partir dessa concepção de análise ideológica, ataques à crítica ideológica por causa das suas supostas reivindicações privilegiadas da verdade erram seu alvo (Fairclough, 1995: 18).

Fairclough acrescenta ainda que "os intelectuais não devem se sentir envergonhados por fazerem julgamentos", pois eles, como qualquer outro grupo social, "têm a responsabilidade, no domínio público, de dar sua contribuição em debates sobre as grandes questões políticas e sociais, trazendo uma perspectiva particular" (Fairclough, 1995: 19). Em outras palavras, para ele, os analistas críticos do discurso têm a responsabilidade de oferecer suas verdades nos debates públicos sobre questões de interesse social, como o racismo, o sexismo, a homofobia, a indigenofobia e a xenofobia. Mais do que isso, eles têm a responsabilidade de mostrar que as práticas discursivas, *i.e.*, a produção e a interpretação de discursos, são impregnadas de valores, que são, muitas vezes, discordantes e conflitantes.

Por mais que concordemos com Fairclough a esse respeito, não há como negar que uma questão continua pendente: até que ponto o analista crítico do discurso está, ele próprio, consciente da influência de suas crenças ideológicas nas análises que realiza? Além disso, até que ponto a leitura que o analista faz do texto insere significados no texto em vez de apenas depreender dele os significados que seu autor ali colocou? E mais: até que ponto os textos que o analista escolhe analisar não são escolhidos exatamente por serem os textos ideais para o funcionamento da sua proposta engajada?

Todas essas questões procedem. Contudo, conforme comenta Haig, como os significados não residem, intocáveis, nos textos nem na cabeça do produtor textual, "não há uma maneira de evitar encontrar nos textos pelo menos algum reflexo de nossas próprias preocupações" (Haig, 2011). É inevitável preencher os textos que lemos com nossas crenças, o que não significa que seja impossível fazer um esforço para nos atentarmos para outras leituras.

Ora, a língua em uso não é neutra. Esse é um ponto pacífico. Quem, de sã consciência, há de discordar? Ela veicula sentidos carregados de valores. Por isso, fazer leituras ideologicamente motivadas não é um problema em si mesmo. Problema haveria se o analista forçasse a barra interpretativa, ou seja, se atribuísse a um texto sentidos que só ele enxerga, em um relativismo extremo e indefensável. A leitura do analista, sua interpretação, precisa estar ancorada nos elementos que se encontram no texto, nos significados literais que o produtor colocou no texto, prontos para dispararem interpretações variadas e possíveis (para desespero dos teóricos pós-estruturalistas radicais que, no frigir dos ovos, não passam de solipsistas que recusam a ideia de significados *a priori*, mas que, quando é de sua conveniência, costumam contestar as leituras que outros fazem dos seus próprios textos qualificando-as como equivocadas).

Essas questões nos remetem a duas outras importantes críticas à ACD faircloughiana. A primeira crítica diz respeito a duas das etapas de interpretação da análise proposta por Fairclough, *i.e.*, a análise da prática discursiva e a análise da prática social. Os analistas críticos do discurso costumam apresentar suas interpretações textuais, *i.e.*, suas análises, sem apresentar as leituras de outras pessoas. Como diz Haig (2011), há uma exclusão total dos outros leitores (ou ouvintes). Por isso, Pennycook critica a abordagem faircloughiana: "Apesar de o modelo de Fairclough incluir uma análise dos processos de produção e recepção de textos, ele, na verdade, presta pouca atenção a ambos os processos no seu trabalho" (Pennycook, 2001: 93). E acrescenta em seguida: "O ponto crucial aqui é que, se realmente presta-se pouca atenção à produção ou à recepção de um texto, então ficamos com um pouco além de uma leitura particular de um texto particular".

Essa crítica é séria e procedente. A saída para os analistas críticos do discurso é a etnografia, que, *grosso modo*, é a observação sistemática de grupos sociais, técnica muito usada por antropólogos. Uma observação sistemática, detalhada e criteriosa resolveria outro ponto fraco da ACD faircloughiana, conforme vislumbrado por alguns críticos: a pouca atenção dada ao contexto. Lembremo-nos de que o contexto é um dos objetos da análise da prática social. Não analisá-lo com cuidado compromete tal análise. Porém, Manjarrés (2011) lembra que a ACD praticada por Wodak, por exemplo, não enfrenta esse problema por usar o método histórico-discursivo nas suas análises.

A outra crítica diz respeito exatamente à maneira como os analistas interpretam os textos que analisam. Como alerta Haig (2011), existe um sério perigo que ronda os muros internos da ACD: "Se a ACD é baseada em uma simples convicção de que os fins emancipatórios estão corretos, então em que medida os analistas provavelmente se preocuparão com a validade dos meios pelos quais os fins são alcançados?" Haig lembra que Fairclough está consciente desse perigo e da irônica possibilidade do surgimento de uma ACD de direita:

> A ironia de que políticos, burocratas, executivos da mídia e da publicidade, profissionais de relações públicas e publicitários, cujos discursos manipuladores a ACD procura desconstruir, podem muito bem ter sido treinados em ACD por professores como ele próprio não é ignorada por Fairclough também: se a ACD realmente é uma ferramenta poderosa, ela inevitavelmente será usada por grupos e indivíduos poderosos (Haig, 2011).

Eis aí, posta na mesa, uma carta muito interessante do baralho das relações de poder. Afinal, se Fairclough e os outros analistas críticos do discurso assumem que fazem pesquisa engajada, comprometidos com grupos que sofrem as consequências das relações desiguais de poder, contribuindo para o surgimento de mudanças sociais que promovam a diminuição das desigualdades, nada impede que os grupos detentores do poder lancem mão de uma tática de resistência utilizando-se da mesma ferramenta.

A ACD proposta por Fairclough é uma abordagem de análise do discurso que tem seus prós e contras. A nosso ver, mais prós do que contras, pois não apenas contribui para a reflexão acerca da relação entre sociedade e discurso, mas também oferece ferramentas interessantes para a análise de textos e das práticas sociais e discursivas, as quais podem ser usadas no processo de formação de leitores e escritores e no processo de formação de professores de línguas. Ou não haverá quem diga que Maquiavel escreveu *O príncipe* para ensinar aos governantes a manipular seus súditos? Mas há quem diga também que, ao ensinar aos príncipes os mecanismos da manipulação, ele, ao mesmo tempo, ensinou aos súditos os mecanismos que eles podem utilizar para se livrar da opressão, para se libertarem. Quanto mais se conhecem esses mecanismos, mais fácil é a resistência e mais difícil se torna o exercício do poder, ainda que simbólico.

CAPÍTULO 12
VAN DIJK

Luciano Amaral Oliveira

Início da década de 1970. O universo acadêmico fervilhava com diversas tendências teóricas nos estudos da linguagem lutando para conquistar ou manter seus espaços. As ideias estruturalistas gerativistas ainda faziam sucesso. Contudo, ganhavam cada vez mais vigor os estudos voltados para dois elementos solenemente ignorados pela linguística imanentista: os usuários da língua e os discursos que eles produzem. E ela os ignorou por estar preocupada exclusivamente com o sistema linguístico abstrato, com as estruturas sintáticas, morfológicas, fonológicas e lexicais.

Por conta desse vigor, o caminho estava definitivamente aberto para que os estudos do discurso conquistassem seu lugar na academia. Foi naquela década que as ideias de Teun Adrianus van Dijk começaram a despontar no cenário internacional, circulando em periódicos especializados. Sua contribuição para os estudos do discurso, desde as suas primeiras reflexões nos anos 1970 até a consolidação da sua produção bibliográfica, é muito significativa, principalmente para os estudos críticos que tomam por objeto a produção e a reprodução do racismo por meio dos discursos que circulam socialmente. É exatamente da contribuição de van Dijk para os estudos do discurso que este capítulo trata.

1. Estruturas discursivas, estruturas sociais e a ponte cognitiva

Quando as reflexões de van Dijk começaram a ser publicadas, ficou imediatamente claro o seu posicionamento quanto à concepção de língua que atravessa seu trabalho: ele se afasta de uma concepção estática, asséptica, imanentista de língua, adotando uma concepção interacionista. Por isso, suas ideias sobre os fenômenos discursivos não poderiam deixar de fora elementos extralinguísticos importantes, como o contexto sócio-histórico em que os usuários da língua produzem discursos.

Hoje, a importância do contexto para os estudos da linguagem pode parecer evidente. Entretanto, na década de 1970, por causa da forte influência das teorias estruturalistas, muitos acadêmicos torciam o nariz para os elementos extralinguísticos (infelizmente, por incrível que pareça, ainda há professores em curso de Letras no Brasil que não levam a sério nem esses elementos nem os estudos do discurso). Daí o importante papel que van Dijk desempenhou como um dos teóricos que, naquela época, publicavam artigos e livros sobre a importância do papel desempenhado pelo contexto no processo de produção de sentidos.

Um dos seus primeiros textos, por exemplo, é *Context and Cognition: Knowledge Frames and Speech Act Comprehension*, que, em português, pode ser traduzido como "Contexto e cognição: esquemas de conhecimento e compreensão dos atos de fala". Nele podemos ver a importância dada pelo autor ao papel do contexto nos eventos discursivos:

> Antes que os usuários da língua sejam capazes de relacionar as informações recebidas ao conhecimento linguístico mais geral e a outros tipos de conhecimento na sua memória, eles devem analisar o *contexto* com relação ao qual um determinado ato de fala é realizado (van Dijk, 1977: 217, grifo do autor).

Como veremos mais adiante, esse teórico holandês reelaborou o conceito de contexto a partir de uma perspectiva cognitiva, o qual passou a ser central nos seus estudos.

Vale notar que o título do artigo mencionado acima, assim como seus outros textos, revela que van Dijk bebeu em fontes teóricas diversas. Eis algumas dessas fontes:

(a) Robert-Alain de Beaugrande e Wolfgang Dressler, linguistas que impulsionaram vertiginosamente os estudos do texto sob a perspectiva pragmática, que enfatiza o papel dos conhecimentos prévios e das intenções dos usuários da língua na produção de sentidos;

(b) John Austin e John Searle, respectivamente criador e mais importante divulgador da teoria dos atos de fala, a qual jogou muita luz sobre os fenômenos comunicativos;

(c) Paul Grice, filósofo da linguagem que explicitou as convenções pragmáticas norteadoras da comunicação humana, mostrando que há um princípio tácito de cooperação entre locutores e interlocutores para que o processo comunicativo seja realizado;

(d) Michael Halliday, proponente de uma articulação entre o sistema linguístico e as funções impostas à língua pelos seus usuários, impulsionando os estudos sobre a linguística sistêmico-funcional;

(e) Erwin Goffman, estudioso dos esquemas mentais que influenciam os comportamentos linguísticos e não linguísticos dos indivíduos, contribuindo para a compreensão dos elementos cognitivos envolvidos na construção de sentidos.

Ao buscar, nessas fontes, subsídios teóricos para sua teoria sociocognitiva do discurso, van Dijk implicitamente anunciava que suas reflexões davam as boas-vindas a qualquer aporte teórico que fosse útil para a compreensão dos fenômenos discursivos. Até porque, como o próprio van Dijk e Kintsh escreveram:

> [...] é difícil estabelecer distinções disciplinares rígidas no campo de estudos do discurso, o qual parece, cada vez mais, se configurar como um campo interdisciplinar independente, em que métodos e teorias puramente linguísticos ou gramaticais se misturam àqueles da etnografia, microssociologia e, como veremos, psicologia (van Dijk e Kintsh, 1983: 11).

Tal abertura teórica, tal multidisciplinaridade refletem uma necessidade de análise inevitavelmente imposta pela concepção de discurso que van Dijk decidiu adotar: um objeto de estudo não autônomo, situado social, histórica, cultural e politicamente.

Ora, se o discurso não é um objeto autônomo, então não é suficiente analisá-lo apenas no nível linguístico, ao qual van Dijk se refere como micronível da escrita e da fala. A análise de entonações, palavras, estruturas sintáticas e gêneros textuais escolhidos pelos usuários da língua é, sim, muito importante. Entretanto, a análise dessas estruturas discursivas não basta. Afinal, se o discurso resulta de uma interação social, histórica, cultural e politicamente situada, é necessário analisarem-se também as relações que as categorias do micronível estabelecem com as categorias daquilo que van Dijk chama de macronível social ou estruturas sociais, como, por exemplo, família, escola, corporações midiáticas, posições de poder, movimentos sociais e instituições governamentais.

O fato de estarem social, cultural, histórica e politicamente situados evidencia o fato de os usuários da língua não estarem totalmente livres para manipularem as estruturas discursivas como quiserem: longe de ser totalmente livre, o comportamento discursivo dos usuários da língua é condicionado não apenas historicamente, como Marx esclareceu em sua obra, mas também linguisticamente, como Saussure demonstrou no *Curso de linguística geral* (Hall, 2004). Em suma, as estruturas sociais influenciam os usuários da língua na produção de discursos.

Mas, como se dão as relações entre as estruturas sociais e as estruturas discursivas? Será que elas ocorrem de maneira direta, ou seja, será que as estruturas sociais determinam as estruturas discursivas de maneira tão mecânica a ponto de indivíduos diferentes produzirem o mesmo discurso desde que ocupem a mesma posição de sujeito numa mesma situação? O teórico holandês lembra que as concepções tradicionais de contexto "assumem uma relação mais ou menos direta entre os aspectos situacionais, sociais, políticos ou culturais do 'ambiente' do texto e da fala, de um lado, e as estruturas do discurso propriamente ditas, do outro lado" (van Dijk, 2006a: 161).

Vejamos um exemplo para esclarecer como se daria essa relação mais ou menos direta, criado a partir de um exemplo oferecido por van Dijk (2006a). Imagine que Luiz Inácio Lula da Silva, quando era presidente do Brasil, tenha feito um pronunciamento na Câmara dos Deputados defendendo uma proposta de aumento dos impostos cobrados sobre a cerveja. Nesse caso, seguindo concepções tradicionais, os elementos considerados como componentes do contexto discursivo seriam os seguintes: as restrições institucionais da Câmara, o poder de que se acham investidos o presidente da República e os deputados federais, a presença da bancada oposicionista, o *lobby* das cervejarias e a pressão dos donos de bares e restaurantes. Esses elementos fazem parte das estruturas sociais, e o pronunciamento de Lula é o texto que materializa o discurso composto por suas estruturas específicas, *i.e.*, palavras, estruturas sintáticas e movimentos semânticos. Ora, se houvesse uma relação mais ou menos direta entre as estruturas sociais e as estruturas discursivas, diríamos que Lula falou o que falou por causa desses elementos. E o corolário disso seria, então, que qualquer pessoa, *e.g.*, Fernando Henrique Cardoso ou Aécio Neves (que teve a carteira de habilitação apreendida por estar dirigindo embriagado no Rio de Janeiro em 2011 e se recusar a realizar o teste do bafômetro), na posição de presidente da República naquela situação, diriam as mesmas coisas ditas por Lula pelo fato de os elementos serem objetivamente os mesmos. Só que é extremamente improvável que indivíduos diferentes ocupando aquela posição dissessem a mesma coisa. Se as restrições contextuais, como, por exemplo, gênero, classe social, etnia, idade, posição e poder "operassem 'objetivamente' ou até mesmo 'deterministicamente' sobre o discurso, todos os falantes na 'mesma situação' diriam as mesmas coisas e da mesma maneira. Nós sabemos que eles não fazem isso", conforme esclarece van Dijk (2006a: 162). Ainda bem, né?

Embora essas restrições contextuais oriundas das estruturas sociais sejam essenciais para a análise do discurso, elas não são elementos objetivos, que determinam mecanicamente o que um sujeito diz em dada situação. Van Dijk chama de "contextualismo ingênuo" a maneira tradicional de conceber uma influência direta e determinista das estruturas sociais sobre o discurso e explica:

> [...] não são o gênero, a classe social, a etnia ou o poder, vistos como elementos "objetivos", que controlam a produção ou a compreensão de textos escritos ou falados, mas, isto sim, se e como os participantes interpretam, representam e fazem uso de tais restrições "externas", e especialmente como eles o fazem em interações situadas (van Dijk, 2006a: 163).

Fica claro que, para ele, as estruturas sociais não se relacionam com as estruturas discursivas de maneira direta — nem mais nem menos direta. Essas relações precisam de uma mediação para serem estabelecidas. Por essa razão, van Dijk elabora um conceito de contexto para servir como mecanismo de intermediação, o qual tem um caráter sociocognitivo: contexto é a "representação mental que os participantes fazem das propriedades relevantes da situação social na qual eles interagem e na qual produzem e compreendem os textos escritos e falados" (van Dijk, 2005: 75).

Não é apenas o caráter cognitivo que distancia a concepção de contexto de van Dijk das concepções mais tradicionais: o contexto é visto como uma ponte sobre a qual se estabelecem relações entre as estruturas sociais e as estruturas discursivas. E se não houver essa ponte, as relações não podem ser estabelecidas, a não ser que se admita que haja uma relação mais ou menos direta entre as estruturas sociais e as estruturas discursivas. Além disso, uma concepção cognitiva de contexto é não determinista, possibilitando que indivíduos diferentes falem de maneiras diferentes, mesmo quando se encontram em uma situação discursiva semelhante. Tal possibilidade se dá pelo fato de os participantes do evento discursivo poderem ter representações mentais subjetivas das estruturas sociais. São essas distintas representações mentais que propiciam a relativa liberdade que os sujeitos possuem ao fazerem suas escolhas temáticas, lexicais e sintáticas na produção de seus discursos. São, enfim, essas representações mentais que permitem aos analistas do discurso vislumbrar, a um só tempo, a relativa liberdade que os sujeitos possuem e os condicionamentos histórico-sociais e linguísticos do comportamento discursivo.

O contexto, sob a perspectiva cognitiva, é um modelo mental de uma determinada situação de comunicação. Dito de outra forma: o contexto é a representação social que os participantes do discurso fazem da situação comunicativa, sendo que essa representação é construída com base nos esquemas mentais dos participantes. Isso explica a concepção sociocognitiva que van Dijk possui: o contexto não é simplesmente o conjunto de elementos sociais, extralinguísticos, em que se insere o discurso, mas, isto sim, a representação (mental) que os participantes do discurso fazem desses elementos. Assim, por exemplo, quando produzimos um texto para um interlocutor, nosso modelo mental de contexto nos faz prever quais conhecimentos e crenças esse interlocutor provavelmente possui e como ele interpretará o nosso texto dentro daquela situação comunicativa específica. É com base nessa previsão, informada pela representação que fazemos da situação comunicativa, que envolve o próprio interlocutor, que fazemos nossas escolhas temáticas, lexicais e sintáticas.

Vale lembrar que, para van Dijk (2006a), os modelos mentais representam as experiências das pessoas e povoam a sua memória episódica, relativa às lembranças que as pessoas têm de eventos particulares, vinculados a um contexto específico, e a sua memória semântica, relativa a elementos abstratos, não vinculados a eventos particulares nem a contextos específicos. O contexto é apenas um desses modelos.

O processo de armazenamento da memória episódica e da memória semântica se dá por meio de esquemas mentais, que são estruturas de conhecimentos preexistentes na memória (Yule, 1996). O termo *preexistente* tem como ponto de referência o momento do ato discursivo. Quando os participantes do discurso produzem ou interpretam um texto, eles já trazem para esses atos um conjunto de crenças e conhecimentos prévios estruturados mentalmente, o que funciona como uma interface entre as estruturas sociais e as estruturas discursivas.

Podemos classificar os esquemas mentais em dois tipos. Se o esquema é um padrão mais fixo na memória, ele é chamado de *frame* (termo inglês que corresponde à palavra *moldura* em português). Um exemplo de *frame* é "câmara dos deputados": um órgão constitucional responsável por legislar e fiscalizar o poder executivo, que fica localizado em Brasília, é formado por 513 deputados de variados partidos e não inspira respeito nem honestidade nos brasileiros. Ao ouvirem, lerem ou pensarem na expressão *câmara dos deputados*, os participantes de um evento discursivo mobilizam esses conhecimentos a partir do *frame* "câmara dos deputados". Se o esquema mental é mais dinâmico, ele é chamado de *script* (termo inglês que corresponde, em português, a *roteiro*). Podemos exemplificar o *script* com "fazer um pronunciamento": ato de fala que envolve um planejamento cuidadoso: escolhem-se temas, palavras e tom de voz de acordo com as restrições situacionais impostas aos participantes do evento discursivo. Assim, se um presidente da República vai à Câmara dos Deputados fazer um pronunciamento, os *frames* "câmara dos deputados" e "presidente da República" e o *script* "fazer um pronunciamento" são ativados na mente dos participantes do evento discursivo, fazendo com que eles busquem em suas memórias as informações e crenças que julguem relevantes para a escolha de estratégias de produção e interpretação textual necessárias para aquele evento em particular. Conforme esclarece van Dijk:

> *Frames* e *scripts*, ou organizações esquemáticas semelhantes da informação cognitiva, têm sido delineados para prestar contas das várias tarefas no processo cognitivo, tais como entender uma cena, um episódio ou um discurso (*e.g.*, estórias) sobre cenas e episódios. Eles nos permitem designar estruturas internas a tais cenas ou episódios mesmo se a informação dada não for completa, ou realizar inferências sobre as propriedades da cena ou do episódio que não são (ainda) observáveis (van Dijk, 1983: 189-190).

Os elementos que fazem parte de um esquema mental são armazenados na memória do indivíduo ao longo da sua vida e são prototípicos. Por exemplo, nós temos uma ideia prototípica do que seja um mamífero: animal de sangue quente, com pelos e que amamenta suas crias. Essa prototipicidade nos deixa um pouco confusos quando nos deparamos com um mamífero que põe ovos — ornitorrinco — e um mamífero que voa — o morcego. Afinal, pôr ovos é uma característica prototípica das aves e dos répteis, e voar é uma característica prototípica das aves (embora haja aves que não voam, como a galinha e a ema). O mesmo pode ser dito acerca dos nossos esquemas mentais sobre homens e mulheres, os quais nos deixam um pouco confusos ao ver ou ouvir falar de uma pessoa hermafrodita: como categorizá-la?

Como as pessoas vivem em comunidades socioculturais diversas, os esquemas mentais de um indivíduo tendem a ser diferentes dos esquemas mentais dos indivíduos de outras comunidades, ou seja, a prototipicidade dos esquemas mentais dos membros de uma comunidade pode ser diferente da prototipicidade dos esquemas mentais dos membros de outra comunidade. Por exemplo, o *frame* que a palavra *carnaval* ativa na mente de um olindense é diferente daquele que é ativado na mente de um soteropolitano, que, por sua vez, difere do esquema ativado na mente de um carioca por razões obviamente culturais: dentre outras características, o carnaval de Olinda é marcado pelo frevo, pelo maracatu e pela participação popular; o de Salvador, pelos trios elétricos, pela exclusão das pessoas pobres e pela presença ainda hegemônica da axé music; o do Rio de Janeiro, pelas escolas de samba e pelos blocos de rua democráticos.

Obviamente, estou generalizando: nem todos os soteropolitanos veem o carnaval de Salvador da mesma maneira, assim como nem todos os olindenses e cariocas veem, respectivamente, o carnaval de Olinda e o carnaval do Rio de Janeiro da mesma forma. O carnaval e todos os fenômenos culturais, sociais e naturais são subjetivamente representados por cada pessoa por conta dos seus esquemas mentais, ou seja, por conta dos conhecimentos e crenças armazenados na sua memória de longo prazo. Dessa forma, um folião pipoca, um dono de bloco de carnaval, uma estrela rica da axé music, um prefeito, um sambista, um bicheiro, uma fábrica de cerveja, uma vítima de violência no carnaval e um religioso problemático constroem representações mentais distintas ao ouvirem ou lerem a palavra *carnaval*, o que é determinante para os discursos que constroem sobre a farra do Rei Momo. Mesmo assim, vale fazer uma ressalva: considerando-se, por exemplo, determinado grupo de foliões soteropolitanos, as representações que os membros desse grupo fazem do carnaval podem variar, e variam, de um indivíduo para o outro porque cada pessoa tem sua própria e única experiência de vida, embora essas pessoas compartilhem uma mesma base cultural (nesse caso, que há um evento chamado carnaval, que ocorre em determinada época do ano etc.), o que explica a prototipicidade dos elementos que formam os esquemas mentais.

As representações mentais são controladas pelos esquemas, que são constituídos de conhecimentos e crenças armazenados na memória de longo prazo. Esse fato é essencial para quem vai produzir um discurso, pois esse indivíduo precisa pressupor quais conhecimentos e crenças seu interlocutor possui (ou não possui) para determinar o que é relevante na hora de produzir o discurso. A mesma coisa é verdadeira para o interlocutor, que precisa determinar o que é relevante no momento de interpretar um discurso. Contudo, van Dijk chama a atenção para um fato importante: embora as representações mentais feitas pelos participantes do evento discursivo sejam "subjetivas e únicas, elas não apenas apresentam conhecimentos e crenças pessoais, como também incorporam grandes quantidades de conhecimentos e outras crenças socialmente compartilhadas" (van Dijk, 2006a: 172).

Em suma, é exatamente pelo fato de os esquemas mentais poderem variar de pessoa para pessoa que as estruturas sociais não controlam diretamente as estruturas discursivas. A ponte entre elas é erguida pelo contexto, ou melhor, é o próprio contexto, definido como os construtos mentais dos participantes do evento discursivo.

De posse desses três elementos, *i.e.*, estruturas sociais, estruturas discursivas e contexto sociocognitivo, van Dijk direcionou seus estudos do discurso para uma vertente crítica.

2. Os estudos críticos do discurso

Tendo estabelecido seu tripé teórico, van Dijk passou a se dedicar a estudar os discursos que circulam socialmente com um objetivo bem claro em mente: contribuir para a diminuição da injustiça e das desigualdades sociais legitimadas por meio do discurso. Ele esclarece que os acadêmicos que realizam estudos críticos do discurso "estão tipicamente interessados na maneira com que o discurso (re)produz *dominação* social, ou seja, *abuso de poder* de um grupo em relação a outros grupos, e como os grupos dominados podem *resistir* discursivamente a tal abuso" (van Dijk, 2009: 63, grifos do autor). Poder é entendido aqui como controle social de um grupo (ou seus membros) sobre outros grupos (ou seus membros). O poder de ordem individual é irrelevante para os estudos do discurso. Já abuso de poder é o uso do poder para o benefício de um grupo em detrimento de outros grupos, produzindo ou reforçando desigualdade e injustiças sociais.

Esse objetivo de contribuir para a diminuição da injustiça e das desigualdades sociais aponta para o engajamento político de van Dijk e de outros estudiosos do discurso que adotam a perspectiva crítica, que parte do pressuposto de que as estruturas discursivas, muitas vezes, veiculam posições ideológicas e relações de poder de maneira implícita, não imediatamente óbvias, escondidas nas entrelinhas textuais. Assim, adotar uma perspectiva crítica ao estudar o discurso é fazer com que essas posições e relações sejam explicitadas. Em outras palavras, assume-se que a linguagem é opaca, não transparente, o que possibilita a ocultação de relações que podem não ser facilmente percebidas por leitores e ouvintes.

Vale lembrar que van Dijk faz parte do grupo de estudiosos da análise crítica do discurso, que não é um método nem "caracteriza uma escola, um campo ou uma subdisciplina da análise do discurso, mas, isto sim, uma *abordagem, posição* ou *atitude* nos estudos dos textos escritos ou falados" (van Dijk, 1995: 17, grifos dele). Porém, ele prefere falar em estudos críticos do discurso em vez de análise crítica do discurso para deixar claro que está falando de um campo multidisciplinar de estudos que adotam métodos de pesquisa variados.

Um questionamento que pode ser feito aos estudiosos críticos do discurso é o seguinte: se eles fazem pesquisa engajada, assumidamente política, e se dão as boas-vindas a qualquer método que se mostre útil para suas pesquisas, seus estudos não correm o risco de pecarem por falta de rigor científico devido a sua parcialidade confessa e à pluralidade metodológica? Esse questionamento ecoa uma preocupação positivista que domina diversas áreas acadêmicas: a suposta imparcialidade ou neutralidade do pesquisador-cientista, a qual pressupõe, automaticamente, um não engajamento político. E não há como não vir à minha cabeça estas palavras de Foucault (2005: 15):

> Quais tipos de saber vocês querem desqualificar no momento em que vocês dizem ser esse saber uma ciência? Qual sujeito falante, qual sujeito discorrente, qual sujeito de experiência e de saber vocês querem minimizar quando dizem: "Eu, que faço esse discurso, faço um discurso científico e sou cientista"?

Uma contribuição muito importante dada pelos estudos críticos do discurso foi um golpe mortal no mito da neutralidade científica. Por mais que os positivistas digam nas universidades que o pesquisador não deve interferir nos dados da pesquisa, por mais que digam que a ciência é neutra, os fatos não podem mais ser ocultados, pois o rei está nu, ou melhor, o cientista está nu: a neutralidade do pesquisador desaparece (como se ela chegasse a ter existência) tanto no momento em que ele escolhe o que vai pesquisar quanto na hora em que interpreta ou analisa os dados coletados. Afinal, toda escolha e todo ato interpretativo são carregados de subjetividade. Vale esclarecer que a análise crítica do discurso "enfatiza o fato de o empreendimento acadêmico ser parte integrante da vida social e política, e, consequentemente, o fato de os métodos, as teorias, as questões e a seleção de dados nos estudos do discurso serem sempre políticos" (van Dijk, 1995: 19).

Contudo, a presença de uma carga de subjetividade na pesquisa científica em geral e a postura assumidamente engajada por parte dos analistas críticos do discurso em particular não significam que esses estudiosos não procedam com rigor e seriedade nas suas pesquisas. Pelo contrário, exatamente por terem consciência de que os positivistas de plantão vão colocar em dúvida a seriedade de qualquer pesquisa assumidamente engajada, os estudiosos críticos do discurso são muito cuidadosos quanto à delimitação dos conceitos e procedimentos metodológicos que utilizam.

Dentre os conceitos usados nos estudos críticos do discurso, o conceito de discurso é exatamente aquele que se nos apresenta logo de cara e, por isso, merece uma reflexão mais cuidadosa por parte de van Dijk, citada *in extenso*:

> Em minha opinião, faz pouco sentido definir noções fundamentais como "discurso", "língua", "cognição", "poder" ou "sociedade". Para entender essas noções, precisamos de teorias completas ou de disciplinas dos objetos ou fenômenos com que estamos lidando. Assim, discurso é um fenômeno social multidimensional. É, ao mesmo tempo, um objeto (sequências significativas ou palavras ou sentenças) de natureza linguística (verbal, gramatical), uma ação (como uma asserção ou uma ameaça), uma forma de interação social (como uma conversa, por exemplo), uma prática social (como uma palestra), uma representação mental (um significado, um modelo mental, uma opinião, conhecimentos), um evento ou uma atividade interacional ou comunicativa (como um debate parlamentar), um produto cultural (como uma telenovela) ou até mesmo uma mercadoria que está sendo vendida ou comprada (como um romance). Em outras palavras, uma "definição" mais ou menos completa de discurso envolveria muitas dimensões e consistiria de muitas outras noções fundamentais que precisam de definição, ou seja, teoria, tais como significado, interação e cognição (van Dijk, 2009: 66-67).

A complexidade da noção de discurso é inegável. Procede, portanto, a posição cética de van Dijk quanto à possibilidade de se definirem noções como língua, discurso, significado e ideologia de uma maneira simples, objetiva e incontroversa. Contudo, muitas vezes, o analista do discurso precisa estabelecer conceitos operacionais que o auxiliem não apenas a fazer os devidos recortes em termos do *corpus* que será objeto de sua análise, mas também a deixar claro qual objeto teórico é o foco da sua análise. Assim, van Dijk apresenta uma definição de discurso que ecoa as considerações feitas na sua reflexão transcrita acima: discursos são "formas de ação e interação social, situadas em contextos sociais dos quais os participantes são não apenas falantes/escritores e ouvintes/leitores, mas também atores sociais que são membros de grupos e culturas" (van Dijk, 2000: 6).

Conceber os participantes do discurso como atores sociais que pertencem a grupos específicos inseridos em uma mesma cultura geral implica conceber o discurso como um objeto não neutro, cultural e politicamente marcado. van Dijk esclarece que pessoas diferentes, que possuem posicionamentos ideológicos muitas vezes conflitantes, precisam compartilhar um conhecimento cultural geral, que serve de base para tais posicionamentos:

> Conhecimento cultural é a base de todas as crenças avaliativas, incluindo as opiniões, atitudes e ideologias, socialmente compartilhadas [...]. Por exemplo, grupos diferentes podem ter opiniões diferentes sobre aborto, energia nuclear e controle estatal do mercado, mas tais opiniões diferentes pressupõem um conhecimento geral (assim como um conhecimento especificamente construído pelos grupos) sobre o que é aborto, energia nuclear e controle estatal do mercado (van Dijk, 2000: 39).

Dessa citação surge uma pergunta inevitável: o que leva as pessoas a conceberem de maneiras diferentes um "mesmo" fenômeno social, informado pelo mesmo conhecimento cultural geral que compartilham? Pensemos no caso do aborto. É razoável presumir que quase todas as pessoas compartilham uma ideia básica do que seja o aborto, do que seja o ato físico de abortar. A pergunta que surge então é a seguinte: por que o aborto pode ser concebido como um direito da mulher (por feministas estadunidenses), uma forma de controle da natalidade (governantes stalinistas da extinta União Soviética), um pecado (por religiosos cristãos), um crime (por advogados brasileiros, a depender das circunstâncias) ou algo que é um assunto de foro íntimo (por cidadãos holandeses que não são religiosos nem feministas)? A resposta a essa pergunta nós já sabemos: a existência de esquemas mentais diferentes, que levam as pessoas a fazerem diferentes representações cognitivas de um "mesmo" fenômeno social, que, a rigor, não é necessariamente o mesmo para pessoas diferentes.

Poderíamos falar que determinados esquemas mentais formam ideologias diferentes? Sim, se adotarmos o conceito de van Dijk (2000: 49), para quem ideologias são "crenças sociais gerais e abstratas, compartilhadas por um grupo, as quais controlam ou organizam as opiniões (atitudes) e conhecimentos mais específicos de um grupo". Exemplos dessas crenças são o socialismo, o neoliberalismo, o feminismo, o sexismo, o racismo, o antirracismo, o belicismo e o pacifismo. Van Dijk (2000: 69-70) propõe o seguinte formato da estrutura das ideologias, vistas como esquemas mentais específicos de um grupo social:

- *Filiação*: Quem somos nós? De onde viemos? Como nós somos? Quem pertence a nós? Quem pode se tornar um membro de nosso grupo?
- *Atividades*: O que nós fazemos? O que se espera de nós? Por que estamos aqui?
- *Metas*: Por que fazemos isso? O que nós queremos realizar?
- *Valores/normas*: Quais são nossos principais valores? Como nós nos avaliamos e avaliamos os outros? O que (não) deve ser feito?
- *Posição e relações de grupo*: Qual é nossa posição social? Quem são nossos inimigos, nossos oponentes? Quem é como nós e quem é diferente de nós?
- *Recursos*: Quais são os recursos sociais essenciais de que nosso grupo dispõe ou precisa dispor?

Essa proposta de formato da estrutura das ideologias nos permite definir o que é um grupo, conceito aparentemente simples, mas importante para a discussão das ideologias e da relação entre estruturas sociais e estruturas discursivas. Cada um dos elementos estruturais das ideologias pode servir de base para a delimitação de um grupo, *i.e.*, um conjunto de sujeitos que compartilham determinadas características que lhes dão o sentimento de pertencimento. Por exemplo, com base no critério de filiação, as pessoas podem se considerar membros de um grupo por conta da cor da pele ou da origem geográfica, o que contribui para o processo de construção da sua identidade, *e.g.*, afro-brasileiros, brancos, nordestinos, mestiços, arianos, sulistas. Se nos basearmos no critério das metas, podemos determinar a formação de grupos de acordo com o que querem realizar, como estabelecer a igualdade de direitos, que fez surgir os grupos feministas e o movimento de resistência da comunidade homossexual. O elemento "valores/normas" mostra como as ideologias sempre têm um caráter avaliativo, no qual nosso grupo sempre está correto ou é normal e os outros sempre estão errados ou são anormais, *e.g.*, a visão dos brancos em relação às pessoas não brancas numa sociedade racista ocidental e a visão dos heterossexuais em relação aos homossexuais numa sociedade homofóbica cristã.

Vale a pena ver um exemplo dado por van Dijk para ter ideia clara de como essa proposta da estrutura das ideologias se aplica a um texto, no caso, um livro de Dinesh D'Souza intitulado *The End of Racism: Principles for a Multiracial Society*, que pode ser traduzido como "O fim do racismo: princípios para uma sociedade multirracial". O título é sugestivo e parece apontar para algo positivo sobre as questões raciais. Contudo, o livro traz um discurso racista. Van Dijk (2000: 288-289) o toma como objeto de análise e estrutura a ideologia etnocêntrico-racista moderna veiculada no livro de D'Souza da seguinte forma:

- *Critério de filiação:* somente membros da nossa própria cultura, grupo étnico, "raça" ou nação;
- *Atividades:* discriminar os outros;
- *Metas:* exclusão, segregação ou assimilação dos outros;
- *Valores:* desigualdade natural, homogeneidade cultural;

- *Posição social — relação com outros grupos:* nós (nossa cultura) somos (é) superiores (superior) aos outros (às outras);
- *Recursos:* civilização ocidental, poder (político e econômico), brancura.

Conforme excertos citados por van Dijk, D'Souza critica quem defende a igualdade entre as culturas, considera os negros uma "subclasse social", afirma que as "patologias negras" estão minando a sociedade estadunidense e assim por diante. Para rebater acusações de racismo, D'Souza faz, por exemplo, comentários positivos sobre os asiáticos, o que não passa de uma estratégia discursiva que pode levar muitos leitores a acreditarem que o autor não seja racista. Note-se que D'Souza, segundo van Dijk, é de origem asiática, mas adota o discurso do branco ocidental, optando por não falar pelas minorias, o que evidencia a complexidade da formação dos esquemas mentais ideológicos dos sujeitos que participam dos discursos e mostra que a relação entre estruturas discursivas e estruturas sociais não é, de forma alguma, direta.

As estruturas das ideologias vão sendo construídas ao longo da vida das pessoas por meio da sua exposição aos discursos de seus pais e mães, professores, líderes religiosos, escritores, músicos, políticos, jornalistas, colegas, diretores de cinema, radialistas e assim por diante. A influência desses discursos na maneira como os indivíduos representam mentalmente os fenômenos sociais está diretamente ligada às posições de poder ocupadas por quem (re)produz os discursos, o que é óbvio no caso de mães, pais e professores, cuja autoridade é vista como sendo natural por filhos e alunos, fazendo com que os discursos formadores de ideologias sejam mais diretivos e explícitos em casa e na escola. No caso de pessoas cuja autoridade não é aceita de forma natural, como, por exemplo, jornalistas e escritores, a influência deve ser feita de forma mais sutil, implicitada nos discursos a que estão expostos os indivíduos com pouco ou nenhum poder.

Ora, nunca é demais repetir que, se os discursos são produzidos por sujeitos social, cultural, histórica e politicamente situados, os discursos que circulam na sociedade não são neutros, mas, isto sim, ideologicamente condicionados. Entretanto, nem todos os sujeitos têm consciência desse fato, o que facilita o trabalho de quem quer manipular as opiniões e as ações das outras pessoas.

Note-se que ter ou não consciência de questões ideológicas veiculadas em textos não é um estado cognitivo que surge do nada: ele resulta dos esquemas mentais que as pessoas possuem e que, sendo parte do contexto, mediam as relações que os participantes do evento discursivo estabelecem entre as estruturas discursivas e as estruturas sociais. E é aí que entram os estudos críticos do discurso para ajudar a tornar explícitas questões ideológicas presentes nos textos que circulam socialmente, as quais podem não estar óbvias para leitores e ouvintes e que podem contribuir para a manutenção da desigualdade e da injustiça sociais.

Muitos dos estudos realizados por van Dijk se concentram na reprodução do racismo por meio do discurso. Isso evidencia o seu engajamento político, pois o racismo é uma ideologia que provoca exclusão social e, consequentemente, desigualdade e injustiça. Não custa lembrar que, em pleno século XXI, continuamos a testemunhar ações racistas na França contra ciganos romenos e imigrantes turcos; na Itália contra imigrantes africanos; nos Estados Unidos contra índios, negros e mestiços; no Brasil contra índios, negros e mestiços do Nordeste e do Norte.

Essas ações, contudo, precisam ser legitimadas com base em uma de duas formas possíveis: na base da violência física, comum aos Estados totalitários, ou na base do poder simbólico do discurso, comum aos Estados ditos democráticos. Essa segunda forma é sutil e, por isso, perigosa, já que os discursos ajudam a inculcar nos sujeitos esquemas mentais que podem inclusive ser socialmente desfavoráveis a eles próprios.

É aí que entram os estudos críticos para mostrarem o que a sutileza do poder simbólico oculta nas entrelinhas dos textos que circulam socialmente. Mas, uma questão essencial para quem se interessa por realizar estudos críticos do discurso é a maneira como eles são realizados: o que exatamente precisamos fazer ao analisar criticamente um discurso? Um aparato metodológico simples e eficaz proposto por van Dijk é o objeto da próxima seção.

3. Procedimentos metodológicos para os estudos críticos do discurso

Imagine que você tem em suas mãos um texto para analisar criticamente. Por onde você deve começar a análise? Em que elementos do texto você deve concentrar sua atenção?

Van Dijk sugere que a análise deve começar pelas macroestruturas semânticas, também chamadas de significados globais, que são exatamente o tema ou os tópicos do texto. Esses significados globais são importantes para a análise por uma razão simples:

> [...] eles são geralmente intencionais e conscientemente controlados pelo falante; eles incorporam as informações (subjetivamente) mais importantes de um discurso, expressam o "conteúdo" geral dos modelos mentais dos eventos e, talvez o mais importante, representam o significado ou a informação que a maioria dos leitores memorizarão melhor de um discurso. Discursivamente, tópicos ou temas são caracteristicamente expressos nos títulos, resumos e sumários (van Dijk, 2009: 68).

Vejamos um exemplo para ilustrar isso. No dia 19 de abril de 2011, o jornal *Correio da Bahia* publicou o seguinte texto sem autoria específica:

Fernando Henrique comete erro de português em artigo

DESLIZE – O ex-presidente Fernando Henrique Cardoso cometeu um erro de português num artigo sobre o PSDB, distribuído a *sites* e *blogs* e publicado no endereço eletrônico de seu partido. O erro foi revelado ontem pela colunista Mônica Bergamo, do jornal *Folha de S.Paulo*. No texto, FHC diz que "existe ou existiu até a pouco certa folga fiscal". O correto é "existiu até há pouco". O ex-presidente Lula cometia diversos erros de português em seus pronunciamentos. O que chama atenção no caso de FHC é que ele é extremamente culto e estudado. O ex-presidente é sociólogo formado pela USP; já lecionou na Universidade de Paris e fala fluentemente diversos idiomas, como o francês e o inglês, além do português.

O *Correio da Bahia* pertence à família do ex-senador Antonio Carlos Magalhães, falecido em julho de 2007. Esse jornal é um veículo de comunicação à disposição de um grupo político de direita, bem próximo dos ruralistas e de outros grupos conservadores da sociedade brasileira. Exatamente um dia antes da publicação desse texto, o ex-presidente Fernando Henrique Cardoso (FHC) desafiara o também ex-presidente Luiz Inácio Lula da Silva para disputar uma eleição presidencial. Essas informações são importantes para que você saiba um pouco das estruturas ideológicas compartilhadas pelos editores do jornal.

Bem, nesse texto, o título nos informa acerca de um suposto erro de português cometido por FHC, denunciando de imediato a veia linguisticamente normativa do jornal, o patrulhamento linguístico característico das elites brasileiras. Na metade do texto, sem nenhuma razão aparente, o *Correio da Bahia* introduz um tópico curioso: "O ex-presidente Lula cometia diversos erros de português em seus pronunciamentos". A aparente falta de razão é que o texto não é, teoricamente, sobre os supostos "diversos erros de português" de Lula, mas, sim, sobre o suposto erro de português de FHC. Como podemos interpretar a inclusão desse tópico sem ingenuamente acharmos que foi apenas um lapso por parte do autor, que cometeu uma quebra de coerência? Basta prestar atenção às palavras de van Dijk acima, as quais reproduzo aqui: os tópicos "são geralmente intencionais e conscientemente controlados pelo falante; eles incorporam as informações (subjetivamente) mais importantes de um discurso, expressam o 'conteúdo' geral dos modelos mentais dos eventos". Ora, o autor do texto é um jornalista que ocupa uma posição em um jornal de grande circulação na capital baiana, logo não é ingênuo e, por isso, certamente tinha consciência do que estava escrevendo. Ele considerou essa informação sobre Lula relevante e a incluiu no texto. Além disso, sendo o *Correio da Bahia* um meio de comunicação controlado por um grupo político conservador, de direita, conectado ideologicamente às elites econômicas, podemos inferir que ele representa pessoas que fazem oposição a Lula tanto em termos de partido político quanto em termos de origem social. A partir do momento em que o tópico "erros cometidos por Lula" é introduzido, o *Correio da Bahia* não toca mais no tema anunciado no título da matéria, apontando para o provável objetivo do texto: aproveitar a oportunidade para desqualificar Lula. Evidência disso é que o autor apresenta uma lista de qualidades de FHC e se cala sobre as qualidades de Lula.

Concluída a análise das macroestruturas semânticas, van Dijk recomenda que o analista observe as microestruturas semânticas ou significados locais, veiculados pelas escolhas lexicais e sintáticas feitas pelo produtor textual assim como pelas relações proposicionais que ele estabelece, como as pressuposições, e pelos recursos imagéticos que ele decide usar no texto. Eis a razão para também se priorizar a análise das microestruturas semânticas:

> [...] os significados locais são uma função da seleção feita pelos falantes/escritores nos seus modelos mentais dos eventos ou suas ideologias e conhecimentos mais gerais. Ao mesmo tempo, eles são um tipo de informação que (sob o controle geral dos tópicos globais) mais diretamente influenciam os modelos mentais e, por isso, as opiniões e atitudes dos receptores textuais. Juntamente com os tópicos, esses significados locais são mais bem lembrados e reproduzidos pelos receptores e, por isso, podem ter as consequências sociais mais óbvias (van Dijk, 2009: 69-71).

É fácil entender a importância das microestruturas semânticas para a análise crítica do discurso. Por exemplo, o que os Estados Unidos fizeram com o Iraque em 2003 foi uma invasão ou uma ocupação? A escolha lexical dependerá dos esquemas mentais dos participantes de um evento discursivo a respeito desse tema: se eles acreditarem que os Estados Unidos são o mocinho naquela história, escolherão a palavra *ocupação*, mas se acreditarem que o Tio Sam cometeu mais um dos seus atos belicosos colonialistas, escolherão a palavra *invasão*. A mesma lógica se aplica ao caso de alguns dos atos que membros do MST realizam no Brasil: eles ocupam ou invadem fazendas? E o que dizer do dinheiro público dado pelo Estado a empresas privadas em épocas de crise econômica, como aquela de 2008? É uma ajuda financeira, um socorro financeiro ou uma estatização parcial?

Voltando ao texto publicado pelo *Correio da Bahia*, podemos perceber a construção de significados locais implícitos. O autor do texto introduz informações sobre a formação acadêmica de FHC e seleciona palavras positivas para qualificá-lo: "Extremamente culto e estudado". Essa manobra chama a atenção tanto pelo silenciamento que o autor faz sobre a formação acadêmica de Lula quanto por ele não qualificar Lula com nenhum adjetivo, o que leva o leitor a duas conclusões:

(1) enquanto um erro por parte de FHC causa surpresa, não há nada de surpreendente nos "diversos erros de português" que Lula supostamente cometeu devido à sua falta de formação acadêmica;

(2) Fernando Henrique é um político mais bem preparado do que Lula.

Essas conclusões reforçam a hipótese que levantei mais acima acerca do objetivo do *Correio da Bahia*: criar uma imagem negativa de Lula e uma imagem positiva de FHC. Afinal, quem sabe Lula não aceita o desafio proposto por FHC? Por via das dúvidas, o *Correio da Bahia* toma partido de imediato e aproveita a ocasião para contribuir para a construção de uma imagem positiva de FHC, que se identifica com grupos de elites, e uma imagem negativa de Lula, que se identifica com aquilo que FHC chama de "povão". Nota-se aí o velho embate etnocêntrico entre NÓS e os OUTROS.

As escolhas sintáticas dos produtores textuais também merecem a atenção dos analistas críticos do discurso. Van Dijk (2006b) chama a atenção para os usos ideológicos que os produtores textuais fazem das vozes verbais, ou seja, do agenciamento. Para ilustrar como isso funciona, vou usar trechos de uma matéria de Carolina Farias publicada na versão *online* do jornal *Folha de S.Paulo* sobre um evento ocorrido no dia 8 de março de 2007, a qual tinha a manchete abaixo.

**Confronto entre manifestantes e PM
deixa cinco feridos na Paulista**

O evento era uma manifestação a favor dos direitos da mulher e contra a presença do então presidente estadunidense George W. Bush no Brasil. Eis uma informação dada por Farias relativa a um episódio ocorrido no evento:

> O fotógrafo Caetano Barreira, da agência Reuters, foi atingido por um manifestante, que lhe deu uma paulada no nariz. Uma bomba de gás disparada pela polícia também destruiu um dos sapatos do fotógrafo, que ficou destruído.

Note-se que ela usa a voz passiva, mas com a presença do agente e, em seguida, utiliza a voz ativa numa oração adjetiva explicativa para relatar o ato do manifestante, levando o leitor à conclusão de que a paulada foi proposital, embora seja plausível ter sido um acidente, já que há muita confusão numa manifestação e não é fácil vislumbrarmos uma razão para um manifestante agredir intencionalmente um fotógrafo. Contudo, ao relatar a destruição do sapato do fotógrafo, Farias não escreve que um policial atirou uma bomba de gás no fotógrafo, mas, isto sim, que "uma bomba de gás disparada por um policial" foi a responsável pela destruição do sapato, não levando o leitor à conclusão de que esse ato tenha sido proposital. Afinal, a culpa não foi do policial, mas da bomba! Farias dá mais espaço às consequências do ato supostamente intencional do manifestante:

> Ferido, Barreira comprou esparadrapo em uma farmácia, fez um curativo no nariz e continuou trabalhando ensanguentado.

As palavras *ferido* e *ensanguentado*, somadas ao *frame* "farmácia" e ao *script* "fazer um curativo", ajudam o leitor a construir uma imagem dramática do fotógrafo, supostamente uma consequência da ação do manifestante. Curiosamente, não há nenhum comentário sobre o pé do fotógrafo, o que indica que foi surpreendentemente protegido pelo sapato na explosão. Aliás, Farias é até redundante ao afirmar que a bomba "<u>destruiu</u> um dos sapatos do fotógrafo, que <u>ficou destruído</u>". Farias justifica a ação da polícia:

> Durante a manifestação, a Polícia Militar usou bombas de gás lacrimogêneo para dispersar manifestantes que entraram em confronto com PMs na tarde desta quinta-feira na avenida Paulista, região central de São Paulo. Os manifestantes responderam com pedras e paus.

O uso da voz ativa em "entraram em confronto com PMs", que tem como agente "os manifestantes", nos informa que foram os manifestantes os responsáveis pelo início da violência e que os PMs simplesmente reagiram à violência. Note-se que os PMs usaram "bombas de gás lacrimogêneo para dispersar os manifestantes", o que implica que não houve intenção por parte dos policiais de ferir os manifestantes. Por outro lado, os manifestantes "responderam com pedras e paus", objetos que claramente apontam para a intenção violenta dos manifestantes e que simbolizam etnocentricamente um grupo de civilizados (que usam artefatos tecnológicos mais desenvolvidos como a bomba de gás) e bárbaros primitivos (que usam artefatos rudimentares como pedras e paus).

Novamente, em um movimento semântico que retira o agenciamento dos policiais, Farias escreve:

O gás das bombas da PM atingiu, além dos manifestantes que enfrentaram a PM, idosos e crianças que passavam pelo local além de pessoas que participavam do protesto pacificamente.

Não foi a PM que irresponsavelmente lançou bombas de gás onde havia idosos e crianças, atingindo-os: foi o gás das bombas. E agora já não foram mais as bombas, porém o gás dentro delas que causou o problema! E Farias não perde a chance de reafirmar que foram os manifestantes que enfrentaram a PM — note-se que o que eles enfrentaram foi a instituição, não os policiais, os indivíduos. Curiosamente, ela fala em "manifestantes" e "pessoas que participavam do protesto pacificamente". Ora, as pessoas que participam de um protesto, são manifestantes. Ou não? Farias cria, assim, um novo significado para "manifestantes": pessoas que participam de um protesto de maneira supostamente violenta; as que participam da manifestação de maneira supostamente não violenta não são manifestantes. Curioso, não?

As escolhas feitas por Farias não surpreendem. Ela produz um texto que materializa um discurso a partir de uma posição de sujeito que ela ocupa como jornalista de um jornal notoriamente conservador e de direita como a *Folha de S. Paulo*. Não por acaso, a *Folha* foi conivente com a ditadura militar. Se os leitores dessa matéria não realizarem uma leitura crítica, serão grandes as chances de eles se posicionarem, nesse caso específico, a favor da PM e contrários aos manifestantes.

Em suma, as escolhas lexicais e as escolhas sintáticas são sempre controladas pelos modelos mentais dos produtores textuais. Contudo, uma pergunta que pode ser feita é se essas escolhas são sempre conscientes. Eu responderia que sempre são escolhas conscientes quando feitas por jornalistas, políticos, líderes religiosos e publicitários. Por essa razão, é preciso sempre estar alerta para os textos que circulam socialmente.

Diante do exposto, fica evidente a contribuição de van Dijk para os estudos do discurso: ele contribuiu para que os conceitos de contexto e de ideologia tomassem um contorno operacional para a análise do discurso e para que os estudos críticos ganhassem mais visibilidade.

REFERÊNCIAS BIBLIOGRÁFICAS

ALTHUSSER, LOUIS. *Ideology and Ideological State Apparatuses (Notes Towards an Investigation)*. Disponível em: <http://www.marxists.org/reference/archive/althusser/1970/ideology.htm>. Acesso em: 21 jun. 2011.
ALTHUSSER, LOUIS. *Aparelhos ideológicos do Estado*. Trad.: Walter Evangelista; Maria de Castro. Rio de Janeiro: Graal, 1998.
ALTHUSSER, LOUIS. *Ideologia e aparelhos ideológicos de Estado*. Trad.: Joaquim José de Moura Ramos. Lisboa: Presença, 1980a.
ALTHUSSER, LOUIS. A imensa revolução teórica de Marx. In: ALTHUSSER, LOUIS; BALIBAR, ÉTIENNE; ESTABLET, ROGER. *Ler O Capital*. v. II. Trad.: Nathanael Caxeiro. Rio de Janeiro: Zahar, 1980b, p. 133-146.
ALTHUSSER, LOUIS. *A favor de Marx*. Trad.: Dirceu Lindoso. Rio de Janeiro: Zahar, 1979.
ALTHUSSER, LOUIS. *Posições 1: elementos de autocrítica*. Rio de Janeiro: Graal, 1978.
AMOSSY, RUTH. O *ethos* na interseção das disciplinas: retórica, pragmática, sociologia dos campos. In: AMOSSY, RUTH (org.). *Imagens de si no discurso*. Trad.: Dílson Ferreira da Cruz; Fabiana Komesu; Sírio Possenti. São Paulo: Contexto, 2008, p. 119-144.
ANSCOMBRE, JEAN-CLAUDE; DUCROT, OSWALD. *L'argumentation dans la langue*. Liège: Mardaga, 1997.
BAKHTIN, MIKHAIL. *Problemas da poética de Dostoiévski*. Trad.: Paulo Bezerra. Rio de Janeiro: Forense Universitária, 2010 [1963].

BAKHTIN, MIKHAIL. Arte e responsabilidade. In: BAKHTIN, MIKHAIL. *Estética da criação verbal*. Trad.: Paulo Bezerra. São Paulo: Martins Fontes, 2003a. [1919], p. XXXIII-XXXIV.

BAKHTIN, MIKHAIL. Os gêneros do discurso. In: BAKHTIN, MIKHAIL. *Estética da criação verbal*. Trad.: Paulo Bezerra. São Paulo: Martins Fontes, 2003b [1951-1953], p. 261-306.

BAKHTIN, MIKHAIL. *Para uma filosofia do ato*. Tradução para fins acadêmicos e didáticos, não publicada, de Carlos Alberto Faraco e Cristóvão Tezza, da edição americana *Towards a Philosophy of the Act* — translation and notes by Vadim Liapunov. Austin: University of Texas Press, 1993 [1920-1924].

BAKHTIN, MIKHAIL; MEDVEDEV, PAVEL. *O método formal nos estudos literários. Introdução crítica a uma poética sociológica*. Trad.: Ekaterina Vólkova Américo; Sheila Camargo Grillo. São Paulo: Contexto, 2012 [1928].

BAKHTIN, MIKHAIL/VOLÓSHINOV, VALENTIM. *Marxismo e filosofia da linguagem*. Trad.: Michel Lahud; Yara Vieira. São Paulo: Hucitec, 2004 [1929].

BARRETT, MICHÈLE. *The Politics of Truth: From Marx to Foucault*. Stanford: Stanford University Press, 1991.

BARTHES, ROLAND. *O prazer do texto*. Trad.: Jacó Guinsburg. São Paulo: Perspectiva, 2002.

BEAUGRANDE, ROBERT-ALAIN DE; DRESSLER, WOLFGANG. *Introducción a la linguística del texto*. Barcelona: Ariel, 1997 [1981].

BENVENISTE, ÉMILE. *Problemas de linguística geral II*. Trad.: Eduardo Guimarães. Campinas: Pontes, 1989.

BÍBLIA. Português. *A Bíblia Sagrada*. Trad.: João Ferreira de Almeida. São Paulo: Sociedade Bíblica Trinitariana do Brasil, 1995.

BOURDIEU, PIERRE. Le capital social. In: *Actes de la recherche en sciences sociales*. v. 31. jan. 1980. p. 2-3. Disponível em: <http://www.persee.fr/web/revues/home/prescript/article/arss_0335_5322_1980_num_31_1_2069>. Acesso em: 6 jun. 2011.

BOURDIEU, PIERRE. Esboço de uma teoria da prática. Trad.: Paula Montero. In: ORTIZ, RENATO (org.). *Bourdieu: sociologia*. São Paulo: Ática, 1983a, p. 46-81.

BOURDIEU, PIERRE. Economia das trocas linguísticas. Trad.: Paula Montero. In: ORTIZ, RENATO (org.). *Bourdieu: sociologia*. São Paulo: Ática, 1983b, p. 156-183.

BOURDIEU, PIERRE. O mercado linguístico. Trad.: Jeni Vaitsman. In: BOURDIEU, PIERRE. *Questões de sociologia*. Rio de Janeiro: Marco Zero, 1983c, p. 95-107.

BOURDIEU, PIERRE. *O poder simbólico*. Trad.: Fernando Tomaz. Lisboa: Difel, 1989.

BOURDIEU, PIERRE. A linguagem política. In: BOURDIEU, PIERRE. *A distinção: a crítica social do julgamento*. Trad.: Daniela Kern; Guilherme Teixeira. São Paulo: Edusp; Porto Alegre: Zouk, 2008, p. 429-433.

BRAIT, BETH. Análise e teoria do discurso. In: BRAIT, BETH (org.). *Bakhtin: outros conceitos-chave*. São Paulo: Contexto, 2006, p. 9-31.

BRAIT, BETH; CAMPOS, MARIA INÊS. Da Rússia czarista à *web*. In: BRAIT, BETH (org.). *Bakhtin e o Círculo*. São Paulo: Contexto, 2009, p. 15-30.

BRANDÃO, CARLOS. *O que é educação*. São Paulo: Brasiliense, 1995.

BRANDÃO, MARIA HELENA. *Introdução à análise do discurso*. Campinas: Editora da Unicamp, 2004.

BRANDÃO, MARIA HELENA. *Subjetividade, argumentação e polifonia: a propaganda da Petrobrás*. São Paulo: Fundação Editora da UNESP, 1998.

BRETON, PHILIPPE. *A manipulação da palavra*. Trad.: Maria Stela Gonçalves. São Paulo: Loyola, 1999.

BRUNELLI, ANNA FLORA. Notas sobre a abordagem interdiscursiva de Maingueneau. In: POSSENTI, SÍRIO; BARONAS, ROBERTO LEISER (orgs.). *Contribuições de Dominique Maingueneau para a Análise do Discurso do Brasil*. São Carlos: Pedro & João Editores, 2008, p. 13-26.

CABRAL, ANA LÚCIA TINOCO. *A força das palavras: dizer e argumentar.* São Paulo: Contexto, 2010.
CAIEIRO, ALBERTO. Poemas de Alberto Caeiro. In: PESSOA, FERNANDO. *O Eu profundo e os outros Eus.* Rio de Janeiro: Nova Fronteira, 1980.
CARDOSO, SILVIA HELENA BARBI. *Discurso e ensino.* Belo Horizonte: Autêntica, 1999.
CAREL, MARION (org.) *Les facettes du dire: hommage à Oswald Ducrot.* Paris: Editions Kimé, 2002.
CARVALHO, CRISTIANO. *Lançamento, presunções e ficções no Direito Tributário.* Porto Alegre: TRF — 4ª Região, 2006.
CASTRO, EDGARDO. *Vocabulário de Foucault.* Trad.: Ingrid Müller Xavier. Belo Horizonte: Autêntica, 2009.
CHARAUDEAU, PATRICK. *De la compétence sociale de communication aux compétences de discours.* Actes du colloque de Louvain-la-Neuve sur Compétence et didactique des langues, 2000. Disponível em: <http://www.patrick-charaudeau.com/De-la-competence-sociale-de.html>. Acesso em: 20 jan. 2012.
CHARAUDEAU, PATRICK. *Linguagem e discurso: modos de organização.* Trad.: Ângela Correa; Ida Lúcia Machado. São Paulo: Contexto, 2008a.
CHARAUDEAU, PATRICK. *Discurso político.* Trad.: Fabiana Komesu; Dílson Ferreira da Cruz. São Paulo: Contexto, 2008b.
CHARAUDEAU, PATRICK; MAINGUENEAU, DOMINIQUE. *Dicionário de análise do discurso.* Trad.: Fabiana Komesu. São Paulo: Contexto, 2008.
CHOMSKY, NOAM. A linguística como ciência natural. In: *Mana*, v. 3, n. 2, Rio de Janeiro, 1997. Disponível em: <http://www.scielo.br/scielo.php?pid=S0104-93131997000200006&script=sci_arttext>. Acesso em: 15 fev. 2011.
DE CERTEAU, MICHEL. *História e psicanálise: entre ciência e ficção.* Trad.: Guilherme João de Freitas Teixeira. Belo Horizonte: Autêntica, 2011.
DEL ROIO, MARCOS. *Gramsci e a educação do educador.* Disponível em: <http://www.scielo.br/pdf/ccedes/v26n70/a03v2670.pdf>. Acesso em: 30 out. 2011.
DELEUZE, GILLES. *Foucault.* Trad.: Claudia Sant'Anna Martins. São Paulo: Brasiliense, 1991.
DÖR, JOEL. *Introdução à leitura de Lacan: o inconsciente estruturado como linguagem.* Trad.: Carlos Eduardo Reis. Porto Alegre: Artmed, 1989.
DOSSE, FRANÇOIS. *História do estruturalismo.* Trad.: Álvaro Cabral. Bauru: EDUSC, 2007.
DUCROT, OSWALD. *Princípios de semântica linguística.* Trad.: Carlos Vogt; Rodolfo Ilari; Rosa Figuera. São Paulo: Cultrix, 1977.
DUCROT, OSWALD et al. *Le dire et le dit.* Paris: Minuit, 1984.
DUCROT, OSWALD . *Provar e dizer: linguagem e lógica.* Trad.: Maria Aparecida Barbosa; Maria Fátima Moreira; Cidmar Pais. São Paulo: Global, 1981.
DUCROT, OSWALD . *Les mots du discours.* Paris: Minuit, 1980a.
DUCROT, OSWALD . *Les Échelles argumentatives.* Paris: Minuit, 1980b.
ÉBOLI, EVANDRO. *Diferentemente do divulgado,* kits anti-homofobia eram para crianças de 11 anos. Disponível em: <http://oglobo.globo.com/pais/mat/2011/05/26/diferentemente-do-divulgado-kits-anti-homofobia-eram-para-criancas-de-11-anos-924548005.asp>. Acesso em: 30 ago. 2011.
ECO, UMBERTO. Superinterprentando textos. In: ECO, UMBERTO. *Interpretação e superinterpretação.* Trad.: Martins Fontes. São Paulo: Martins Fontes, 1993, p. 53-77.
EMERSON, CARYL. *Os 100 primeiros anos de Mikhail Bakhtin.* Trad.: Pedro Jorgensen Jr. Rio de Janeiro: Difel, 2003.
FAIRCLOUGH, NORMAN. *Discurso e mudança social.* Trad.: Izabel Magalhães. Brasília: Editora Universidade de Brasília, 2008.

FAIRCLOUGH, NORMAN. Critical Discourse Analysis. *Marges linguistiques* — Revue semestrielle électronique en Science du Langage, n. 9, 2005, p. 76-94. Disponível em: <www.ling.lancs.ac.uk/staff/norman/critdiscanalysis.doc>. *Acesso em: 21 jun. 2011.*

FAIRCLOUGH, NORMAN. The Dialetics of Discourse. *Textus*, v. XIV, n. 2, 2001, p. 231-242. Disponível em: <http://www.ling.lancs.ac.uk/staff/norman/2001a.doc>. Acesso em: 21 jun. 2011.

FAIRCLOUGH, NORMAN. *Critical Discourse Analysis: The Critical Study of Language.* Malásia: Longman, 1995.

FAIRCLOUGH, NORMAN. *Language and Power.* Cingapura: Longman, 1989.

FAIRCLOUGH, NORMAN; WODAK, RUTH. *Análisis critico del discurso.* In: VAN DIJK, TEUN (org.). *El discurso como interacción social: estudios sobre el discurso II, una introducción multidisciplinaria.* Barcelona: Editorial Gedisa, 2005, p. 367-404.

FERREIRA, MARIA CRISTINA LEANDRO. O quadro atual da análise de discurso no Brasil. *Revista LETRAS*, n. 27, Universidade Federal do Rio Grande do Sul, jul./dez., 2003, p. 39-46. Disponível em: <http://w3.ufsm.br/revistaletras/artigos_r27/revista27_3.pdf>. Acesso em: 20 set. 2011.

FIORESE, GILMAR. O Estado brasileiro e a política de financiamento para a educação: uma reflexão preliminar sobre o FUNDEF. *Faz Ciência*, v. 8, n. 1, 2006, p. 275-290. UNIOESTE.

FISCHER, ROSA MARIA BUENO. Cinema e pedagogia: uma experiência de formação ético-estética. *Percursos*, UDESC, v. 12, p. 139-152. Disponível em: <http://www.periodicos.udesc.br/index.php/percursos/article/viewFile/2290/1739>. Acesso em: 1 dez. 2011.

FISCHER, ROSA MARIA BUENO. Foucault e a análise do discurso em educação. *Cadernos de Pesquisa* (Fundação Carlos Chagas), São Paulo, v. 114, p. 197-223, 2001.

FOLHA.COM. Veja íntegra de votos dos ministros do STF sobre pesquisas com embriões. Disponível em: <http://www1.folha.uol.com.br/folha/ciencia/ult306u406900.shtml>. Acesso em: 4 jul. 2011.

FOUCAULT, MICHEL. *Arte, epistemologia, filosofia e história da medicina.* Ditos & Escritos VII. Trad.: Vera Lucia Avellar Ribeiro. Rio de Janeiro: Forense Universitária, 2011.

FOUCAULT, MICHEL. *Estratégias, poder-saber.* Trad.: Vera Lúcia Avelar Ribeiro. Rio de Janeiro: Forense Universitária, 2010.

FOUCAULT, MICHEL. *A arqueologia do saber.* Trad.: Luiz Felipe Baeta Neves. Rio de Janeiro: Forense, 2009a.

FOUCAULT, MICHEL. *A ordem do discurso.* Trad.: Laura Fraga de Almeida Sampaio. São Paulo: Loyola, 2009b.

FOUCAULT, MICHEL. *Em defesa da sociedade.* Trad.: Maria Ermantina Galvão. São Paulo: Martins Fontes, 2005.

FOUCAULT, MICHEL. *Estratégia, poder-saber.* Ditos & Escritos IV. Trad.: Vera Lúcia Avellar Ribeiro. Rio de Janeiro: Forense Universitária, 2003.

FOUCAULT, MICHEL. *Arqueologia estética: literatura e pintura, música e cinema.* Ditos & Escritos III. Trad.: Inês Autran Dourado Barbosa. Rio de Janeiro: Forense Universitária, 2001.

FOUCAULT, MICHEL. *Arqueologia das ciências humanas e história dos sistemas de pensamento.* Ditos & Escritos II. Trad.: Elisa Monteiro. Rio de Janeiro: Forense Universitária, 2000.

FREIRE, PAULO. *Professora sim, tia não: cartas a quem ousa ensinar.* São Paulo: Olho D'Água, 1997.

FREIRE, PAULO. Nós podemos reinventar o mundo. *Revista Nova Escola.* São Paulo: Editora Abril, nov. 1993, p. 8-13.

FREUD, SIGMUND. A história do movimento psicanalítico. In: FREUD, SIGMUND. *Edição standard brasileira das obras psicológicas completas de Sigmund Freud.* v. XIV. Rio de Janeiro: Imago, 1976 [1914], p. 215-2 77.

FREUD, SIGMUND. A questão da análise leiga. In: FREUD, SIGMUND. *Edição standard brasileira das obras psicológicas completas de Sigmund Freud.* v. XX. Rio de Janeiro: Imago, 1976 [1926], p. 209-293.

FREUD, SIGMUND. Projeto para uma psicologia científica. In: FREUD, SIGMUND. *Edição standard brasileira das obras psicológicas completas de Sigmund Freud.* v. I. Rio de Janeiro: Imago, 1976 [1895], p. 387-529.

FUNDEB. *Manual de orientação.* Disponível em: <ftp://200.130.5.12/web/siope/leis/manual_orientacao_fundeb.pdf>. Acesso em: 20 set. 2009.

GADET, FRANÇOISE; LÉON, JACQUELINE; MALDIDIER, DENISE; PLON, MICHEL. Apresentação da conjuntura em linguística, em psicanálise e em informática aplicada ao estudo dos textos na França em 1969. In: GADET, FRANÇOISE; HAK, TONY (orgs.). *Por uma análise automática do discurso: uma introdução à obra de Michel Pêcheux.* Trad.: Eni Orlandi. Campinas: Unicamp, 1997, p. 39-60.

GELLATELY, ROBERT. *Apoiando Hitler: consentimento e coerção na Alemanha nazista.* Trad.: Vitor Paolozzi. Rio de Janeiro: Record, 2011.

GLOBO.COM. *Por seis votos a cinco, STF aprova pesquisas com células-tronco embrionárias.* Disponível em: <http://oglobo.globo.com/ciencia/mat/2008/05/29/por_seis_votos_cinco_stf_aprova_pesquisas_com_celulas-tronco_embrionarias-546558379.asp>. Acesso em: 4 jul. 2011.

GRAMSCI, ANTONIO. *Some Aspects of the Southern Question.* Disponível em: <http://amadlandawonye.wikispaces.com/1926,+Gramsci,+Some+aspects+of+the+southern+question>. Acesso em: 26 ago. 2011.

GRAMSCI, ANTONIO. *Cadernos do cárcere.* v. 6. Trad.: Carlos Nelson Coutinho et al. Rio de Janeiro: Civilização Brasileira, 2002.

GRAMSCI, ANTONIO. *Os intelectuais e a organização da cultura.* Trad.: Carlos Nelson Coutinho. Rio de Janeiro: Civilização Brasileira, 1995.

GRAMSCI, ANTONIO. *Concepção dialética da história.* Trad.: Carlos Nelson Coutinho. Rio de Janeiro: Civilização Brasileira, 1986.

GRAMSCI, ANTONIO. *Maquiavel, a política e o Estado moderno.* Trad.: Luiz Mário Gazzaneo. Rio de Janeiro: Civilização Brasileira, 1984.

GREGOLIN, MARIA DO ROSÁRIO. *Formação discursiva, redes de memória e trajetos sociais de sentido: mídia e produção de identidades.* Disponível em: <http://www.discurso.ufrgs.br/sead2/doc/rosariogregolin.pdf>. Acesso em: 26 fev. 2012.

GREGOLIN, MARIA DO ROSÁRIO. *A resistência das palavras: um estudo do discurso político sobre a Índia (1942-1947).* Tese (doutorado). 203 f. Campinas: Universidade Estadual de Campinas, 1998.

GUESPIN, LOUIS. *Problématique des travaux sur le discours politique.* Disponível em: <http://www.persee.fr/web/revues/home/prescript/article/lgge_0458-726x_1971_num_6_23_2048>. Acesso em: 03 set. 2011.

HAIG, EDWARD. *Some Observations on the Critique of Critical Discourse Analysis.* Disponível em: <http://www.lang.nagoya-u.ac.jp/proj/genbunronshu/25-2/haig.pdf>. Acesso em: 16 ago. 2001.

HALL, STUART. *A identidade cultural na pós-modernidade.* Trad.: Tomaz Tadeu da Silva; Guaracira Lopes Louro. Rio de Janeiro: DP&A, 2003.

HALLIDAY, MICHAEL. *An Introduction to Functional Grammar.* Londres: Hodder Education, 2004 (1985).

HAROCHE, CLAUDINE; HENRY, PAUL; PÊCHEUX, MICHEL. La sémantique et la coupure saussurienne: langue, langage, discours. *Langages,* v. 6, n. 24, 1971, p. 93-106.

HARRIS, ZELLIG. Discourse Analysis. *Language,* n. 28, 1952, Universidade da Pensilvânia, p. 1-30.

HENDERSON, ROBYN. *A Faircloughian Approach to CDA: Principled Eclecticism or a Method Searching for a Theory?* Disponível em: <http://eprints.usq.edu.au/2489/1/Henderson_MSE_v46n2_AV.pdf>. Acesso em: 31 jul. 2011.

HENRY, PAUL. *A ferramenta imperfeita: língua, sujeito e discurso.* Trad.: Maria Fausta Pereira de Castro. Campinas: Editora da Unicamp, 1992.

HENRY, PAUL. Os fundamentos teóricos da "Análise Automática do Discurso" de Michel Pêcheux. In: GADET, FRANÇOISE; HAK, TONY (orgs.). *Por uma análise automática do discurso: uma introdução à obra de Michel Pêcheux.* Trad.: Eni Orlandi. Campinas: Unicamp, 1997 [1969], p. 11-38.

HENRY, PAUL. Constructions relatives et articulations discursives. *Langages*, v. 8, n. 37, 1975, p. 81-98.

KERBRAT-ORECCHIONI, CATHERINE. *L'implicite.* Paris: Armand Colin, 1986.

KOCH, INGEDORE; ELIAS, VANDA MARIA. *Ler e compreender os sentidos do texto.* São Paulo: Contexto, 2010.

KRESS, GUNTHER. Representational Resources and the Production of Subjectivity: Questions for the Theoretical Development of Critical Discourse Analysis in a Multicultural Society. In: CALDAS-COULTHARD, CARMEN ROSA; COULTHARD, MALCOLM (orgs.). *Texts and Practice: Readings in Critical Discourse Analysis.* Nova York: Routledge, 2003, p. 15-31.

LACAN, JACQUES. Prefácio. In: LEMAIRE, ANIKA. *Jacques Lacan.* Rio de Janeiro: Campus, 1983 [1977], p. 17-28.

LACAN, JACQUES. *Seminário 11; os quatro conceitos fundamentais da psicanálise.* Rio de Janeiro: Jorge Zahar Editor, 1985 [1964].

LACAN, JACQUES. Subversão do sujeito e dialética do desejo no inconsciente freudiano. In: LACAN, JACQUES. *Escritos.* Tradução Vera Ribeiro. Rio de Janeiro: Jorge Zahar Editor, 1998.

LACAN, JACQUES. Função e campo da fala e da linguagem em psicanálise. In: LACAN, JACQUES. *Escritos.* Trad.: Vera Ribeiro. Rio de Janeiro: Jorge Zahar Editor, 1998 (1953), p. 238-324.

LACAN, JACQUES. A instância da letra no inconsciente ou a razão desde Freud. In: LACAN, JACQUES. *Escritos.* Tradução Vera Ribeiro. Rio de Janeiro: Jorge Zahar Editor, 1998 [1957], p. 496-533.

LACAN, JACQUES. Subversão do sujeito e dialética do desejo no inconsciente freudiano. In: LACAN, JACQUES. *Escritos.* Trad.: Vera Ribeiro. Rio de Janeiro: Jorge Zahar Editor, 1998 [1960], p. 807-842.

LAGAZZY-RODRIGUES, SUZY. A sala de aula e o alhures: circulando pela linguagem entre práticas e teorias. *Revista Letras*, n. 27 — jul./dez., 2003, p. 67-71.

LAZAR, MICHELLE. Politicizing Gender in Discourse: Feminist Critical Discourse Analysis as Political Perspective and Praxis. In: LAZAR, MICHELLE (org.). *Feminist Gender Discourse Analysis: Gender, Power and Ideology in Discourse.* Nova York: Palgrave MacMillan, 2004, p. 1-28.

LEBRUN, JEAN PIERRE. *A perversão comum: viver juntos sem outro.* Trad.: Procópio Abreu. Rio de Janeiro: Companhia de Freud, 2008.

LISPECTOR, CLARICE. *Aprendendo a viver.* Rio de Janeiro: Rocco, 2004.

LUKÁCS, GEORG. *História e consciência de classe.* Trad.: Rodnei Nascimento. São Paulo: Martins Fontes, 2003.

MACCIOCHI, MARIA-ANTÒNIETTA. *A favor de Gramsci.* Trad.: Angelina Peralva. Rio de Janeiro: Paz e Terra, 1980.

MAINGUENEAU, DOMINIQUE. *Gênese dos discursos.* Trad.: Sírio Possenti. São Paulo: Parábola Editorial, 2012.

MAINGUENEAU, DOMINIQUE. *Discurso literário*. São Paulo: Contexto, 2006.
MAINGUENEAU, DOMINIQUE. *Novas tendências em análise do discurso*. Trad.: Freda Indursky. Campinas: Pontes, 2005.
MAINGUENEAU, DOMINIQUE. *Análise de textos de comunicação*. Trad.: Cecília de Souza-e--Silva; Décio Rocha. São Paulo: Cortez, 2000.
MAINGUENEAU, DOMINIQUE. *Pragmática para o discurso literário*. Trad.: Marina Appenzeller. São Paulo: Martins Fontes, 1996.
MALDIDIER, DENISE. A inquietude do discurso. Um projeto na história da análise do discurso: o trabalho de Michel Pêcheux. In: PIOVEZANI, CARLOS; SARGENTINI, VANICE (orgs.). *Legados de Michel Pêcheux: inéditos em análise do discurso*. São Paulo: Contexto, 2011, p. 39-62.
MANIFESTANTES *anti-G20 quebram vidros de banco em Londres*. Disponível em: <http://www1.folha.uol.com.br/folha/mundo/ult94u543974.shtml>. Acesso em: 28 ago. 2011.
MANJARRÉS, NORMA BARLETTA. Critical Discourse Analysis: A Review of the Critique. *Lenguaje* — Revista de la Escuela de Ciencias del Lenguaje de la Universidad del Valle, Cali, Colômbia, v. 35, n. 1, jun. 2007, p. 219-242.
MARIANI, BETHANIA; MAGALHÃES, BELMIRA. Processos de subjetivação e identificação: ideologia e inconsciente. *Linguagem em (Dis)curso*, v. 10, p. 391-408, 2010.
MARX, KARL. *Para a crítica da economia política*. Trad.: Edgard Malagodi *et al*. São Paulo: Abril Cultural, 1982 [1844].
MARX, KARL. Prefácio à contribuição à crítica da economia política. In: MARX, KARL; ENGELS, FRIEDRICH. *Obras escolhidas*. São Paulo: Alfa-Omega, 1979, p. 301-305.
MCLENNAN, GREGOR; MOLINA, VICTOR; PETERS, ROY. A teoria de Althusser sobre ideologia. In: CENTRE FOR CONTEMPORARY CULTURAL STUDIES (org.). *Da ideologia*. Trad.: Rita Lima. Rio de Janeiro: Zahar, 1983, p. 101-137.
MELMAN, CHARLES. *Para introduzir a psicanálise nos dias de hoje*. Trad.: Sérgio Rezende; Letícia Patriota da Fonseca; Sônia Bley. Porto Alegre: CMC Editora, 2009.
MICELI, SÉRGIO. Introdução: a força do sentido. In: BOURDIEU, PIERRE. *Economia das trocas simbólicas*. Trad.: Sérgio Miceli; Silvia de Almeida Prado; Sônia Miceli; Wilson Campos Vieira. São Paulo: Perspectiva, 1987, p. I-LXI.
MILLER, JACQUES-ALAIN. *O monólogo da aparola*. Disponível em: <http://www.opcaolacaniana.com.br/pdf/numero_9/O_monologo_da_aparola.pdf>. Acesso em: 7 fev. 2012.
NEGRONI, MARÍA MARTA GARCÍA; COLADO, MARTA TORDESILLAS. *La enunciación en la lengua: de la deixis a la polifonía*. Madrid: Gredos, 2001.
NOGUEIRA, CLÁUDIO MARQUES MARTINS. *Considerações sobre o modelo de análise do discurso de Patrick Charaudeau*. Disponível em: <http://www.fae.ufmg.br:8080/ensaio/v6_n1/nogueira.pdf>. Acesso em: 20 maio. 2010.
OLIVEIRA, LUCIANO AMARAL. *Coisas que todo professor de português precisa saber: a teoria na prática*. São Paulo: Parábola Editorial, 2010.
ORLANDI, ENI. Michel Pêcheux e a análise de discurso. *Estudos da Língua(gem)*, Vitória da Conquista, n. 1, 2005, p. 9-13.
ORLANDI, ENI. *Análise de discurso: princípios e procedimentos*. São Paulo: Pontes, 2001.
ORLANDI, ENI. *Discurso e leitura*. São Paulo: Cortez; Campinas: Editora da Unicamp, 1999.
ORTIZ, RENATO. À procura de uma sociologia da prática. In: ORTIZ, RENATO (org.). *Pierre Bourdieu: sociologia*. Trad.: Paula Monteiro; Alicia Auzmendi. São Paulo: Ática, 1983, p. 7-36.
PÊCHEUX, MICHEL. *Semântica e discurso: uma crítica à afirmação do óbvio*. Trad.: Eni Orlandi *et al*. Campinas: Editora da Unicamp, 2009.

PÊCHEUX, MICHEL. O papel da memória. In: ACHARD, PIERRE (org.). *Papel da memória*. Trad.: José Nunes. Campinas: Pontes, 1999, p. 50-58.

PÊCHEUX, MICHEL. A análise do discurso: três épocas. In: GADET, FRANÇOISE; HAK, TONY (orgs.). *Por uma análise automática do discurso: uma introdução à obra de Michel Pêcheux*. Trad.: Bethania S. Mariani et al. Campinas: Editora da Unicamp, 1997a, p. 311-319.

PÊCHEUX, MICHEL. Análise automática do discurso. In: GADET, FRANÇOISE; HAK, TONY (orgs.). *Por uma análise automática do discurso: uma introdução à obra de Michel Pêcheux*. Trad.: Bethania S. Mariani et al. Campinas: Editora da Unicamp, 1997b, p. 39-158.

PÊCHEUX, MICHEL. (sob o pseudônimo de Thomas Herbert). *Observações para uma teoria geral das ideologias*. Trad.: Carolina Zuccolillo; Eni Orlandi; José Nunes. Campinas, 1995, p. 63-89.

PÊCHEUX, MICHEL. *O discurso: estrutura ou acontecimento*. Trad.: Eni Orlandi. Campinas: Pontes, 1990.

PÊCHEUX, MICHEL; FUCHS, CATHERINE. A propósito da análise automática do discurso: atualização e perspectivas. In: GADET, FRANÇOISE; HAK, TONY (orgs.). *Por uma análise automática do discurso: uma introdução à obra de Michel Pêcheux*. Trad.: Péricles Cunha. Campinas: Unicamp, 1997, p. 163-235.

PEDRO, EMÍLIA RIBEIRO. Análise crítica do discurso: aspectos teóricos, metodológicos e analíticos. In: PEDRO, EMÍLIA RIBEIRO (org.). *Análise crítica do discurso: uma perspectiva sociopolítica e funcional*. Lisboa: Caminho, 1997, p. 19-46.

PENNYCOOK, ALASTAIR. *Critical Applied Linguistics: A Critical Introduction*. Nova Jersey: Lawrence Erlbaum Associates, 2001.

PETRI, VERLI. *Michel Pêcheux e a teoria do discurso nos anos 60*. Texto oriundo da conferência de abertura da Semana Acadêmica de Letras da UFSM, 2006.

PLANTIN, CHRISTIAN. *A argumentação*. Trad.: M. Marcionilo. São Paulo: Parábola Editorial, 2008.

PLATÃO. CRATYLUS. In: HAYDEN, DONALD; ALWORTH, PAUL (orgs.). *Classics in Semantics*. Nova Iorque: Books for Library Press, 1970 [360 a.C.], p. 1-13.

PORTELLI, HUGUES. *Gramsci e o bloco histórico*. Trad.: Angelina Peralva. Rio de Janeiro: Paz e Terra, 2002.

REIS, FERNANDO. O lado bom da sua gordurinha. In: *Folha de S. Paulo*, Equilíbrio, 7 fev. 2012.

SAUSSURE, FERDINAND DE. *Curso de linguística geral*. Trad.: Antônio Chelini; José Paulo Paes; Izidoro Blikstein. São Paulo: Cultrix, 1974.

SILVA, ADRIANA PUCCI P. DE FARIA E. *Retratos dialógicos da clínica: um olhar discursivo sobre relatórios de atendimento psicopedagógico*. 2010. 197 f. Tese (doutorado). São Paulo: Pontifícia Universidade Católica de São Paulo.

SILVA, LUIZ INÁCIO LULA DA. *Carta ao povo brasileiro*. 22 jun. 2002. Disponível em: <http://www2.fpa.org.br/carta-ao-povo-brasileiro-por-luiz-inacio-lula-da-silva>. Acesso em: 27 maio 2011a.

SILVA, LUIZ INÁCIO LULA DA. *Discurso de lançamento de candidatura à reeleição a Presidente da República*. (junho de 2006). Disponível em: <http://www1.folha.uol.com.br/folha/brasil/ult96u79810.shtml> Acesso em: 28 maio 2011b.

SOARES, ALEXANDRE S. FERRARI. *A homossexualidade e a AIDS no imaginário de revistas semanais (1985-1990)*. 2006. 235 f. Tese (doutorado). Niterói: Universidade Federal Fluminense.

SOBRAL, ADAIL. Estética da criação verbal. In: BRAIT, BETH (org). *Bakhtin, dialogismo e polifonia*. São Paulo: Contexto, 2009, p. 167-187.

THOMPSON, EDWARD PALMER. *A miséria da teoria: ou um planetário de erros. Uma crítica ao pensamento de Althusser*. Trad.: Waltensir Dutra. Rio de Janeiro: Zahar, 1981.

REFERÊNCIAS BIBLIOGRÁFICAS

TRINDADE, ELIANE. Vítima Improvável. *Folha de S. Paulo*, Cotidiano, 23 fev. 2012.
VAN DIJK, TEUN A. Critical Discourse Studies: A Sociocognitive Approach. In: WODAK, RUTH; MEYER, MICHAEL (orgs.). *Methods of Critical Discourse Analysis*. Londres: SAGE, 2009, p. 62-86.
VAN DIJK, TEUN A. *Discurso e poder*. Trad.: Judith Hoffnagel *et al*. São Paulo: Contexto, 2008.
VAN DIJK, TEUN A. Discourse, Context and Cognition. *Discourse studies*, v. 8, n. 1, 2006a, p. 159-177.
VAN DIJK, TEUN A. Discourse and Manipulation. *Discourse studies*, v. 17, n. 2, 2006b, p. 359-383.
VAN DIJK, TEUN A. Contextual Knowledge Management in Discourse Production: A CDA Perspective. In: WODAK, RUTH; CHILTON, PAUL (orgs.). *A New Agenda in (Critical) Discourse Analysis*. Amsterdã: Benjamins, 2005, p. 71-100.
VAN DIJK, TEUN A. Discourse, Power and Access. In: CALDAS-COULTHARD, CARMEN ROSA; COULTHARD, MALCOM (orgs.). *Texts and Practices: Readings in Critical Discourse Analysis*. Nova York: Routledge, 2003, p. 84-104.
VAN DIJK, TEUN A. Semântica do discurso e ideologia. In: PEDRO, EMÍLIA RIBEIRO (org.). *Análise crítica do discurso: uma perspectiva sociopolítica e funcional*. Lisboa: Editorial Caminho, 1997, p. 105-168.
VAN DIJK, TEUN A. Aims of Critical Discourse Analysis. *Japanese discourse*, v. 1, 1995, p. 17-27.
VAN DIJK, TEUN A. Discourse and Cognition in Society. In: CROWLEY, DAVID; MITCHELL, DAVID. *Communication Theory Today*. Oxford: Pergamon Press, 1993, p. 107-126.
VAN DIJK, TEUN A. The Cognitive Representation of Attitudes and Prejudice. *In Forum Linguisticum*, v. 7, n. 3, 1983, p. 189-204.
VAN DIJK, TEUN A. Context and Cognition: Knowledge Frames and Speech Act Comprehension. *Journal of Pragmatics*, v. 1, n. 3, p. 211-231, 1977.
VAN DIJK, TEUN A.; KINTSCH, WALTER. *Stategies of Discourse Comprehension*. Nova Iorque: Academic Press, 1983.
VEYNE, PAUL. *Foucault. O pensamento, a pessoa*. Trad.: Luís Lima. Lisboa: Texto & Grafia, 2009.
VEYNE, PAUL. *Como se escreve a história: Foucault revoluciona a história*. Brasília: Editora da UNB, 1982.
WACQUANT, LOÏC. Esclarecer o *habitus*. Trad.: de José Madureira Pinto; Virgílio Borges Pereira. In: *Educação & Linguagem*. Ano 10, n. 16, jul./dez. 2007. p. 63-71.
WEBER, MAX. *Metodologia das ciências sociais*. Trad.: Augustin Wernet. São Paulo: Cortez, 2001.
YULE, GEORGE. *Pragmatics*. Hong Kong: Oxford University Press, 1996.
ZANDWAIS, ANA. BAKHTIN/VOLÓSHINOV. Condições de produção de Marxismo e filosofia da linguagem. In: BRAIT, BETH (org.). *Bakhtin e o Círculo*. São Paulo: Contexto, 2009a, p. 97-116.
ZANDWAIS, ANA. *Perspectivas da análise do discurso fundada por Michel Pêcheux na França: uma retomada de percurso*. Santa Maria: UFSM, Programa de Pós-Graduação em Letras, 2009b.
ZERO HORA. Um "JN" de mudanças. *Segundo Caderno*. Porto Alegre, 2 dez. 2011, p. 5.
ŽIŽEK, SLAVOJ. O espectro da ideologia. In: ŽIŽEK, SLAVOJ (org.). *Um mapa da ideologia*. Trad.: Vera Ribeiro. Rio de Janeiro: Contraponto, 1996, p. 7-38.

AS AUTORAS E OS AUTORES

Adriana Pucci Penteado de Faria e Silva é mestra em Letras pela Universidade de São Paulo e doutora em Linguística Aplicada pela Pontifícia Universidade Católica de São Paulo. Atuou como educadora do Museu de Arte Moderna de São Paulo, ministrando oficinas sobre arte e linguagem para professores e universitários. Atualmente é professora do Instituto de Letras da Universidade Federal da Bahia.

Alexandre Ferrari Soares é mestre em Letras pela Universidade Federal do Paraná e doutor em Letras pela Universidade Federal Fluminense. Leciona na graduação e no Programa de Pós-Graduação em Letras da Universidade Estadual do Oeste do Paraná, *campus* Cascavel. Suas pesquisas giram em torno das discursividades sobre a sexualidade na mídia.

Ana Lúcia Tinoco Cabral é mestra e doutora em Língua Portuguesa pela Pontifícia Universidade Católica de São Paulo, onde é pesquisadora colaboradora, e tem estágio pós-doutoral na École des Hautes Études en Sciences

Sociales. Leciona na graduação e no mestrado em Linguística da Universidade Cruzeiro do Sul. É autora de *A força das palavras: dizer e argumentar* (Contexto, 2010) e coorganizadora de *Discurso em diálogo: leitura, escrita e gramática* (Terracota, 2011) e *Práticas linguístico-discursivas: alguns caminhos para aplicação teórica* (Terracota, 2011).

Aparecida Feola Sella é mestra e doutora em Letras pela Universidade Estadual Paulista e leciona no curso de Letras e no Programa de Pós-Graduação da Universidade Estadual do Oeste do Paraná. É autora de *Percorrendo estudos linguísticos e práticas escolares* (Edunioeste, 2009) e coautora de quatro livros, dentre os quais *Discutindo o ensino* (Edunioeste, 2009).

Belmira Magalhães é doutora pela Universidade Federal de Alagoas, na qual leciona na graduação e na pós-graduação em Letras e em Ciências Sociais. É autora e coautora de diversos livros, dentre os quais *Contradição social e representação do feminino* (EDUFAL, 2011), *Análise do discurso: fundamentos e práticas* (EDUFAL, 2009) e *Da impossibilidade da festa à festa possível* (EDUFAL, 2007).

Bethania Mariani é pesquisadora 1C do CNPq e professora associada IV do Departamento de Ciências da Linguagem da Universidade Federal Fluminense, na qual atua na pós-graduação em Estudos da Linguagem, pesquisando e orientando nas linhas de pesquisa análise do discurso e história das ideias linguísticas. Faz formação em psicanálise na Escola Lacaniana de Psicanálise, no Rio de Janeiro, desde 2001. É autora de vários livros, dentre os quais *Colonização linguística* (Pontes, 2004) e *PCB e a imprensa: o imaginário sobre os comunistas nos jornais cariocas* (Revan/Editora da Unicamp, 1998), e organizadora de outros, dentre os quais *A escrita e os escritos: reflexões em análise do discurso e em psicanálise* (Claraluz, 2006).

José Otacílio da Silva é mestre em Sociologia pela Universidade Federal do Rio Grande do Sul e doutorando em Língua e Cultura pela Universidade Federal da Bahia. Leciona no Centro de Ciências Sociais Aplicadas da Universidade Estadual do Oeste do Paraná. É autor de *Elementos de sociologia geral: Marx, Durkheim, Weber e Bourdieu* (Edunioeste, 2008) e *Adesão da militância partidária: a eficácia do simbólico no processo de mobilização* (Edunioeste, 2005).

Luciano Amaral Oliveira é mestre e doutor em Letras e Linguística pela Universidade Federal da Bahia, onde leciona língua portuguesa com ênfase em texto e discurso. É autor de *Coisas que todo professor de português precisa saber: a teoria na prática* (Parábola Editorial 2010), *Manual de semântica* (Vozes, 2008) e de três outros livros.

Marco Antonio Batista Carvalho é mestre em Educação pela Universidade Estadual de Maringá e doutorando em Letras e Linguística pela Universidade Federal da Bahia. Leciona no curso de Pedagogia da Universidade Estadual do Oeste do Paraná e é coorganizador de quatro livros publicados pela Edunioeste, dentre os quais *Educação e sociedade: uma relação desafiadora* (2011) e *Desafios da formação de professores da educação básica e as práticas docentes* (2011).

Rosa Maria Bueno Fischer é mestra em Educação pela Fundação Getúlio Vargas e doutora em Educação pela Universidade Federal do Rio Grande do Sul, onde leciona no curso de Pedagogia e no Programa de Pós-Graduação em Educação. Ela é autora de *Trabalhar com Foucault: arqueologia de uma paixão* (Autêntica, 2012), *Televisão & educação: fruir e pensar a TV* (Autêntica, 2006) e *O mito na sala de jantar: discurso infanto-juvenil sobre a televisão* (Movimento, 1993).

Sonia Sueli Berti Santos é mestra e doutora em Semiótica e Linguística pela Universidade de São Paulo. Além de pesquisadora e professora do curso de Pós-Graduação em Linguística na Universidade Cruzeiro do Sul, coordena o curso de Letras da Faculdade Campo Limpo Paulista. É uma das fundadoras do GT Estudos Bakhtinianos da ANPOLL. Organizou e coorganizou seis livros, dentre eles *Teoria e prática da leitura: olhares e percepções* (Terracota, 2012) *Discurso em diálogo: leitura, escrita e gramática* (Terracota, 2011) e *Caminhos do medo* (Andross Editora, 2008).

Terezinha da Conceição Costa-Hübes é mestra em Letras e doutora em Estudos da Linguagem pela Universidade Estadual de Londrina e leciona no curso de Letras e no Programa de Pós-Graduação da Universidade Estadual do Oeste do Paraná. Além de ter organizado quatro livros, é coautora de *Tessituras de linguagens nas séries iniciais: o fazer pedagógico como acontecimento* (UEPG, 2006) e autora de *Produção escrita de textos: atividades didáticas de interação social* (UEPG/CEFORTEC, 2005).

Coleção LinguaGEM

Português ou brasileiro? Um convite à pesquisa, Marcos Bagno
Linguagem & comunicação social, Manoel Luiz Gonçalves Corrêa
Por uma linguística crítica, Kanavillil Rajagopalan
Educação em língua materna: a sociolinguística na sala de aula, Stella Maris Bortoni-Ricardo
Sistema, mudança e linguagem, Dante Lucchesi
"O português são dois", Rosa Virgínia Mattos e Silva
Ensaios para uma sócio-história do português brasileiro, Rosa Virgínia Mattos e Silva
A linguística que nos faz falhar, Kanavillil Rajagopalan & Fábio Lopes da Silva [orgs.]
Do signo ao discurso, Inês Lacerda Araújo
Ensaios de filosofia da linguística, José Borges Neto
Nós cheguemu na escola, e agora?, Stella Maris Bortoni-Ricardo
Doa-se lindos filhotes de poodle, Maria Marta Pereira Scherre
A geopolítica do inglês, Yves Lacoste [org.]
Gêneros, José Luiz Meurer, Adair Bonini & Désirée Motta-Roth [orgs.]
O tempo nos verbos do português, Mª Luiza M. S. Corôa
Considerações sobre a fala e a escrita, Darcilia Simões
Princípios de linguística descritiva, Mário A. Perini
Fundamentos empíricos para uma teoria da mudança linguística, U. Weinreich, W. Labov & M. I. Herzog
Por uma linguística aplicada indisciplinar, Luiz P. da Moita Lopes
Origens do português brasileiro, Anthony Julius Naro & Maria Marta Pereira Scherre
Introdução à gramaticalização, Sebastião C. L. Gonçalves, Mª Célia Lima-Hernandes & Vânia Cristina Casseb-Galvão [orgs.]
O acento em português, Gabriel Antunes de Araújo [org.]
Sociolinguística quantitativa, Gregory R. Guy & Ana Mª S. Zilles
Metáfora, Tony Berber Sardinha
Norma culta brasileira, Carlos Alberto Faraco
Padrões sociolinguísticos, William Labov
Gênese dos discursos, Dominique Maingueneau
Cenas da enunciação, Dominique Maingueneau
Estudos de gramática descritiva, Mário A. Perini
Caminhos da linguística histórica, Rosa Virgínia Mattos e Silva
Limites do discurso, Sírio Possenti
Questões para analistas do discurso, Sírio Possenti
Linguagem & diálogo, Carlos Alberto Faraco
Nomenclatura Gramatical Brasileira, Claudio Cezar Henriques
Língua na mídia, Sírio Possenti
Malcomportadas línguas, Sírio Possenti
Linguagem. Gênero. Sexualidade, Ana Cristina Ostermann & Beatriz Fontana [orgs.]
Em busca de Ferdinand de Saussure, Michel Arrivé
A noção de "fórmula" em análise do discurso, Alice Krieg-Planque
Geolinguística, Suzana Alice Marcelino Cardoso
Doze conceitos em análise do discurso, Dominique Maingueneau
O discurso pornográfico, Dominique Maingueneau
Falando ao pé da letra, Roxane Rojo
Nova pragmática, Kanavillil Rajagopalan
Bakhtin desmascarado, Jean-Paul Bronckart & Cristian Bota
Gênero textual, agência e tecnologia, Carolyn R. Miller
Linguística de texto: o que é e como se faz?, Luiz A. Marcuschi
A gramática passada a limpo, Maria Helena de Moura Neves
O sujeito em peças de teatro (1833-1992), Maria Eugênia Lammoglia Duarte
Português no século XXI, Luiz Paulo da Moita Lopes [org.]
Da linguística formal à linguística social, Roberto G. Camacho
Estudos do discurso, Luciano Amaral Oliveira [org.]
Gênero – história, teoria, pesquisa, ensino, Anis B. Bawarshi & Mary Jo Reiff
Introdução à teoria enunciativa de Benveniste, Valdir do N. Flores
Linguística aplicada na modernidade recente, Luiz Paulo da Moita Lopes
Gramáticas contemporâneas do português, Maria Helena de Moura Neves & Vânia Cristina Casseb-Galvão
Letramentos sociais, na etnografia e na educação, Brian V. Street
A ordem das palavras no português, Erotilde Goreti Pezatti
Frases sem texto, Dominique Maingueneau

60. *Espanhol e português brasileiro*, Adrián Pablo Fanjul & Neide Maia González [orgs.]
61. *Sujeitos em ambientes virtuais*, Maria Cecilia Mollica, Cynthia Patusco & Hadinei Ribeiro Batista [orgs.]
62. *Vološinov e a filosofia da linguagem*, Patrick Sériot
63. *A história das línguas*, Tore Janson
64. *Discurso e análise do discurso*, Dominique Maingueneau
65. *Sobre a fala dialogal*, Lev Jakubinskij
66. *Retórica da ação letrada*, Charles Bazerman
67. *Teoria da ação letrada*, Charles Bazerman
68. *Unidade e variação na língua portuguesa*, André C. Valente
69. *Linguística funcional*, Maria Angélica Furtado da Cunha, Mariangela R. de Oliveira & Mário Eduardo Martelotta [orgs.]
70. *O texto e seus conceitos*, Ronaldo de Oliveira Batista [org.]
71. *Gramáticas brasileiras*, Carlos A. Faraco & Francisco E. Vieira [orgs.]
72. *Saussure, o texto e o discurso*, Marcio Alexandre Cruz, Carlos Piovezani & Pierre-Yves Testenoire [orgs.]
73. *O efeito Saussure*, Carlos Alberto Faraco [org.]
74. *Dinâmicas funcionais em mudança linguística*, Marcos Bagno, Vânia Casseb-Galvão & Tânia F. Rezende [orgs.]
75. *Gêneros no contexto brasileiro*, Benedito Gomes Bezerra
76. *A pessoa no discurso*, Adrián Pablo Fanjul
77. *O todo da língua*, Vânia Casseb-Galvão & Maria Helena de Moura Neves [orgs.]
78. *Saussure e Benveniste no Brasil*, Valdir do Nascimento Flores
79. *Mikhail Bakhtin*, Alastair Renfrew
80. *A gramática tradicional – História crítica*, Francisco E. Vieira
81. *Filologia, história e língua – Olhares sobre o português medieval*, Leonardo Lennertz Marcotulio; Célia Regina dos Santos Lopes; Mário Jorge da Motta Bastos & Thiago Laurentino de Oliveira
82. *Qual política linguística? Desafios glotopolíticos contemporâneos*, Xoán Carlos Lagares
83. *Análise de discurso crítica – para linguistas e não linguistas*, José Ribamar Lopes Batista Jr.; Denise Tamaê Borges Sato & Iran Ferreira de Melo [orgs.]
84. *A linguística, o texto e o ensino da língua*, José Carlos Azeredo
85. *Língua portuguesa – Tradições e modernidade*, Tania Maria N. de L. Camara; Denise S. Santos; Flávio de A. Barbosa & Alexandre do A. Ribeiro [orgs.]
86. *Objeto Língua – Inéditos e revisitados*, Marcos Bagno
87. *NURC – 50 anos*, Miguel Oliveira Jr. [org.]
88. *O dialeto caipira*, Amadeu Amaral
89. *Variações sobre o ethos*, Dominique Maingueneau
90. *O sujeito gramatical no português brasileiro – expressão, concordância, ergatividade e afetamento*, Vânia Cristina Casseb-Galvão; Gian Luigi De Rosa; Kleber Aparecido Silva & Lennie Aryete Pereira Bertoque [org.]
91. *História das línguas, história da linguística – homenagem a Carlos Alberto Faraco*, Marcos Bagno e Francisco E. Vieira [org.]
92. *O português daqui, dali e de lá – por uma língua que nos una*, Denise Salim dos Santos & Flávio de Aguiar Barbosa [org.]
93. *Constelação de gêneros – a construção de um conceito*, Júlio Araújo
94. *Discurso e (pós)verdade*, Luzmara Curcino, Vanice Sargentini & Carlos Piovezani [org.]
95. *Linguagem "neutra": língua e gênero em debate*, Fábio Ramos B. Filho & Gabriel de Ávila Othero [org.]
96. *O que sabemos sobre a linguagem*, Gabriel de Ávila Othero, Valdir do Nascimento Flores [org.]
97. *O gênero como ele é (e como não é): conceitos e aplicações*, Benedito Gomes Bezerra
98. *Estudos queer em linguística aplicada indisciplinar: gênero, sexualidade, raça e classe*, Luiz Paulo da Moita Lopes, Clarissa Rodrigues Gonzalez, Glenda Cristina Valim de Melo, Thayse Figueira Guimarães [orgs.]
99. *Enunciados aderentes*, Dominique Maingueneau
100. *Crítica à análise crítica do discurso*, Luciano Amaral Oliveira
101. *Portunhol: ¿qué es? como se faz?*, Francisco Calvo del Olmo, Xoán Carlos Lagares [orgs.]
102. *Língua portuguesa: memória, temas e conexões*, Denise Salim Santos [org.]
103. *O discurso e as emoções: medo, ódio, vergonha e outros afetos*, Carlos Piovezani, Luzmara Curcino, Vanice Sargentini [orgs.]

Esta obra foi composta em Warnock 12/16
e impressa em papel Pólen 80g
para a **Parábola Editorial** em setembro de 2024.

Impressão e acabamento:
Forma Certa